# 乡村振兴视域
# 民间信仰文化空间旅游创新研究

庞骏 李琼英 黄辉 张杰·著

东南大学出版社
SOUTHEAST UNIVERSITY PRESS

·南京·

图书在版编目（CIP）数据

乡村振兴视域民间信仰文化空间旅游创新研究 / 庞骏等著. -- 南京：东南大学出版社，2024.5
ISBN 978-7-5766-1328-5

Ⅰ.①乡… Ⅱ.①庞… Ⅲ.①信仰 – 民间文化 – 应用 – 乡村旅游 – 旅游资源开发 – 研究 – 中国 Ⅳ.① B933 ② F592.3

中国国家版本馆 CIP 数据核字（2024）第 038780 号

责任编辑：杨 凡　　责任校对：张万莹　　封面设计：王 玥　　责任印制：周荣虎

### 乡村振兴视域民间信仰文化空间旅游创新研究

| | |
|---|---|
| 著　　者 | 庞 骏　李琼英　黄 辉　张 杰 |
| 出版发行 | 东南大学出版社 |
| 出 版 人 | 白云飞 |
| 社　　址 | 南京四牌楼 2 号　邮编：210096 |
| 网　　址 | http://www.seupress.com |
| 经　　销 | 全国各地新华书店 |
| 印　　刷 | 苏州市古得堡数码印刷有限公司 |
| 开　　本 | 787 mm × 1092 mm　1/16 |
| 印　　张 | 19.5 |
| 字　　数 | 387 千 |
| 版　　次 | 2024 年 5 月第 1 版 |
| 印　　次 | 2024 年 5 月第 1 次印刷 |
| 书　　号 | ISBN 978-7-5766-1328-5 |
| 定　　价 | 88.00 元 |

本社图书若有印装质量问题，请直接与营销部调换。电话（传真）：025-83791830

# 目 录

引论     001

## 1 民间信仰文化旅游研究概述

1.1 探索民间信仰文化旅游创新路径     003
  1.1.1 中国乡村振兴现状概述     003
  1.1.2 民间信仰主要表现与传承     010
1.2 相关概念和理论研究介绍与评述     016
  1.2.1 乡村旅游     016
  1.2.2 民间信仰概念的知识生产     020
  1.2.3 民间信仰文化空间旅游     027
1.3 研究内容     034
  1.3.1 民间信仰文化空间构成和特征     034
  1.3.2 民间信仰文化空间旅游的生产性与消费性     039
  1.3.3 民间信仰文化空间旅游创新模式探讨     041
1.4 研究方法     046
  1.4.1 建筑现象学上的宫庙建筑空间与场所精神分析法     046
  1.4.2 后现代建筑历史－文本分析法     050

## 2 民间信仰历史形成与当代演变

2.1 民间信仰概念界定　　　　　　　　　　　　　　057
  2.1.1 民间信仰概念界定及其特征　　　　　　　　057
  2.1.2 马克思主义宗教观对我们认知民间信仰的影响　　061
  2.1.3 民间信仰与宗教概念的关系　　　　　　　　067
2.2 历史上民间信仰的主要功能　　　　　　　　　　069
  2.2.1 民间信仰文化功能　　　　　　　　　　　　069
  2.2.2 民间信仰社会功能　　　　　　　　　　　　071
  2.2.3 民间信仰经济功能　　　　　　　　　　　　073
2.3 当代民间信仰文化功能　　　　　　　　　　　　075
  2.3.1 当代民间信仰文化功能的主要表现　　　　　075
  2.3.2 当代民间信仰文化变迁　　　　　　　　　　075
  2.3.3 当代民间信仰文化传播功能　　　　　　　　077

## 3 乡村旅游吸引物理论

3.1 乡村旅游吸引物　　　　　　　　　　　　　　　083
  3.1.1 乡村旅游吸引物概念　　　　　　　　　　　083
  3.1.2 乡村旅游吸引物塑造　　　　　　　　　　　087
3.2 旅游经营者角度乡村旅游吸引物开发主要模式　　089
  3.2.1 "挖掘"型　　　　　　　　　　　　　　　089
  3.2.2 "移植"型　　　　　　　　　　　　　　　090
  3.2.3 "生长"型　　　　　　　　　　　　　　　090
3.3 游客角度乡村旅游吸引物开发特点　　　　　　　092
  3.3.1 追求主题与文化的深度体验　　　　　　　　092
  3.3.2 注重个性自由表达　　　　　　　　　　　　092

| | | |
|---|---|---|
| 3.3.3 | 趋向绿色、健康和生态旅游 | 094 |
| 3.4 | 民间信仰作为旅游吸引物开发的重要性和可行性 | 095 |
| 3.4.1 | 重要性 | 095 |
| 3.4.2 | 可行性 | 098 |

## 4 民间信仰文化空间旅游理论

| | | |
|---|---|---|
| 4.1 | 民间信仰文化空间生产理论 | 109 |
| 4.1.1 | 民间信仰宫庙建筑文化空间 | 109 |
| 4.1.2 | 民间信仰非遗文化空间 | 110 |
| 4.2 | 民间信仰文化空间旅游开发与创新策略 | 111 |
| 4.2.1 | 民间信仰文化空间保护与活化 | 111 |
| 4.2.2 | 强化民间信仰文化空间旅游传播 | 114 |
| 4.3 | 民间信仰宫庙建筑空间作为文化传播媒介符号 | 122 |
| 4.3.1 | 民间信仰宫庙建筑的社会文化功能 | 122 |
| 4.3.2 | 民间信仰宫庙建筑空间的象征符号建构 | 126 |

## 5 民间信仰宫庙建筑文化空间旅游创新

| | | |
|---|---|---|
| 5.1 | 旅游创新模式一：民间信仰宫庙建筑空间场所精神建构与旅游符号塑造 | 133 |
| 5.1.1 | 场景旅游开发 | 133 |
| 5.1.2 | 案例一：人神祠庙董云阁烈士故居红色场景旅游开发 | 136 |
| 5.1.3 | 案例二：广州南海神庙场景 | 139 |
| 5.1.4 | 案例三：蓝色和美海岛旅游场景开发 | 142 |
| 5.2 | 旅游创新模式二：社区参与的文化景观旅游开发 | 146 |
| 5.2.1 | 运用文化地理学打造社区参与的民间信仰文化景观 | 146 |

  5.2.2 民间信仰文化景观旅游开发  150

  5.2.3 案例一：南京市江宁区七仙大福村美丽乡村规划  154

  5.2.4 案例二：金门东林、陈坑古村民间信仰文化景观空间旅游创新  159

 5.3 旅游创新模式三：宫庙建筑博物馆式历史—文本旅游  164

  5.3.1 博物馆式历史—文本旅游  164

  5.3.2 案例一：广东佛山祖庙地标建筑博物馆  166

  5.3.3 案例二：广东汕尾市陆丰碣石镇元山寺  169

  5.3.4 案例三：海峡两岸传统村落民居红砖建筑博物馆  171

## 6  民间信仰仪式文化空间旅游创新

 6.1 民间信仰仪式文化空间旅游开发创新  179

  6.1.1 非遗文化空间演艺活动旅游  180

  6.1.2 国家级非遗文化生态保护区活态旅游展示  183

 6.2 风水观念信仰——中国古代的三才同构文化景观旅游  186

  6.2.1 风水观念信仰旅游  186

  6.2.2 风水案例分析  192

 6.3 世界级非遗民间信仰文化旅游开发案例  201

  6.3.1 妈祖信俗文化旅游开发  201

  6.3.2 端午节文化旅游开发  204

  6.3.3 送王船——有关人与海洋可持续联系的仪式及相关实践旅游开发  210

  6.3.4 中国传统制茶技艺及其相关习俗旅游开发  216

## 7  海上丝路与亚太地区民间信仰文化旅游融合开发

 7.1 海上丝路与信仰文化的海外传播  223

| | | |
|---|---|---|
| 7.1.1 | 海上丝路简介 | 223 |
| 7.1.2 | 海上丝路沿线国家和地区宗教信仰历史与现状 | 226 |
| 7.1.3 | 海上丝路与我国宗教信仰文化旅游开发 | 226 |
| 7.2 | 当代海上丝路沿岸佛教信仰文化之旅 | 231 |
| 7.2.1 | 当代中国与东南亚地区的佛教文化交流 | 231 |
| 7.2.2 | 东南亚地区的佛教文化旅游 | 238 |
| 7.2.3 | 区域联合开展佛教文化旅游 | 243 |
| 7.3 | 当代海上丝路沿岸道教信仰文化之旅 | 245 |
| 7.3.1 | 道教在东南亚地区的分布 | 245 |
| 7.3.2 | 当代东南亚道教文化之旅 | 246 |
| 7.3.3 | 广东广州区域道教旅游开发 | 251 |
| 7.4 | "海丝"文化城市旅游产品创新 | 254 |
| 7.4.1 | 泉州世界遗产博物馆群专线游 | 254 |
| 7.4.2 | 漳州民间信仰文化生态旅游产品 | 268 |

## 8 余论

| | | |
|---|---|---|
| 8.1 | 促进中国优秀传统文化与当代社会协调发展 | 273 |
| 8.2 | 学术研究任重道远 | 281 |

**附录**
《人类非物质文化遗产代表作名录》收录的中国非物质文化遗产　　286

**参考文献**　　289

**后记**　　296

# 引 论

崇尚真、善、美，是文明社会的三大特点，也是人类精神追求的三座高峰。

在乡村振兴的背景下，中国乡村旅游业快速发展。乡村旅游业是依托乡村的自然风光，以独特的地域文化为依托，进而满足游客精神与文化需求的一种旅游活动。在城镇化进程的影响下，如何处理好传统与现代、继承与发展的关系，如何留住乡村记忆、留住乡愁，是我们在乡村旅游开发中绕不开的重要课题。

乡村意象是乡村在长期的历史发展过程中在人们头脑里所形成的"共同的心理图像"，即整体印象、心理感知、抽象理解。这个概念最早由熊凯在1999年提出，主要包括乡村景观意象和乡村文化意象。乡村景观意象主要关注聚落形态、建筑和环境等方面，乡村文化意象则关注于蕴含在景观意象之中的深层次内涵[1]。

研究表明，乡村意象是人们对乡村的整体理解与情感认知，也是人们对乡村特色的期待与想象；乡村意象反映一个社会利用乡村的方式，其本身也是一项极为重要的无形旅游资源。因此，乡村意象的探析是提升乡村空间品质和彰显乡村特色风貌的重要手段之一。

乡村振兴战略进入了全面推进阶段，在乡村旅游空间开发实施过程中我们发现一些设计手段、景观元素、产业布局等同质化的现象，缺乏对乡村地方性

---

[1] 熊凯. 乡村意象与乡村旅游开发刍议[J]. 地域研究与开发. 1999, 18（3）: 70-73.

的发掘,即乡村意象未得到充分的考量。

借鉴凯文·林奇的城市意象理论,乡村规划师从空间意象设计的视角系统梳理乡村意象的关键要素,构建乡村意象五要素技术框架,从中微观层面探索上海大都市乡村空间意象设计研究方法,对于"美丽乡村"建设中的乡村空间更新和环境营造具有重要意义[①]。

不同地区的乡村实践提供了可资借鉴的样板。例如,浙江省乡村规划建设实践:体现人文关怀,关注节点空间的场所感。浙江省自2003年启动"千村示范、万村整治"工程以来,在"美丽乡村"规划建设方面一直走在全国前列。杭州市富阳区场口镇东梓关村作为第一批杭派民居试点实践,不仅在空间肌理和建筑设计上突出杭派民居特色,在节点空间的场所感以及人性化设计方面也颇有成效。

李建华、袁超的《论空间物化》指出,空间物化是一种人的发展单向地被社会空间决定的状态,是现代城市化发展的必然阶段。空间物化是空间资本推动的结果,同时空间物化也导致空间资本化的加剧。在城市化的语境之下,空间的物化表现为城市异化、城市幻想、空间碎片化等城市问题。树立正确空间观,确认空间的属人性,正确认识空间的历史性、流动性以及公共性等,从价值理念、行为选择以及统治策略等方面出发解决空间物化带来的消极影响,对于构建现代城市正义具有重要意义。[②] 同样的,保持乡村空间的历史性、流动性以及公共性,延续乡村文化也是一个重大的社会问题。公共性是文化的本质特征,文化公共性是社会和谐的机制保障。文化价值的主体间共享是社会和谐的内在机制,文化形式的历史主体统一是社会和谐的外在机制。人对文化的主体地位,为培育文化公共性,以此实现社会系统内部及其外部之间的均衡有序发展,提供了可能[③]。

民间信仰有广义和狭义两种,从广义来说,民间一切祭祀神明灵力的活动

---

① 蒋姣龙,周晓娟,范佳慧,等.上海大都市乡村意象设计研究:构建乡村空间意象五要素技术框架[J].上海城市规划,2022,5(5):80-87.
② 李建华,袁超.论空间物化[J].求索,2014(4):75-79.
③ 李丽.文化公共性与社会和谐[J].马克思主义与现实,2009(6):93-97.

都可称为民间信仰。从狭义来说,民间信仰是指人的终极精神追求活动,是一种发端民间大众的、朴素的、自发的多神明崇拜。民间信仰基于民众的朴素而真诚的崇敬心理需求,与民众现实生活、实用功利相关联,民间造神和神灵崇拜、巡境活动等也与现实政治、社会组织形式具有一定隐喻性和同构性。民间信仰与成熟宗教的一神崇拜不同,后者的一神崇拜多是经历了历史上不断地调整才最终成为制度化的宗教,这是两者最大的区别。本书采用广义的民间信仰概念,其中也涉及成熟的、制度化的宗教。

追求人类幸福是哲学的唯一终极关怀,德性主义幸福观是中国传统社会在思想理论界占主导地位的幸福观,它主张幸福主要在于甚至只在于具有高尚的道德行为。在中国不同历史时期,人们对人生信仰和"幸福"的真谛有不同的理解和探寻,民间信仰追求人的此岸幸福远甚于彼岸幸福。中国文化传统是以"非超自然力量"信念为主的文化传统,具有人文艺术成就辉煌、历史意识浓厚、道德伦理观念发达等特征[1]。道德文化是中华文化的主根。我们有《老子·道德经》[2]《易经》《黄帝内经》等中华元典。正如《黄帝内经》中指出:"天之在我者德也,地之在我者气也,德流气薄而生者也。"[3]天德、地气这两种能量在人体内流动、传输,而使生命具有活力,德就是长养人类生命的能量。天德养神,地气养形,德对于人类的健康生存,对于整个社会的健康发展,具有根本性的源动力作用。

近代以来,马克思主义幸福观传入中国,它认为劳动是幸福的源泉,道德是幸福的前提,幸福是物质幸福与精神幸福的结合,是个人幸福与社会幸福的统一。这种幸福观,为我们追求幸福指明了方向。习近平总书记在十八届中央政治局常委同中外记者见面时的讲话中就庄严承诺:"人民对美好生活的向往,就是我们的奋斗目标",人民"对幸福生活的追求是推动人类文明进步最持久的力量"[4]。幸福不是纯粹的道德至善,它需要在劳动实践中获得的内与外的双重美

---

[1] 肖立.礼失求诸野:论钟敬文的民俗学研究[C]//儒学与二十世纪中国文化学术讨论会论文集.北京:中国文学出版社,1997.
[2] 老子.老子·道德经[M].熊春锦,校注.北京:中央编译出版社,2006.
[3] 黄帝.黄帝内经[M].影印本.北京:人民卫生出版社,2013.
[4] 习近平.习近平谈治国理政[M].北京:外文出版社,2014.

好。我们对马克思主义幸福观的秉承和对中华传统文化中幸福观的创造性转化，能使习近平新时代幸福观更具丰富的哲学内涵和深厚的文化底蕴，对人民创造美好生活的实践具有更强大的指导和引领作用[①]。

民间信仰是中国历史最悠久、影响最大，也是最重要的信仰传统，民间宫庙可以成为建设中国和谐社会的有效场所和舞台[②]。民间信仰作为中国文化谱系的"根文化"之一和文化记忆的重要基石，在当前理应引起学界高度重视。文化空间旅游是乡村文化旅游的有机组成，指人们为了探索、体验和欣赏地球上的人类文明和自然遗产而进行的旅游活动。这种旅游方式注重体验旅游目的地的文化内涵、历史价值、美学意义等方面，通过与当地居民接触、参与文化活动、参观历史文化遗迹等方式，深入了解当地的文化、风俗和传统。文化空间旅游不仅是一种旅游方式，更是一种文化交流和认知的方式，有助于增进人类文化交流与理解。因此，本书拟在我国乡村振兴战略背景下，运用文化空间生产和再生产理论探讨乡村民间信仰文化空间旅游的发展，力求促进中国乡村治理和乡村社会、文化、经济等的全面发展。

自 2009 年以来，国务院台湾事务办公室（简称"国台办"）先后在 24 个省（区市）批准设立了 91 个海峡两岸交流基地。2023 年 2 月，国台办公布批准设立 9 个海峡两岸交流基地，它们分别是内蒙古呼和浩特昭君博物院、福建漳州东山关帝庙、福建漳州云霄开漳圣王祖地、山东烟台长岛显应宫、广东深圳南山天后博物馆、广东深圳中山公园棒球场等棒球场地、广东揭阳三山国王祖庙、重庆关岳庙和广西桂林桃花江文化旅游风景区。这 9 个海峡两岸交流基地除了内蒙古呼和浩特昭君博物院、山东烟台长岛显应宫外，其他 7 个皆在南方；这 7 个基地中，又有 6 个是民间信仰宫庙建筑场所。可见，民间信仰在海峡两岸文化传承与交流中的地位再次凸显。这一国家官方政策信息，给我们的研究提供了更重要的文化交流与活化素材。

我国乡村民间信仰文化有神明文化、红色文化、慈孝文化、义利文化、神

---

[①] 邹章华.美好生活：儒家传统幸福伦理思想与马克思主义幸福观的合构[J].理论导刊，2021（2）：108-115.
[②] 朱海滨.民间信仰：中国最重要的宗教传统[J].江汉论坛，2009（3）：68-74.

仙文化等。在一个"祛魅"的当代社会，我们即将开启一段别样的"返魅之旅"①，书中既有解读充满神秘、原真、质朴的民间信仰文化空间内容，也有探索民间信仰文化空间旅游开发与创新话题，我们更期望为当代人的精神朝圣提供一个可游可选的去处，留住一份别样的"乡愁"。

　　本书主要沿着民间信仰文化空间解读—文化空间记忆与叙事—意义挖掘—文化空间生产与场景建构等思考逻辑，对我国民间信仰文化空间旅游展开研究。本书章节具体安排分引论、主体、余论三部分，主体部分一共有7章。第1章研究缘起与相关理论介绍，对研究对象、研究内容、研究方法等加以说明。第2章为民间信仰概念与历史形成、演变概述，第3章为乡村旅游吸引物理论，第4章为民间信仰文化空间旅游理论，第5章为民间信仰宫庙建筑文化空间旅游创新，第6章探寻民间信仰仪式文化空间、非遗文化空间旅游创新，第7章为海上丝路与亚太地区民间信仰文化旅游融合开发研究。主体部分主要围绕民间信仰文化空间传承与创新、文化空间体验与展示旅游模式创新等展开，力求"理例结合"。余论部分简单总结本书的研究意义。

　　本书力图呈现出"三大亮点"：一是为中国民间信仰正名与扬名；二是思考中国乡村民间信仰文化空间旅游如何创新，探寻主要路径与模式；三是思考中国乡村民间信仰文化旅游如何促进当前的城乡协同发展，实现城乡共赢。

　　几点必要的说明：

　　1. 限于篇幅和水平，本书重点关注我国沿海地区的汉族民间信仰，地理范围上大致从山东半岛以南到广西一线的沿海地区，主要包括：山东、江苏、上海、浙江、福建、广东、广西壮族自治区、海南等省、直辖市及自治区，以及台湾、香港、澳门地区，其他地区及少数民族的民间信仰也有涉及。

　　2. 本书涉及两个基础概念：文化与文明。在文化人类学上，文化与文明是既有联系又有区别的两个概念，广义的文化偏向于由传统、继承下来的人类物质和精神财富的总和，狭义的文化以精神文化为核心，是一个民族的道德、价值观念和传统习俗的集中体现，反映一个民族的风貌和特点。因为，价值体系

---

① 潘星辉. 返魅之旅：中国古代美术异史[M]. 杭州：浙江大学出版社，2017.

的历史发展与主体价值抉择终将服务于民族国家政治统治，从而保障利益主体的现实利益。文明是使人类脱离野蛮状态的所有社会行为和自然行为构成的集合，这些集合至少包括了以下要素：家族、工具、语言、文字、宗教、城市、乡村和国家等。由于各种文明要素在时间和地理上的分布并不均匀，因此产生了具有明显区别的各种文明，比如华夏文明（中华文明）、印度文明、波斯文明、米诺斯文明等在某个文明要素上体现出独特性质的亚文明。总之，文化与文明是不可分割的，二者都是社会财富和思想等不断继承、创新和发展的过程。文化以传统和传承为主题，文明则以发展为主题，主要涉及社会进步和未来改良。在不同文明类型的比较中，文明表示人类社会发展的一个重要阶段。

3. 现代以来，民间信仰、民间习俗、民间文艺等的主体"民"的范畴在不断发展演变，学界对"民"的认识也更加开放、包容及模糊化，在今天基本等同于"全民""全人类"。宗教学者吕大吉认为"宗教道德实质上就是世俗道德"①。基于以上考虑，本书把民间信仰理解为包含成熟宗教在内的人类信仰现象，见笔者近著②。

4. 本书中的空间，在微观层面以城乡宫庙建筑（包括建筑群）为单位，但较少涉及家庭信仰空间；在中观层面主要关注乡村聚落、城市街区或社区空间；在宏观层面主要关注区域、国家空间。

5. 台湾地区，简称"台湾""台"，是中华人民共和国省级行政区，我们一贯坚持世界上只有一个中国，台湾是中国领土不可分割的一部分，书中涉及台湾的内容皆在此前提下开展。

6. 本书凡涉及中国民间信仰、民间节日的时间一律是中国农历时间。

7. 本书出现的图片、表格、照片等，凡未注明出处的皆为笔者绘制或拍摄。

8. 本书出现的学者一律不加"先生"，因所有的学者都是笔者的先生，不必区别男先生、女先生、老先生、小先生了。

---

① 吕大吉. 宗教学通论新编 [M]. 2 版. 北京：中国社会科学出版社，2010.
② 庞骏，张杰. 仙官圣境：闽海民间信仰宫庙建筑空间解析 [M]. 南京：东南大学出版社，2023.

# 1
## 民间信仰文化旅游研究概述

## 1.1 探索民间信仰文化旅游创新路径

### 1.1.1 中国乡村振兴现状概述

#### 1.1.1.1 乡村研究概述

2018年中共中央、国务院印发《乡村振兴战略规划（2018—2022年）》，提出利用乡村特色资源发展乡村旅游产业的同时，融入科技、人文等元素发展旅游新业态。随着国家战略指引日益清晰，各项配套政策逐渐细化，并实施落地。针对资金问题，文化和旅游部发文指导乡村旅游企业和从业者用足、用好金融贷款、税费减免等政策。此外，2021年《中共中央 国务院关于全面推进乡村振兴加快农业农村现代化的意见》提出完善相关配套设施，推进农村一二三产业融合发展，全面推进乡村振兴；2022年《关于推动文化产业赋能乡村振兴的意见》提出推动相关文化业态与乡村旅游深度融合，发展民间文化艺术研学游、体验游，促进产业链深度融合的同时，为乡村旅游可持续发展助力。

乡村是中国传统文化的主要承载空间。中国乡村社会变迁的空间梯度主要有两种：第一种是沿着城市—乡村方向，正如费孝通指出的那样，"乡村社会的变迁常来源于都市"[①]，这也是路径依赖的特殊表现，乡村追随城市，乡村依附城市，虽不尽合理，但会长期存在这种情况。第二种则是沿着乡村—城市方向，延续的中国传统乡村影响城市。正如《上海市城市总体规划（2017—2035年）》（简称《总体规划》）提出彰显上海城乡风貌特色，在传承特色的同时，在保护中积极开拓创新，在乡村重塑过程中推陈出新，以良好的风貌环境促进乡村发展。《总体规划》指出："未来上海要把乡村作为超大城市的稀缺资源、城市核心功能的重要承载地、提升城市能级和核心竞争力的战略空间。"

尤其是经历了三年新冠肺炎疫情的影响和冲击，大城市的脆弱性明显暴露，城郊乡村成为保持大城市活力和韧性的战略空间。

---

① 费孝通.社会变迁研究中都市和乡村［M］//费孝通.费孝通全集.呼和浩特：内蒙古人民出版社，2009.

"美丽乡村"是党的十六大以来提出的乡村建设重点工作之一，是在党的第十六届五中全会中"建设社会主义新农村"的任务背景下提出的。"美丽乡村"既是美丽中国建设的基础和前提，也是推进生态文明建设和提升社会主义新农村建设的新工程、新载体。在国家政策的号召下，美丽乡村建设试点实践探索在全国层面迅速展开。国家强调要大力发展休闲农业和乡村旅游，开展农村人居环境整治行动，鼓励各地因地制宜探索各具特色的美丽宜居乡村建设模式。财政部曾表示从2016年起，每村每年投入150万元，连续支持两年，计划"十三五"期间在全国建成6 000个左右美丽乡村。

2018年中央一号文件以实施乡村振兴战略为主题，文件指出，乡村振兴，生态宜居是关键。良好生态环境是农村最大优势和宝贵财富。必须尊重自然、顺应自然、保护自然，推动乡村自然资本加快增值，实现百姓富、生态美的统一。建设美丽乡村是我国农村地区落实生态文明建设的重要举措，是加快转变农业发展方式，深化农村改革，实现城乡一体化发展的有效途径，是实现农村经济可持续发展的必然要求。乡村建设需立足眼前，从政府主导、农民主体和社会参与等多层次、多角度出发，探究我国现阶段乡村文化建设面临的困境以及解决路径。文化传承型乡村景观规划是在具有特殊人文景观，包括古村落、古建筑、古民居以及传统文化的地区，其特点是乡村文化资源丰富，具有优秀民间文化、非物质文化等，文化展示和传承的潜力大。文化传承型乡村景观规划需要遵循"三原则五要点"[①]，主要内容如下：

（1）三原则

"以民为天纲"——将农民利益置于首位，通过返聘农民工和农民参与分红，建立有效的农民利益补偿机制，保障农民权益。

"以宜为地纲"——功能分布准确，布局规划合理，因地制宜，在产业发展、村庄整治、农民素质、文化建设等方面明确相应的目标和措施。

"以和为人纲"——注重资源生态和谐，自然环境和谐，人文环境和谐。

（2）五要点

超级IP引爆源——分析、挖掘旅游资源，找到共通的情感及文化认同感，

---

① 张杰，龚苏宁，夏圣雪. 景观规划设计 [M]. 上海：华东理工大学出版社，2022.

通过一种普遍的认知感觉，结构出隐藏在旅游资源里的灵魂、个性、精神，聚焦出最具发展潜力、最有核心吸引力的超级旅游产品 IP，形成超级 IP 引爆源。

构建活力乡村——关注农民主体，组织农民群体，整合社区资源，引入共建、共享等新理念，释放农村生产力和活力。

传统乡愁回归——体现农村特点，注意乡土味道，保留乡村风貌，传承世代共同记忆。

跨界延伸玩转——整合资源，以超级 IP 为核心，加速一、二、三产业融合发展，不断催生新产品、新业态，拓展旅游产业面，延伸旅游产业链；并借助互联网平台，延伸消费，促进社会化口碑传播。

生态聚合持续——聚合优势资源，创新生态模式，让政府、游客、农民、投资者等持续收益，打造良性的产业和环境生态链，形成可持续圈层。

乡村振兴就是要从根本上彻底解决好农民、农村和农业等"三农"问题，确保城乡同频共进向着现代化社会全面发展。

1.1.1.2　中国乡村振兴视角的乡村文化旅游实践

由于中国国土空间差别大，在旅游资源禀赋良好、开发条件成熟的乡村地区，通过乡村旅游发展乡村产业经济不失为一种切实可行的路径选择。2021 年中央一号文件提出要"开发休闲农业和乡村旅游精品线路"，这为乡村旅游的发展提供了政策引领。乡村振兴能够带动乡村旅游，为其提供政策、资金、人才等方面的支持；乡村旅游也能够反哺、互哺乡村振兴，提升乡村地区的"造血能力"，成为解决"三农"问题的有效途径。

乡村振兴与乡村旅游具有一定的交互作用，两者具有协同发展的一致性。乡村作为乡村旅游的重要载体，是乡村旅游存在的场所和发展进程的核心。中国学界对乡村和乡村发展理论的研究也有较长的时间跨度，随着新时代乡村振兴战略实施，涉及的学科、关注的角度、思考的问题也更广泛。社会学与人类学领域早期较著名的成果有：梁漱溟的《乡村建设理论》、费孝通的《江村经济》与《乡土中国》、陆学艺的《当代中国农村与当代中国农民》、王沪宁的《当代中国村落家族文化》等。

建筑学、城市规划学界，目前已从单纯的民居建筑研究延伸到乡村人文社会空间，及乡土文化等研究。其典型的成果有：单德启的《从传统民居到地区建筑》、陈志华和李秋香的《中国乡土建筑初探》、彭一刚的《传统村镇聚落景观分析》、陆元鼎主编的《中国传统民居与文化》、李晓峰的《乡土建筑——跨学科研究理论和方法》等。

人文地理学者从村落选址、布局、形态、分布、地域特点等方面研究乡村，揭示乡村所反映的"天人合一"的人地关系。国外有德国地理学家科尔的《人类交通居住与地形的关系》、英国R.W.布伦斯基尔的《乡土建筑图示手册》等，我国学者金其铭的《农村聚落地理》、张晓虹的《文化区域的分异与整合》等。这些研究通常是学科交叉、彼此关联的。

当代旅游学者围绕乡村旅游做出了积极有益的探讨，国家旅游局（现为文化和旅游部）原局长邵琪伟认为："乡村旅游是以农村自然风光、人文遗迹、民俗风情、农业生产、农民生活及农村环境为旅游吸引物，以城市居民为目标市场，满足游客的休闲、度假、体验、观光、娱乐等需求的旅游活动。"[1]这一官方代表的表述被社会广泛接受。我们认为：国内的乡村旅游是以农村、农业为基础，以大中城市居民为主要市场，以满足城市居民的观光、休闲、度假等需求为目的的旅游业态，是紧密连接农业、农产品加工业、现代服务业的新型产业形态[2]。大多数学者也倾向于从功能、产品表现形式等角度对乡村旅游进行界定。尽管概念和观点有所差异，但是在界定乡村旅游的最重要标志时，大家在乡村性上基本达成了一定共识。所谓乡村性包括资源的乡村性、景观的乡村性、范围的乡村性和经营的乡村性等。乡村旅游的资源是具有吸引力的乡村自然和文化，包括以农业生产为核心的土地资源、生物资源、景观资源以及民俗文化资源等。乡村旅游的景观是乡村景观，乡村景观是城市景观以外的具有人类聚居及其相关行为的人文景观与自然景观的复合体。人类活动强度较低，景观的自然属性较强，乡村景观的核心在于乡村以农业为主的生产景观和粗放的土地利用景观以及乡村特有的田园风光。乡村旅游以乡村特有的人居环境、农业生产及其自然环境为基础开展旅游活动，其范围基本限定在乡村地区。乡村旅游经

---

[1] 佚名.旅游局局长谈发展乡村旅游在新农村建设中的作用[J].华夏星火，2008（4）：55-56.
[2] 庞骏，张杰.闽台传统聚落保护与旅游开发[M].南京：东南大学出版社，2018.

营的乡村性指经营主体是立足乡村的在地经营,无论是村民自发性的社区参与还是外来资本"嵌入"式经营,它都属于乡村产业和乡村治理的一部分。

我国乡村旅游的资源丰富多样,土地产权归集体所有,这使得乡村旅游具有小规模和分散经营、当地人所有、社区参与等特点。乡村性是乡村旅游的最本质特征,也是乡村旅游的核心旅游吸引物。

乡村振兴相关国家政策供给侧刺激乡村旅游发展,乡村旅游反过来可促进乡村振兴,体现旅游具有反哺社会的积极功能。我国乡村振兴战略的提出进一步推动乡村旅游,国内乡村旅游发展类型与模式研究也有了进一步的发展,乡村旅游研究主要集中在对乡村旅游发展模式的分类总结、模式中存在问题以及案例分析等方面。邹再进总结了我国乡村旅游的发展模式(表1-1),并且结合欠发达地区的基本特点,从不同的角度提出了适合欠发达地区乡村旅游的发展模式[1]。多数学者认为乡村旅游的发展离不开乡村社区的参与和支持,所以他们对乡村旅游的社区参与模式进行了广泛的探讨。

表1-1 邹再进关于乡村旅游发展模式类型归纳

| 研究视角 | 乡村旅游主要模式 |
| --- | --- |
| 从地理分布来看 | 都市郊区型、景区边缘型、边远地区 |
| 从发展阶段来看 | 自发式、自主式、开发式 |
| 从开发主体来看 | "公司+农户"、"公司+社区+农户"、个体农庄"政府+公司+农村旅游协会+旅行社"、股份制、"农户+农户" |
| 从投资主体来看 | 政府投资开发的公有模式;政府出资金与农民出资源的合股开发模式;政府主导和协调,由外来或本地投资商与当地村民合作合股开发;政府主导,外来或本地投资商独资开发模式;撇开政府,由当地村委与外来投资商合股开发模式 |
| 从提供产品来看 | 观光型、休闲度假型、体验参与型、游乐型、商务会议型、品尝型、购物型、研修求知型、综合型 |
| 从空间结构及规模来看 | 点状发展模式、块状发展模式、串状发展模式、带状发展模式、团簇状发展模式、片状发展模式 |
| 从与农村经济互动持续发展关系来看 | 政府主导发展驱动模式、以乡村旅游业为龙头的旅-农-工-贸联动发展模式、农旅结合模式、以股份合作制为基础的收益分配模式、公司+农户的经营模式、资源环境-社区参与-经济发展-管理监控持续调控模式 |

---

[1] 邹再进. 欠发达地区乡村旅游发展模式探讨[J]. 调研世界,2006(12):17-20;邹再进. 旅游业态发展趋势探讨[J]. 商业研究,2007(12):156-160.

在邹再进的划分基础上,学界又对其进行了简单归纳总结(表 1-2)。从表 1-2 中可见,截至目前,学者对乡村旅游的发展模式还没有一个统一的认识。表现在:(1)学界对乡村旅游模式的学术语言使用还比较混乱,有"开发模式""管理模式""发展模式""经营模式""组织模式"等词语。(2)由于研究角度和重点不同,同一乡村旅游模式也可以从多个角度进行研究,如"公司+农户"模式,从旅游开发角度可以归为开发模式,从产业运行角度则可以归为产业组织模式,从经营管理角度,可以说是经营模式。(3)由于乡村社区参与越来越受重视,一部分学者从社区村民的微观角度进行了分析,多集中于居民旅游影响感知、居民参与行为与参与意识等研究;还有一部分学者基于利益相关者的角度、旅游资源的开发角度、乡村旅游产业组织角度进行了探讨。

表 1-2 学界关于乡村旅游发展模式研究

| 研究视角 | 乡村旅游模式 | 代表作者 |
| --- | --- | --- |
| 发展动力与机制 | 政府推动型、市场驱动型、混合成长型 | 戴斌、周晓歌、梁壮平等 |
| | 地方政府主导型、外来投资主导型、乡村集体组织主导型 | 池静、崔凤军等 |
| 旅游资源特征 | 主题农园与农庄发展模式、传承地方性遗产之乡村主题博物馆发展模式、乡村民俗体验与主题文化村落发展模式、乡村旅游基地化之乡村俱乐部、现代商务度假与企业庄园模式、农业产业化与产业庄园发展模式、区域景观整体与乡村意境梦幻体验模式 | 王云才、荀丽丽等 |
| | 村民模式、民俗风情旅游模式、田园生态旅游模式、综合旅游模式 | 陈晨等 |
| | 农家园林型、观光果园型、景区旅社型、花园客栈型、养殖科普型、民居型、农事体验型 | 江林茜等 |
| | 农村依托型(以农村聚落、农民生活为依托)<br>农田依托型(以农田、苗圃、茶园、花园、果园、林园等为依托)<br>农园依托型(以"三高"农业园为依托) | 邹统钎等 |
| 综合型 | 村落式乡村旅游集群发展模式(三圣乡)、园林式特色农业产业依托模式(郫都区友爱镇)、庭院式休闲度假景区依托模式(青城山后农家乐)、村落式观光旅游发展模式(烟台市养马岛驼子村渔家乐)、古街式民俗观光旅游小城镇型(洛带古镇) | 杨振之、马勇、赵蕾、高腾慧等 |
| 综合型 | 依托大中城市的城乡互动模式、依托大型景区的联合开发模式、依托特色村寨的社区参与模式 | 叶林红等 |

续表

| 研究视角 | 乡村旅游模式 | 代表作者 |
| --- | --- | --- |
| 开发经营管理 | 景区带动模式、乡村组织模式、公司+农户型模式、综合开发模式、产业依托型 | 罗明义等 |
| | "公司+农户"模式、"政府+公司+农村旅游协会+旅行社"模式、"股份制"模式、"农户+农户"模式、个体农庄模式 | 郑群明等 |
| | 企业为开发经营主体、村集体为开发经营主体、村民自主经营、政府主导村民参与开发、混合型开发 | 潘顺安等 |
| | 地方政府主导型、农村集体组织主导型、外来投资主导型、农民个体主导型 | 黄郁成、顾晓和、郭安禧等 |
| | 联合开发模式，社区参与管理模式，亦农亦旅、农旅结合的复合性开发模式 | 石培基、张胜武等 |
| 旅游组织形式 | 分散和自主经营模式、"公司+业户"模式、"社区+公司+业户"模式、整体租赁模式、"村办企业开发"模式 | 韩劼等 |
| | "公司+农户"、公司+社区+农户"、"政府+公司+农村旅游协会+旅行社"、股份制模式、"农户+农户"模式、个体农庄模式 | 刘晗等 |
| | "政府主导型""外来投资型""自主经营型" | 季群华等 |

从表1-2的内容上看，国内学者对乡村旅游发展模式的研究，主要集中在对其发展模式的类型、组合、问题及案例分析等领域。在研究方法上，大多以定性研究为主，较少运用定量的分析方法。荀丽丽以景观生产理论为线索，从资源、治理、价值三个角度分析乡村旅游发展中的乡村公共性问题。认为乡村旅游应该回归乡村内生发展的脉络，乡村旅游是以"景观"为中心的乡村公共资源的再生过程；作为城乡融合发展的具体形式，乡村旅游为乡村公共产品的供给界定了新的范畴；在乡村旅游建构的文化互动背景下，乡情和社区感重塑是乡村文化公共性重建的基础[①]。

近年来随着文旅融合发展，提炼具有特色的乡村文化符号，发展乡村特色旅游成为研究新热点之一。目前，还无一个比较完备的乡村振兴和乡村旅游理

---

[①] 荀丽丽.景观生产视野下的乡村旅游与乡村公共性问题：基于宁夏固原的调查[J].宁夏社会科学，2018（6）：129-134.

论体系，对于不同的学术观点，我们应该坚持百花齐放、百家争鸣，采取互相补充、随时完善的态度。

### 1.1.2　民间信仰主要表现与传承

#### 1.1.2.1　民间信仰源流与主要表现

中国文献可考的"信仰"一词，最早出现在西晋汉译佛经中，西晋高僧竺法护译《佛说月光童子经》，经曰："佛以正真之道训诲天下。是时六师尽废不见信奉。诸异道等心怀嫉妒。……吾等道德高远名著四海。众儒共宗国主所奉。人民男女莫不信仰。于十六大国尽世供养。"①此处的"信仰"为信奉、敬仰之意。南宋天台宗高僧宗鉴《释门正统》卷三"塔庙志"记载："初，梁朝善慧大士愍诸世人，虽于此道颇知信向，然于赎命法宝，或有男女生来不识字者，或识字而为他缘逼迫不暇批阅者，大士为是之故，特设方便，创成转轮之藏，令信心者推之一匝，则与看读同功。"②梁朝善慧大士（497—569年）又名傅大士，俗称傅翕，创转轮藏方便信众读经，其中的"信心"即为信仰之意。又如，唐代释道世《法苑珠林》卷九四的"生无信仰心，恒被他笑具"③，唐代的《华严经》卷十四之偈颂"一切仙人殊胜行，人天等类同信仰。如是难行苦行法，菩萨随应悉能作"④。该偈中的"信仰"指的是信有德，信有能等，侧重的是个人心灵净化，精神觉悟的方法、路径及其境界。此"信仰"为精神活动现象。唐宋间佛教"信仰"一词又进入儒教领域"大儒，世所信仰"等语境⑤，仍不失其精神活动本义。

根据《辞海》的定义，民间信仰是"民间流行的某种精神观念，某种有形物体信奉敬仰的心理和行为，包括民间普遍的俗信以至一般的迷信。它不像宗

---

① 佛说月光童子经[M].竺法护,译.北京：民族出版社,2008.
② 宗鉴.释门正统[M]//新文丰出版影印卍续藏经会.卍续藏经：第130册.台北：新文丰出版社,1975.
③ 释道世.法苑珠林校注[M].周叔迦,苏晋仁,校注.北京：中华书局,2003.
④ 高振农.华严经译注[M].北京：中华书局,2012.
⑤ 路遥.中国传统社会民间信仰之考察[J].文史哲,2010(4)：82-95；陈彬,陈德强."民间信仰"的重新界说[J].井冈山大学学报(社会科学版),2010(4)：55-62；向柏松.民间信仰概念与特点新论[J].武陵学刊,2010(4)：95-101.

教信仰有明确的传人、严格的教义、严密的组织等，也不像宗教信仰更多地强调自我修行。它的思想基础主要是万物有灵论，故信奉的对象较为庞杂，所体现的主要是唯心论，但也含有唯物主义的成分，特别是民间流行的天地日月等自然信仰。"① 我国早期的民俗学家钟敬文指出民间信仰是在人类长期的历史发展过程中，在民众中自发产生的一套神明崇拜观念、行为习惯和相应的仪式制度，民间信仰与民俗有着复杂而内在的联系②。高丙中、乌丙安也表达了类似的观点。乌丙安将民俗事象分为四大类，即经济的民俗、社会的民俗、信仰的民俗以及游艺的民俗，其中"信仰的民俗"与民间信仰的关系密切③。陈勤建指出，民间信仰既是民间文化的一种，也是普通民众日常生活的重要组成部分④。民间信仰与宗教信仰相关，是人类学关注的基础领域，二者既有联系又有区别。在我国当代，民间信仰总是随着国家宗教政策的变化而起伏波动，任何政策也是时代的产物。自改革开放后，国家重新确立了宗教信仰自由政策并日趋完善，民间信仰也在自我调整和适应中不断壮大，大约四十几年间重建和新建民间信仰活动场所的数量几乎达到了一个历史的高峰。民间信仰的兴衰与国家权力和政策的变化、调整保持密切关联，这在一定程度上也反映了民间信仰团体作为社会组织的权力性特征。

民间信仰复兴与实践成为政府和学界研究者关注的重要领域。张祝平在总结改革开放40年以来民间信仰的发展转型时指出，民间信仰"实现了从'封建迷信'到'民俗活动'再到'文化资源'以及'文化遗产'的多元次替换演进，并逐步步入主流话语体系之中"⑤，民间信仰主要是指在长期的历史发展中广大民众自发产生的有关神明崇拜的观念、行为、禁忌、仪式等信仰习俗惯制，也称"信

---

① 夏征农. 辞海：1999年版缩印本[M]. 上海：上海辞书出版社，2000.
② 钟敬文. 民俗文化学发凡[J]. 北京师范大学学报（社会科学版），1992（5）：1-13；钟敬文. 中国民间文学讲演集[M]. 北京：北京师范大学出版社，1999；钟敬文. 民俗学概论[M]. 上海：上海文艺出版社，2006.
③ 高丙中. 民俗文化与民俗生活[M]. 北京：中国社会科学出版社，1994；高丙中. 发现"民"的主体性与民间文学的人民性：中国民间文学发展70年[J]. 民俗研究，2019（5）：15-22，157；乌丙安. 民俗学原理[M]. 沈阳：辽宁教育出版社，2001.
④ 陈勤建. 当代民间信仰与民众生活[M]. 上海：上海世纪出版集团，2013.
⑤ 张祝平. 当代中国民间信仰的历史演变与依存逻辑[J]. 深圳大学学报（人文社会科学版），2009，26（6）：24-29；张祝平. 中国民间信仰40年：回顾与前瞻[J]. 西北农林科技大学学报（社会科学版），2018，18（6）：1-10.

仰民俗"①。"信仰民俗"中的"民俗"一词，在我国的古代文献中时常可见，包含三层意思：第一层指"民风"，是指民间的一种精神状态；第二层指民间节日、礼仪、祭祀等民间活动本身；第三层是前两层的交融，指民俗事象。

当代民间信仰向文化资源（国家和世界级的物质文化遗产或非物质文化遗产等）、经济资源（促进地方旅游、商贸发展、宗教经济等）以及政治资源（促进两岸交流、联系海外华人华侨等）等转化比较明显。例如，仅福建漳州一地有宫庙4 200多个，在2019年有序开展对台和对外民间交流活动，漳州市民间信仰组织赴台交流共46批次、1 015人次；接待台湾参访团337批次、18 278人次②，有力地推动了两岸关系和平发展，为"一带一路"倡议建设做出积极贡献。

民间信仰大多与乡村聚落人们的日常生活、民俗、民间节日相关。中国乡村聚落主要指乡村自然形成的农业聚居地，多以古村落、传统村落及历史文化名村等小而聚的原生态空间形式出现。我国乡村聚落受到国内学者的普遍关注，朱光亚、黄滋对古村落的保护与开发的研究较早③，申秀英、刘沛林、邓运员等研究的聚落是指在特定历史时期形成、保留有一定的聚落形态和生产生活方式、具有独特的地域历史文化特征的古城、古镇、古村④，以及张杰等近年对中国传统聚落进行了研究⑤。郭焕宇通过对广东广府、潮汕、客家三大民系的研究，认为在宗族文化兴盛的明清时期，发展了各具特色的民居建筑文化。这三大汉族民系的民居建筑单元分别凸显了家庭、房支及家庭、房支要素在宗族结构中的重要性，并指出广东民居建筑遵从宗法制度，实现了生活空间伦理秩序的构建⑥。

从目前看，我们对西方学者主导的聚落发展模式还缺乏本土化反思，如何既保持传统聚落文化空间的民族性和地方性，又主动投身现代化的交流与互动

---

① 张祝平. 传统民间信仰的生态蕴涵及现代价值转换 [J]. 广西民族研究，2010（3）：63-68.
② 段凌平. 闽南与台湾民间神明庙宇源流 [M]. 北京：九州出版社，2012.
③ 朱光亚，黄滋. 古村落的保护与发展问题 [J]. 建筑学报，1999（4）：56-57.
④ 申秀英，刘沛林，邓运员，等. 景观基因图谱：聚落文化景观区系研究的一种新视角 [J]. 辽宁大学学报（哲学社会科学版），2006，34（3）：143-148.
⑤ 张杰. 海防古所：福全历史文化名村空间解析 [M]. 南京：东南大学出版社，2014；张杰，王一，夏圣雪. 金门金湖琼林古村落 [J]. 城市规划，2015（4）：72-73；张杰，孙晓琪. 海丝港市聚落：土坑古村落落空间解析 [J]. 规划师，2018（1）：145-146.
⑥ 郭焕宇. 岭南传统村落教化空间的文化价值 [J]. 中国名城，2021，35（6）：80-84.

中，把民族文化遗产保护与发展融入时代变革之中，值得学者和社会工作者深入研究。

中国乡村民间信仰是民间信仰的有机组成部分，具有群体性、多样性、杂糅性等特征。传统中国虽然存在种类繁多的民间信仰，但是面对全球化和现代化不断消解的地方性，地方需要觉醒而使得地方传统文化得以复兴和传承。所谓"地方"是指基于血缘、地缘、神缘等社会关系形成的、承载着共同记忆与归属感的当地人所感知的环境空间[①]。

#### 1.1.2.2 民间信仰历史传承

民间信仰文化传承可促进地方认同和身份认同，形成特殊的"神缘"社会。中国传统村落中的民间信仰宫庙建筑数量和类型多，蕴含丰富的文化内涵。更可贵之处在于，很多地方的信仰文化遗产还是活态的，它与民间日常生活、民间节日、民俗等同声共气，成为蔚为壮观的中国地域文化奇观。如泉州籍人类学家王铭铭曾说过，"具有'灵验'效力的遗产深深烙印在泉州世代祖辈的日常生活中，是当代泉州文化遗产活态现状的根基"[②]。王铭铭携英美文化人类学成果对中国本土民族文化进行了长期不懈的深耕，已有多本著述和文章[③]，他指出："对于人类学者来说，神灵信仰和仪式构成了文化的基本特质，也构成了社会形态的象征展示方式。因此，无论采用何种解释体系，人类学者在进入田野调查和民族志与论文写作时，信仰与仪式向来是主要的观察焦点和论题。"[④] 借助于象征性的表意和理解方式，人类可以清晰地与某种不可见的力量打交道，尤其是在人类早期疾病治疗过程中。马丹丹《王铭铭的"天下观"研究历程与评论》一文指出王铭铭在对"朝圣"概念的文化翻译中获得了人类学与汉学接轨的动力，找到了"象征一体性"的中国语境，开启了一种人类学的象征·符号演化的思

---

① 陈昭.场所与空间：景观人类学研究概览[J].景观设计学，2017，5(2)：8-23.
② 王铭铭.逝去的繁荣：一座老城的历史人类学考察[M].杭州：浙江人民出版社，1999：3.
③ 王铭铭.村落视野中的文化与权力：闽台三村五论[M].北京：生活·读书·新知三联书店，1997；王铭铭.走在乡土上：历史人类学札记[M].北京：中国人民大学出版社，2003；王铭铭.溪村家族：社区史、仪式与地方政治[M].贵阳：贵州人民出版社，2004；王铭铭.社会人类学与中国研究[M].桂林：广西师范大学出版社，2005；王铭铭.民间权威、生活史与群体动力[M]//王铭铭，王斯福.乡土社会的秩序、公正与权威.北京：中国政法大学出版社，1997.
④ 王铭铭.想象的异邦：社会与文化人类学散论[M].上海：上海人民出版社，1998.

考①。中国社会科学院世界史研究所张文涛也对王铭铭的《西学"中国化"的历史困境》文章进行了评述等②。

#### 1.1.2.3 民间信仰文化空间的当代创新

民间信仰文化空间涉及跨学科研究，将建筑学、历史学、人类学、地理学、宗教学等学科结合起来。随着时代发展，民间信仰与区域地理、道德伦理相关的社会新兴问题层出不穷。看似相异的学科，可提升信仰空间研究的跨学科性和有效性。

如何重构中国乡村聚落民间信仰空间？通过对传统乡村聚落民间信仰空间的保护与开发，提供具有实践价值的思路与方法，是我们的重要任务。乡村聚落民间信仰的产生、发展与演变是建构在中国社会文化经济大背景下的，民间信仰的兴衰准确映射出中国社会的历史变迁③。台湾早期的民俗学者刘枝万说："惟庙宇之建置，固非一蹴可成，而随时代之递嬗，兴废改革，在所难免。故每一庙宇之资料，均须有一个系谱的整理，其项目则包括庙称、位置、建筑、沿革、祀神、祭典、维持财源、祭祀团体、信徒、对外关系、特殊传说及其他事项等在内，颇为繁杂。"④这是一种诚实而细致的文化研究态度和方法。随着城市化加速，乡村人口减少以及流动性增强，一些乡村人去屋空，农地荒废，能吸引村民回到旧村老屋的多是重大传统节日期间，其中就包含了民间信仰节日，在华南地区尤甚。我们也观察到华南的乡村宗族、神缘纽带及商业企业，使得乡村还保持着一定活力。

在文化人类学上，广义的文化空间有三个层面：物质、精神、象征空间层面等。就物质空间层面而言，空间是一个旧概念，主要用于古老的地理学、自然哲学。就精神空间层面而言，空间具有精神性、文化性、建构性等特点，又是一个全新的概念；在人类学、社会学、经济学上，尤其是在当代的文化研究（包

---

① 马丹丹. 王铭铭的"天下观"研究历程与评论[J]. 中央民族大学学报（哲学社会科学版），2016，43（3）：18-29.
② 张文涛. "文化中国"能走出困境吗：评王铭铭《西学"中国化"的历史困境》[J]. 文艺研究，2006（6）：131-139.
③ 向玉乔，沈莹. 威廉斯的马克思主义文化分析理论[J]. 湖南大学学报（社会科学版），2021，35（4）：113-121.
④ 刘枝万. 台湾之瘟神庙[J]. 台湾"中央研究院"民族学研究所集刊，1966（22）：53-96.

含文化遗产领域）和实践中，文化空间与非遗概念相关。就象征空间层面而言，它除了具有精神空间的特点外，还具有符号性和解释性等特点，主要用于社会学、人文地理学及文化研究等方面。

文化空间理论发端于西方后现代主义思潮，它认为人们的行为和思考是受到自然的地理空间、社会空间和文化空间等多种因素的影响，三者相互交织、相互影响，形成了独特的文化景观。文化空间是一个社会、文化环境的集合空间，同一文化空间内的人们会有类似的价值观、思维方式和行为模式。文化空间理论强调文化的复杂性和多样性，认为文化是由各种相互交织的元素构成的，包括历史、传统、语言、习惯、风俗、信仰、艺术等。我国学者向云驹、苗伟、谢纳、叶超、杨晖等对文化空间概念和理论进行了研究[1]。乌丙安、彭兆荣、孟令法、覃琮、黄丽娟、司培、张安慧等对中国非物质文化遗产领域的文化空间进行了多角度研究[2]。

民间信仰文化空间主要表现在民间信仰宫庙建筑空间、仪式空间、象征空间三方面。民间信仰宫庙建筑除了是实体空间以外，还是一种信仰空间，它对信众的日常生活方式、社会关系及文化象征符号建构等都产生不同程度的影响。民间信仰宫庙建筑是民间信仰文化的物质载体，具有"物"的客观性和自然性；同时，它也是评判民间信仰文化原真性的重要指标，具有"物"的建构性和文化性。因此，民间信仰宫庙建筑空间既包括微观层面的建筑实体空间，也包括

---

[1] 向云驹.论"文化空间"[J].中央民族大学学报（哲学社会科学版），2008，35（3）：81-88；向云驹.再论"文化空间"：关于非物质文化遗产若干哲学问题之二[J].民间文化论坛，2009（5）：5-12；苗伟.文化时间与文化空间：文化环境的本体论维度[J].思想战线，2010，36（1）：101-106；谢纳.空间生产与文化表征：空间转向视阈中的文学研究[M].北京：中国人民大学出版社，2010；叶超，柴彦威，张小林."空间的生产"理论、研究进展及其对中国城市研究的启示[J].经济地理，2011，31（3）.409-413；杨晖.文化空间的概念及其学术视野[J].河南教育学院学报（哲学社会科学版），2020，39（2）：36-41.

[2] 乌丙安.民俗文化空间：中国非物质文化遗产保护的重中之重[J].民间文化论坛，2007（1）：98-100；彭兆荣，葛荣玲.南音与文化空间[J].民族艺术，2007（4）：64-69；乌丙安.《孟姜女传说》口头遗产及其文化空间：国家级非物质文化遗产《孟姜女传说》评述[J].民俗研究，2009（3）：5-11；孟令法.文化空间的概念与边界：以浙南畲族史诗《高皇歌》的演述场域为例[J].民俗研究，2017（5）：107-119；覃琮.从"非遗类型"到"研究视角"：对"文化空间"理论的梳理与再认识[J].文化遗产，2018（5）：25-33；黄丽娟.基于文化空间视域的非物质文化遗产旅游空间的建构：以武夷山大红袍传统工艺为例[J].湖北文理学院学报，2018（11）：55-60；司培.近二十年来民俗文化空间研究的方法与思路综述[J].西部学刊，2019（10）：10-12；张安慧.资本、权力与地方博弈：非遗文化空间生产的逻辑分析：以谷雨祭海节为例[J].山东商业职业技术学院学报，2021，21（1）：116-120.

中观层面的乡村聚落空间及符号象征空间，还包括宏观层面指"区域"（或"地域"）民间信仰宫庙建筑文化景观或文化线路等。从社会文化人类学角度看，"区域"是超村落的社会结构或关系网络，它借由某种独特的"社会事实"或"文化机制"将整个区域社会统合或整合起来。这是因为建筑是人类创造的物质文化的重要载体，涉及营造技术、营造制度及文化观念问题，建筑文化是人类文化的重要组成部分，是物质文化、制度文化、精神文化、符号象征文化的综合反映。建筑随着人类的产生而产生，也随着人类社会的发展而发展，它具有历史性、民族性、地方性等特性。

## 1.2 相关概念和理论研究介绍与评述

### 1.2.1 乡村旅游

乡村旅游研究内容涉及多个学科、诸多领域，国内外学术界较为重视多学科交叉应用和多领域融合，研究的广度和深度不断延伸。

西方国家在19世纪就开始发展乡村旅游，对其开发较为成熟，乡村旅游被认为是一种阻止农业衰退和增加农村收入的有效手段。

乡村旅游概念在国际上较权威和通俗的解释，如经济合作与发展组织（OECD）和欧洲联盟（EU）认为，一种在乡村范围中进行的关于旅游的活动就是乡村旅游，乡村旅游整体营销的核心、本质和独特卖点是乡村性（rurality）。乡村旅游概念不同的表述列举如下：

（1）乡村旅游是以乡野农村的风光和活动为吸引物，以都市居民为目标市场，以满足游客娱乐、求知和回归自然等方面需求为目的的一种旅游方式[①]。

（2）乡村旅游（也称农业旅游），英语为agritourism，法语为agritourisme，

---

① 王兵. 从中外乡村旅游的现状对比看我国乡村旅游的未来[J]. 旅游学刊，1999，14（2）：38-42.

在东亚地区传统上将旅游称为观光,有的国家和地区则称之为农业观光。乡村旅游即以农业文化景观、农业生态环境、农事生产活动以及传统的民族习俗为资源,融观赏、考察、学习、参与、娱乐、购物、度假于一体的旅游活动[①]。

(3)观光农业(或称休闲农业或旅游农业)是以农业活动为基础、农业和旅游业相结合的一种新型的交叉型产业,是以农业生产为依托与现代旅游业相结合的一种高效农业。观光农业的基本属性是:以充分开发具有观光、旅游价值的农业资源和农业产品为前提,把农业生产、科技应用、艺术加工和游客参加农事活动等融为一体,供游客领略在其他风景名胜地欣赏不到的大自然浓厚意趣和现代化的新兴农业艺术的一种农业旅游活动[②]。

(4)乡村旅游是指在乡村地区以具有乡村性的自然和人文客体为旅游吸引物的旅游活动。因此,乡村旅游的概念包含了两个基本方面:一是发生在乡村地区;二是以乡村性作为旅游吸引物,二者缺一不可[③]。

(5)刘红艳的乡村旅游定义:乡村旅游是以乡村社区为其活动场所,以乡村自然生态环境景观、聚落景观、经济景观、文化景观等为旅游资源,以居住地域环境、生活方式及经历、农事劳作方式有别于当地乡村社区的居民为目标市场的一种生态旅游形式[④]。李琼英、方志远《旅游文化概论》一书也指出了乡村旅游的内涵和特点[⑤]。

何景明、李立华指出:乡村旅游的本质是根植于乡村地方生活方式和文化环境,充分体现了乡村旅游的乡村性特点。乡村旅游主要包括以下几种类型:(1)乡村自然风光旅游。这种以乡野农村的自然风光为吸引物的旅游活动形式多样,如乡间散步、爬山、滑雪、骑马、划船、漂流等。(2)农庄旅游或农场旅游。它们包括休闲农庄、观光果园、茶园、花园、休闲渔场、教育农园等。(3)乡村民俗旅游和民族风情旅游。乡村民俗旅游以当地民间的日常生

---

① 杜江,向萍.关于乡村旅游可持续发展的思考[J].旅游学刊,1999,14(1):15-18.
② 郭焕成,刘军萍,王云才.观光农业发展研究[J].经济地理,2000,20(2):119-124.
③ 何景明,李立华.关于"乡村旅游"概念的探讨[J].西南师范大学学报(人文社会科学版),2002,28(5):125-128.
④ 刘红艳.关于乡村旅游内涵之思考[J].西华师范大学学报(哲学社会科学版),2005(2):15-18.
⑤ 李琼英,方志远.旅游文化概论[M].2版.广州:华南理工大学出版社,2008.

活方式及其文化来吸引外来游客①。

乡村旅游模式研究方面：王金伟、张丽艳等学者对乡村旅游的独特价值进行了细致分析，探讨了观光农业、农庄旅游、农业旅游、文化旅游、美食旅游等模式②。例如，加拿大阿卡迪亚地区（Acadia Region）的文化遗产旅游作为乡村旅游特色，吸引了大量游客并促进了当地社会经济发展③。乡村旅游地区依托当地资源和旅游优势形成了独具特色的旅游发展模式，对其深入研究可为相关地区乡村旅游发展提供借鉴。可持续发展方面：布兰卡斯（Blancas）等将可持续性指标引入乡村旅游发展之中，通过目的地特征化与比较、基准实践的定义和量化以实现可持续旅游的发展目标④。萨克西纳（Saxena）和刘伯蒂（Libery）认为综合性乡村旅游应具有"嵌入性""非嵌入性""内生性"和"赋权性"等特征才能保证可持续性发展⑤。孙九霞、苏静指出在民族村寨旅游开发中，可以形成新的文化空间生产主体⑥。基于乡村空间"三性"的价值回归和空间生产的理论视角，须重新确立资本在乡村空间的规范和准则、维护乡民的差异权利、重建乡村带有审美意味的"家园感"，方能建立一个具有现代性意义的文化空间⑦。上述研究大都强调乡村旅游应注重利益相关者的相互合作、社区增权、社区参与、加强地方文化建设等方面，以实现其持续健康的发展。

乡村旅游文化空间是不同种类空间的聚合形态，发生于其中的具有文化学

---

① 何景明，李立华. 关于"乡村旅游"概念的探讨 [J]. 西南师范大学学报（人文社会科学版），2002，28（5）：125-128.

② 王金伟，张丽艳，李明龙. 国际乡村旅游研究的学术脉络与前沿热点[J]. 西南民族大学学报（人文社会科学版），2021，42（3）：224-231；石培华，黄萍，杨旭. 乡村旅游发展的中国模式 [M]. 北京：中国旅游出版社，2022.

③ MacDonald R, Jolliffe L. Cultural rural tourism: evidence from Canada [J]. Annals of Tourism Research, 2003, 30（2）：307-322.

④ Blancas F J, Lozano-Ovola M, Gonzalez M, et al. How to use sustainability indicators for tourism planning: the case of rural tourism in Andalusia（Spain）[J]. Science of the Total Environment, 2011, 412/413：28-45.

⑤ Saxena G, Libery B. Integrated rural tourism a border case study[J]. Annals of Tourism Research, 2008, 35（1）：233-254.

⑥ 孙九霞，苏静. 旅游影响下传统社区空间变迁的理论探讨：基于空间生产理论的反思 [J]. 旅游学刊，2014，29（5）：78-86.

⑦ 刘璐. 现代视阈中乡村文化空间的危机与再生产 [J]. 民族艺术研究，2020，33（2）：102-110；胡静，谢鸿璟. 旅游驱动下乡村文化空间演变研究：基于空间生产理论[J]. 湖北民族大学学报（哲学社会科学版），2022，40（2）：99-109.

意义的一切创造和存在行为均蕴含着丰富的建构性力量。乡村空间具有生存性、体验性与审美性的美学意蕴，其文化空间的生产与重塑应以乡民自身的生存体验和生活需求为中心。现代性的矛盾和冲突使乡村原始文化环境走向解体，造成了生态空间的消逝、空间权利的缺失、空间意识的焦虑以及体验空间的疏离，并暗含着乡民的生存危机及意义迷失。

　　法国社会学家列斐伏尔（Lefebvre）在《空间的生产》(The Production of Space)一书中提出了以"空间的社会生产"为核心的空间生产理论，构建了一个展现空间生产过程的三元一体理论框架，即空间实践、空间表征和表征空间[1]。此后，诸多学者将空间生产理论运用于各种空间实践研究中，Halfacree、Frisvoll将该理论用于乡村研究，提出乡村空间三元分析框架，并利用它对乡村旅游空间生产进行实证分析[2]。大约在2010年后，空间生产理论开始运用于乡村旅游研究，在乡村旅游社会资本方面，Li和Wang研究发现，不同类型的社会资本对乡村旅游发展的促进程度不同，其中整合型社会资本对乡村旅游的促进作用最为显著[3]。派克（Park）等研究发现，同时经营农家乐业务和旅游项目的果蔬稻农的乡村其社会化程度最高，建议通过增强旅游社区参与的方式来增加社会资本和化解社区矛盾[4]。总之，不同类型资本在乡村旅游中的功能和影响不同，基于此视角对乡村旅游发展进行深入研究，可为设计和评估相关政策提供理论支持。桂榕、孙九霞、欧阳文婷等对旅游空间生产内涵、主体、动力机制等方面进行了分析[5]。因此，空间生产理论为研究民间信仰旅游提供了一个新的

---

[1] Lefebvre H. The production of space[M].Oxford：Blackwell，1991.
[2] Halfacree K. Trial by space for a 'radical rural'：introducing alternative localities, representations and lives[J]. Journal of Rural Sudies，2007，23（2）：125-141.
　Frisvoll S.Power in the production of spaces transformed by rural tourism[J]. Journal of Rural Studies，2012，28（4）：447-457.
[3] Li X, Wang Y. Influence of social capital on rural tourism development[J]. Asian Agricultural Research，2020（11）：41-45.
[4] Park D B, Lee K W, Choi H S, et al. Factors influencing social capital in rural tourism communities in South Korea[J]. Tourism Management，2012，33（6）：1511-1520.
[5] 桂榕，吕宛青.民族文化旅游空间生产刍论[J].人文地理，2013，28（3）：154-160；孙九霞，苏静.旅游影响下传统社区空间变迁的理论探讨：基于空间生产理论的反思[J].旅游学刊，2014，29（5）：78-86；欧阳文婷，吴必虎.旅游发展对乡村社会空间生产的影响：基于开发商主导模式与村集体主导模式的对比研究[J].社会科学家，2017（4）：96-102.

视角，可为村寨社会空间发展问题提供解析思路。

### 1.2.2　民间信仰概念的知识生产

#### 1.2.2.1　国外国内民间信仰学术史简述

瑞典籍著名汉学家施舟人（Kristofer Schipper）和他的加拿大籍学生丁荷生（Kenneth Dean）都认为古典文本决定民间仪式内容和操作，并长期致力于道教研究，注重人类学的田野调查方法，相关科研成功丰硕。丁荷生活跃于当代汉学界，他的《东南中国的道教仪式与民间崇拜》用丰富的"新材料"认为道教科仪框架体现了中国宗教复兴的历史和结构性角色，选择福建的保生大帝、清水祖师和广泽尊王等个案进行研究，并对道教信仰仪式的复兴和仪式统一性进行总结[①]。丁荷生认为要理解一个地方社会文化语境中的神明崇拜，就必须解开主祀神明、庙宇和社区之间的关系。

美国的欧大年（Daniel Overmyer）和桑高仁（P. Steven Sangren，又译作桑格瑞），英国的王斯福（Stephan Feuchtwang）等同样强调古典文本传统塑造影响了民间信仰。欧大年著有《中国民间宗教教派研究》《飞鸾：中国民间宗教面面观》等成果[②]。欧大年是当代民间信仰综合性研究成果较多的学者之一，无论在理论和方法上都有建树。欧大年《历史、文献和实地调查——研究中国宗教的综合方法》一文中建议尝试一种新的综合性方法，他把这种新方法称为"历史、文本和田野考察"，即通过历史研究、文本解读来认识传统背景，通过田野考察来探究社会结构、功能和习俗等；前两者有助于后者，后者则有助于更清晰地理解传统脉络[③]。欧大年指出："地方性的民间信仰有他们自己的组织形态、秩序和逻辑，并制度化于百姓的日常生活之中，包括在家庭生活、庙宇，或是社区活动之中。这是民众最真实，也最具体的活动、仪式和信仰。"

---

① Dean K, Taoist ritual and popular cults of southeast China[M].NY：Princeton University Press，1995.
② 欧大年.中国民间宗教教派研究[M].刘心勇，严耀中，邢丙彦，等译.上海：上海古籍出版社，1993；欧大年.飞鸾：中国民间宗教面面观[M].香港：香港中文大学出版社，2003.
③ 欧大年.历史、文献和实地调查：研究中国宗教的综合方法[J].历史人类学学刊，2004（1）：197-205.
该文也收入范丽珠，欧大年.中国北方农村社会的民间信仰[M].上海：上海人民出版社，2013.

20世纪80年代,桑高仁在台湾研究台湾妈祖信仰,在《台湾妈祖进香之灵力与超越性》一文中认为妈祖的完美形象是汲取了女性的主要优点。中国女性神灵形象的塑造和传播,一方面是宗教自身宣扬的内容,另一方面是社会组织的作用。女性崇拜在等级社会中扮演着重要的角色,他从人类学的角度分析了妈祖信仰在台湾当地的历史、影响、传播等[①]。桑高仁抓住台湾民间信仰的组织特性与空间扩张的模式,将台湾民间信仰宫庙分为三大类:第一类为地域性组织,是指在一定的地域范围内居民共同祭祀的,又分为三个小层次,一是村庄内的,即宫庙属于单个村庄;二是联庄的,宫庙属于多个村庄;三是乡镇性的,宫庙是某一社区神明崇拜中心。第二类是进香中心,指历史较悠久的宫庙,它们成为各自分庙的进香朝圣中心即根庙。民间宗教与区域制度的关系主要体现:小庙是大的区域的"根庙"的分化,小庙到"根庙"的朝圣行为是把地方庙宇与区域庙宇联结在一起的媒介。第三类是教派性组织,指台湾的斋教等民间宗教团体[②]。桑高仁的新作《汉人的社会逻辑:对于社会再生产过程中"异化"角色的人类学解释》的"象征一体性"理论认为,"中国人的地域崇拜最终会上升到一个宗教中心",继而形成一个完整而独立的中国宗教[③]。

美国人类学家施坚雅(G. William Skinner)完成了中国城市史研究《中华帝国晚期的城市》[④],形成晚清城市的文化区域分析框架。据此,文化地理区域的研究不仅要涉及仪式,还涉及神谱、传说、庙系、仪式戏剧谱系以及历史上的官方文化与民间文化的关系和移民问题。

美国人类学家克利福德·格尔茨(Clifford Geertz)是解释人类学(又称诠

---

① Sangren P S. Female gender in Chinese religious symbols: Kuan Yin, Matsu, and the "eternal mother"[J]. Signs: Journal of Women in Culture and Society, 1983, 9(1): 4-25.
Sangren P S. Power and transcendence in the Matsu pilgrimages of Taiwan, history and the rhetoric of legitimacy: the Matsu cult of Taiwan[J]. American Ethnologist, 1993(3): 564-582. 中译文:桑高仁. 台湾妈祖进香之灵力与超越性[J]. 美国人类学家, 1993(3): 564-582.

② Sangren P S. History and magical power in a Chinese community[M]. Stanford, Calif: Stanford University Press, 1987.

③ 桑高仁. 汉人的社会逻辑:对于社会再生产过程中"异化"角色的人类学解释[M]. 丁仁杰, 译. 台北:台湾"中央研究院"民族学研究所, 2012.

④ Skinner G W. Cities and the hierarchy of local systems[J]. Studies in Chinese Society, Stanford, Arthur Wolfed, 1978: 1-78; 施坚雅. 中华帝国晚期的城市[M]. 叶光庭, 等译. 北京:中华书局, 2000.

释学）的提出者。格尔茨在 20 世纪 50 年代就开始触及宗教和象征问题，是引导象征和意义转向的先驱之一。格尔茨早期的代表作之一《农业内卷化》从文化生态学的角度出发，结合作者长期的田野调查，对亚洲爪哇农业的发展趋向进行了预估，并进一步论证了农业内卷化所导致的政治、文化、宗教的发展趋向。在论述《农业内卷化》中关于生态系统的观点和其所呈现的诠释学趋向的基础上，我们可以梳理出格尔茨对文化体系的理解以及其文本叙事结构的一致性[1]。格尔茨肯定了人类文化的基本特点是符号的和解释性的，并认为作为文化研究的人类学也是解释性的。在马克思主义文化理论看来，格尔兹的文化观有可能忽略文化的多元性和意识形态性，并可能导致对非西方文化的误读。但不可否认，格尔兹充分肯定了边缘意义世界的价值[2]。格尔茨还发起了文化人类学从语言学转向解释学，即开始关注象征主义和意义的问题。

格尔茨的另一部代表作《文化的解释》（1973 初版）将"文化"定义为："文化是一种通过符号在历史上代代相传的意义模式，它将传承的观念表现于象征形式之中。通过文化的符号体系，人与人得以相互沟通、绵延传续，并发展出对人生的知识及对生命的态度。"从这个定义可以看出，格尔茨对文化的操作性定义是将文化看作一种意义模式，而这种意义模式又有其时间历程，是经过历史沉淀下来的共同的意义。这种意义可能是一种观念，但它还要表现在各种外部的象征形式之中，在该书中这种象征形式更多的是宗教。文化的符号象征是人与人之间即社会互动得以进行的基础。在社会互动中，个人实现了社会化进程，进而形成了个人的心理、人格、精神、价值观等。人类文化的特点，"其一，人类文化的基本特点是符号的和解释的；其二，作为文化研究的人类学也是解释的。"[3] 文化首先是一种符号，而这种符号有其含义、意义，是生活于其中的人给予的赋义。人与人之间的社会互动就是通过这种对意义的解读、理解来进行；在互动中同时形成这种文化"气场"中的人的心理、观念、情感、道德、价值观。

---

[1] 李红阳. 文化人类学的诠释学转向述论：以《农业内卷化》为中心[J]. 西北民族大学学报（哲学社会科学版），2019（3）：51-57.
[2] 王铭铭. 格尔茨的解释人类学[J]. 教学与研究，1999（4）：30-36.
[3] 格尔茨. 文化的解释[M]. 韩莉，译. 南京：译林出版社，2008.

文化的主要研究方法有解释学深描法、民族志方法等①。该书对中国台湾妈祖信仰的地位、竞争、普及不断改变进行了实证研究。

美国文化学者詹姆斯·华琛（James L. Watson，又译作韩森）在《神明的标准化——华南沿海天后的推广（960—1960）》一文中指出中国神明的"标准化"现象，中国帝制晚期的民众之所以能够共享一个"中华文化"，是因为存在着一个文化标准化的过程，"国家以微妙的方式进行干预，将某种一致的东西强加于区域或地方层次的崇拜之上"②。为阐明这一过程，华琛借用了妈祖信仰在华南地区广泛传播的案例。他的早期成果《变迁之神：南宋时期的民间信仰》讨论了以妈祖信仰为个案的区域性信仰的形成和发展，认为天妃祠祀的主要支持者是来自靠水（河海湖川等）为生的人们③。他还通过绘图得出南宋时期妈祖祠主要分布在福建的沿海一带。

埃莉诺（Eleanor）和吴摩里斯（Morris Wu）研究了台北的寺庙资源，在探讨寺庙的历史背景时，以一座清代的妈祖庙为例，依据其建筑样式古文记载，分析了台湾的寺庙文化与大陆文化的关系④。在 Debora A. Brown 和 Tun-jen Cheng 的研究中，把"精英文本传统"与"草根社会的口头传统"形成一对比较词语加以运用⑤。劳格文、科大卫合编的《中国乡村与墟镇神圣空间的建构》对安徽、江西、山东等地的民间信仰空间研究⑥。

日本学者的文化祭祀圈与信仰空间研究成果：表现在对于同祀神明的现象研究，日本学者冈田谦二十世纪二三十年代在台北士林的农村聚落调研基础上，提出了"祭祀圈"概念，即"共同奉祀-主神的民众所居住之地域"⑦。冈田谦指出，台湾北部农村的祭祀活动，除有土地公和妈祖的祭拜活动外，还有中元普度的祭

---

① 王铭铭. 格尔茨的解释人类学 [J]. 教学与研究，1999（4）：30-36.
② 华琛. 神明的标准化：华南沿海天后的推广（960—1960）[M]// 刘永华. 中国社会文化史读本. 北京：北京大学出版社，2011.
③ 韩森. 变迁之神：南宋时期的民间信仰 [M]. 包伟民，译. 杭州：浙江人民出版社，1999.
④ Eleanor B, Wu M. Cultural resource management of Taipei's indigenous folk temples[J]. Bulletin of the Indo-pacific Prehistory Association Bulletin, 2007, 26: 33-38.
⑤ Brown D A, Cheng T. Religious relations across the Taiwan strait:patterns,alignments,and political effects[M]. Orbis,2012.
⑥ 劳格文，科大卫. 中国乡村与墟镇神圣空间的建构 [M]. 北京：社会科学文献出版社，2014.
⑦ 冈田谦. 台湾北部村落ける祭祀圈 [J]. 民族学研究四（一），1938：1-22.

祀。前者的祭祀圈往往跟日本人所称的"小字"（即今之邻）或"大字"（庄或现今之村里）的聚落单位一致，而后者的祭祀圈则是由数个"大字"组成的地区。换言之，中元普度的大祭祀圈是由数个祭祀土地公或妈祖的小祭祀圈所组成的。

台湾学者施振民进一步解释"祭祀圈是以主神为经，而以宗教活动为纬，建立在地域组织上的模式"①，所谓主神为经，表示人们根据主神的神格高低来判断聚落阶层的高低，主神之间的从属关系反映在聚落上，即聚落之间的从属关系；宗教活动为纬，则表示有关主神的各种祭奠的共同举行把所有从属关系、阶层差异的聚落连接起来。这里的"祭祀圈"被视为一个分析模式，以阶层性达到连接性是其特征，各级相关的祭祀圈就能融合到整个社会，与政治、经济、文化等层面形成相应的关系。

许嘉明利用祭祀圈的概念来探讨彰化平原福佬客的聚落七十二庄的形成与分布，并借以分析闽客的械斗，以及福建汉人移垦的历程。他指出，彰化平原有很多福佬客（讲闽南话的客家人），生活在员林、埔心、溪湖一带较多。例如，在溪湖有一个村庙叫霖肇宫，永靖乡有一个庙叫永安宫，以这两个庙为中心的居民都是福佬客，因为闽客的械斗，后来漳州人、客家人联合起来对付泉州人。漳泉械斗以后，这两个庙就不重要了，反而在社头一个叫天门宫（拜妈祖）的地方发展出一个新的祭祀圈出来，七十二庄闽客都参加新地缘团体②。

林美容提出了"信仰圈"概念，指出信仰圈作为祭祀圈概念的补充是一种通过共同的神明信仰由信仰者所形成的志愿性宗教组织，通常超出社区的范围。林美容区分信仰圈与祭祀圈的主要依据是祭祀活动中表现出的义务性与志愿性③。台湾民族学在西方欧美学术传统的较深影响下，以许嘉明、林美容等为代表的学者，把"祭祀圈"和"信仰圈"原本是台湾汉人客观自在的社会现象，深化为一种有用的研究理论与方法，值得我们借鉴和学习④。

---

① 施振民.祭祀圈与社会组织[J].台湾"中央研究院"民族学研究所集刊三六，1973：191-205.
② 许嘉明.彰化平原福佬客的地域组织[J].台湾"中央研究院"民族学研究所集刊三六，1974：1651-186；许嘉明.祭祀圈之于居台汉人社会的独特性[J].台湾中华文化复兴月刊，1978（6）：59-68.
③ 林美容.由祭祀圈到信仰圈：台湾民间社会的地域构成与发展[C]//张炎宪.台湾中国海洋发展史论文集：第3辑.台北：台湾"中央研究院"中山人文社会科学研究所，1989；林美容.台湾民间信仰研究书目：台湾民间信仰的分类[M].台北：台湾"中央研究院"民族学研究所，1991.
④ 孙振玉.台湾民族学的祭祀圈与信仰圈研究[J].中南民族学院学报（人文社会科学版），2002，22（5）：32-36.

陈春声提出用"信仰空间"的概念来替代上述两个概念,试图去描述一个"相互重叠的、动态的信仰空间的演变过程",认为"不管是'祭祀圈'还是'信仰圈'都往往被理解成为一种比较确定的、可满足共时性研究需要的人群地域范围,而民间信仰的实际要复杂得多"①。

"信仰空间"概念从宏观上有助于我们关注民间信仰空间生长、分布特点和扩展趋势,从国家或更广阔的层面思考信仰空间如何重建或改造的问题,如东亚文化圈、儒家文化圈、汉字文化圈、客家文化圈等,皆是在较广阔的层面思考文化的空间传播效应。随着时代的发展,人们对于不同民间信仰的态度会越加包容,对民间信仰空间和场所的重构就是对地方精神和文化的认同。

民间信仰文化空间是人们的活动场所,是文化寻根、文化乡愁的寄托与归属。从文化旅游开发角度考虑,需要打造可识别的高吸引力的文化符号象征空间。赵世瑜认为,人类既通过宫庙建筑创造出具有独特场所精神的人工场所,也通过仪式行为创造精神活动空间,民间信仰空间是一个多主体参与的神圣空间,也是礼(圣)俗合一的二元共融空间②。究其根源在于宫庙建筑是一个族群或社会的文化生活的主要舞台和符号标记,宫庙建筑成为地方性最重要的复合载体之一。

#### 1.2.2.2 国内大陆地区民间信仰文化研究

民间信仰是中国传统文化的重要组成内容。改革开放以来,随着我国民间信仰的复兴,当代学者较多开展民间信仰类型的地方文献和田野调查研究工作。

国内在民间信仰综合研究方面的主要成果:宗力、刘群《中国民间诸神》,马书田《全像中国三百神》,乌丙安《中国民间信仰》等书,分别从宗教学、民俗学的角度对全国主要类型的民间信仰进行梳理研究③。刘锡诚主编"中国民间信仰传说丛书"主要收集玉皇、灶王爷、八仙、关公、门神等12个民间信仰传说故事群,丛书在当时也获得一定的社会影响力④。

---

① 陈春声. 正统性、地方化与文化的创制:潮州民间神信仰的象征与历史意义 [J]. 史学月刊, 2001（1）: 123-133.
② 赵世瑜. 二元的晋祠:礼与俗的分合 [J]. 民俗研究, 2015（4）: 10-12; 赵世瑜. 多元的标识,层累的结构:以太原晋祠及周边地区的寺庙为例 [J]. 首都师范大学学报, 2019（1）: 1-23.
③ 宗力, 刘群. 中国民间诸神 [M]. 石家庄:河北人民出版社, 1986; 马书田. 全像中国三百神 [M]. 南昌:江西美术出版社, 1992; 乌丙安. 中国民间信仰 [M]. 上海:上海人民出版社, 1995.
④ 刘锡诚. 中国民间信仰传说丛书 [M]. 石家庄:花山文艺出版社, 1995.

国内区域民间信仰的主要研究成果：闽海地区的，如林国平、彭文宇的《福建民间信仰》一书对福建所有类型的民间信仰的发展、演变及其主要特征进行了详细描述①。林国平的《闽台民间信仰源流》对闽台民间信仰源流的梳理考察②，黄振良的《闽南民间信仰》一书主要介绍了闽南文化圈中的民间信仰类型，对闽南所有类型的神明进行了系统的梳理③。郑镛的《闽南民间诸神探讨》、段凌平的《闽南与台湾民间神明庙宇源流》④、张惠评和许晓松的《泉州古城铺境神》⑤等，都有相关闽海民间信仰文化空间专题的讨论。广东地区的，如顾书娟的《明清广东民间信仰研究：以地方志为中心》，贺璋瑢的《广东民间信仰及治理研究》⑥等。广西地区的，如黄桂秋编著的《岭西族群民间信仰文化探究》，滕兰花、胡小安主编的《清代广西民间信仰、族群与区域社会研究》，肖起清、张意柳的《文化认同与传承：西江流域神谱研究》⑦等。

国内城乡民间信仰的主要研究成果：董卫老师长期以来开展了大量的城乡实地调研工作，完成了一批历史文化古城、古村落的保护规划设计。2003年以来先后完成《泉州中山路保护与整治规划》《泉州崇武古城保护规划》《晋江市福全古村历史文化名村保护规划》《石狮永宁古卫保护与旅游发展规划》《泉州国家历史文化名村土坑村保护规划》等课题。在此期间，我们也搜集了大量相关沿海村落、宫庙的第一手资料，积累了一定研究基础，撰写了相关传统聚落及其遗产保护的学术专著和论文，其中涉及福建城乡铺境空间问题的研究，如泉州市区、晋江市福全古村及石狮市永宁卫的铺境等⑧。铺境空间是福建特有的

---

① 林国平，彭文宇. 福建民间信仰 [M]. 福州：福建人民出版社，1993.
② 林国平. 闽台民间信仰源流 [M]. 福州：福建人民出版社，2003.
③ 黄振良. 闽南民间信仰 [M]. 厦门：鹭江出版社，2009.
④ 段凌平. 闽南与台湾民间神明庙宇源流 [M]. 北京：九州出版社，2012.
⑤ 张惠评，许晓松. 泉州古城铺境神 [M]. 福州：海峡书局，2015.
⑥ 顾书娟. 明清广东民间信仰研究：以地方志为中心 [M]. 广州：南方日报出版社，2015；贺璋瑢. 广东民间信仰及治理研究 [M]. 上海：上海三联书店，2022.
⑦ 黄桂秋. 岭西族群民间信仰文化探究 [M]. 北京：光明日报出版社，2015；滕兰花，胡小安. 清代广西民间信仰、族群与区域社会研究 [M]. 北京：民族出版社，2017；肖起清，张意柳. 文化认同与传承：西江流域神谱研究 [M]. 桂林：广西师范大学出版社，2017.
⑧ 张杰. 海防古所：福全历史文化名村空间解析 [M]. 南京：东南大学出版社，2014；张杰. 穿越永宁卫 [M]. 福州：海峡文艺出版社，2016；张杰. 海丝港市聚落：土坑国家历史文化名村空间解析 [M]. 福州：福建人民出版社，2018；张杰，庞骏，严欢. 福建石狮市永宁卫城 [J]. 城市规划，2014（1）：57-58.

基层民间信仰与社会组织,形成传统城市历史街区和乡村社区的信仰文化集体记忆。不同学者从不同角度给以越来越多的关注,如林志森、吕俊杰、陈力、王逸凡等的研究[①]。

国内民间信仰现象研究较多,民间信仰空间专题研究较少;侧重于人类学、社会学、文化学研究较多,立足于建筑学、艺术学、旅游学等对文化空间的研究较少。

### 1.2.3 民间信仰文化空间旅游

#### 1.2.3.1 三种旅游空间实践

第一种旅游空间实践,是把乡村宫庙建筑融入现代旅游市场的过程,多方利益主体通过不断地实践,将封闭、孤立的农耕型社会空间转变为开放、流动的旅游型社会空间[②],受旅游开发程度影响,不同阶段宫庙建筑空间实践过程不同。处于待开发阶段的乡村,保持传统的农耕型生产模式,社会空间未受到旅游的影响,村民的日常生活也未受到打扰。处于探索阶段的乡村,村民大多数仍从事农耕劳作,少数村民由于独特的手艺或手工制品自己从事商业或手工业,吸引小部分游客,政府没有对乡村进行开发,基础设施不完善,旅游业还未形成规模。处于起步阶段的乡村,在地方政府的旅游规划下进行旅游开发,随着土地征收工作的进行和基础设施的逐步完善,资本开始入驻,部分村民通过自家的土地或房屋来经营农家乐或民宿来获得收益,还有一部分村民在完成农业生产活动的闲时参与到旅游服务中去。处于发展阶段的乡村,旅游发展具有一定的规模且有其独特的旅游发展模式,权力和资本共同制定适合乡村的管理和

---

① 林志森. 铺境空间与城市居住社区[D]. 泉州:华侨大学, 2005:20-22;吕俊杰, 陈力, 关瑞明. 从"十三乡入城"看福全古村的铺境空间[J]. 南方建筑, 2010(3):86-89;陈力, 关瑞明, 林志森. 铺境空间:中国传统城市居住社区的孑遗[J]. 建筑师, 2011(3):82-88;王晴怡. 传统社区集体记忆的存续研究:以泉州铺境空间为例[J]. 广西城镇建设, 2021(7):26-28;王逸凡. 泉州古城铺境研究[D]. 北京:清华大学, 2018;王逸凡, 张杰, 李滢君, 等. 流变中的场所:泉州铺境的城市治理与日常仪式[J]. 新建筑. 2022(1):21-26;王逸凡, 张杰, 李滢君, 等. 泉州铺境及其"场所精神":一种建筑民族志的视角[J]. 建筑学报, 2022(3):97-103.
② Palmer C. Tourism and the symbols of identity[J]. Tourism Management, 1999, 20(3):313-321.

利益分配制度，村民通过参与旅游服务、提供住房或表演特色节目等获得收入。乡村资本将乡村的自然景观和文化景观加以修饰，打造出吸引游客且极具地方文化特色的旅游景区，村民一方面通过土地入股的方式获得景区门票分红，另一方面通过旅游服务获得收益。

张郴、黄震方提出旅游地理学视域下的三元空间概念。该三元空间由人、地、信息组合而成，各子空间相互关联、相互作用、动态响应，由此形成一个庞大的动态复合系统。在系统阐释三元空间概念框架、交互作用及协同响应模式的基础上，旅游地三元空间交互理论模型建构而成。由此，二维视角下的旅游人地关系被延展到了立体的三元空间，一种信息要素介入下的新型人地链接关系和交互形态得以有效揭示。三元空间交互理论的提出为探究信息时代下的旅游人地关系提供了一种新的、系统化的思维模式，研究结果可为协调旅游人地关系，实现旅游人地融合、共生、可持续发展提供可行途径[①]。

第二种旅游空间实践，称为文化空间表征，这种空间表征就是经过空间实践后构想出的符号化空间，在"政府＋企业发展"模式推动下，政府权力和企业资本等利益主体将知识和意识形态以生产关系调配、空间再现的方式进行构想与实施，是权力者实现其空间生产目标的方式。权力、资本和旅游规划专家通过旅游规划文本、政府鼓励支持参与旅游的政策以及乡村管理、分配制度等形式来展现的设想或设计的空间。空间再现大部分情况下与生产关系及其设定的秩序相连，起步阶段乡村发展阶段和稳固阶段乡村的旅游规划已基本实施，规划文本的内容已在乡村空间中展现出来，管理、分配制度已相对完善，乡村也变成较为成熟的旅游地。总之，空间表征通过景区规划实现舞台展演与实践。

第三种旅游空间，称为表征空间，这种表征空间是空间使用者生活和体验的空间，是使用者之间基于利益关系相互作用的一种社会关系，既是真实又是想象化的，是对空间的真实与想象的反映[②]。表征空间作为受空间表征影响下的一种被支配的空间，是空间内强权力和弱权力博弈和妥协的结果，也是一种真

---

① 张郴，黄震方. 旅游地三元空间交互理论模型建构[J]. 地理研究，2020，39（2）：232-242.
② Frisvoll S. Power in the production of spaces transformed by rural tourism[J]. Journal of Rural Studies，2012，28（4）：447-457.

实地反映现实利益主体间社会关系的社会空间。不同的利益主体对乡村空间开发、设计、改造的过程就是空间生产主体发挥作用的过程，在经济利益的驱使下，村民这一相对弱势主体与政府、旅游企业等强势权力主体展开对抗、博弈，这一过程也是双方的不断协商过程，最终促进乡村空间的平稳生产。值得注意的是村民虽为弱势一方，但在传统文化观念和生活方式聚集的乡村，他们仍是表征空间的创造者，也是地方性文化的主体。如在闽南地区，不仅有大量的宗祠，还有各种宫庙，它们成功地抵御了西洋建筑样式的"入侵"，保持古老的民族建筑样式，红砖、红瓦、翘檐及剪碗等建筑表征鲜明地体现"皇宫起"的院落式大厝地方特色。

#### 1.2.3.2 民间信仰文化空间研究

民间信仰文化空间包括两个空间子类型：一是民间信仰物质形态的建筑空间（宫庙空间）；二是民间信仰仪式空间即非物质文化遗产（以下简称"非遗"）空间。

需要说明的是，非遗保护和文化创意产业的兴起，越来越多的有识之士认识到，在建构国家文化软实力过程中至关重要的环节就是非遗保护，非遗传承着一个国家的民族文化以及民族精神。世界上许多国家都建立了非遗保护制度。如东亚的韩国、日本等国在非遗保护方面较早重视。韩国非遗保护制度建设方面成就斐然，联合国教科文组织给予其极高的评价，将韩国的非遗保护称作是值得世界各国学习的一种制度典范[①]。

非遗是中华民族传统文化的精华，凝聚了中华民族千百年的精神创造，是增强中华民族文化自信的重要母体。非遗是随着国际社会对非遗保护的重视而产生的新概念，我们现有的非遗研究中的传承人、本真性、文化空间等学术术语也是借鉴其他学科而来，尚未产生有影响的学术范式。现阶段的非遗保护可以说更多地表现为一项文化建设抑或是文化运动[②]。

非遗空间和物质空间的关联紧密，陈志勤注意到非遗保护中的错位代理现

---

① 范靓，董娟.韩国非物质文化遗产研究综述与启示[J].文化创新比较研究，2019，3（3）：47-48.
② 漆凌云.中国非物质文化遗产研究的回顾与反思：以高被引论文为中心[J].原生态民族文化学刊，2018，10（1）：137-143.

象，提出地方文化再生产路径，非遗保护促进了我国乡村聚落的文化客体化，带来了内发性发展的乡村振兴。今后有必要实现从"政府介入"到"乡村自救"、从"旅游经营"到"村民参与"、从"文艺展演"到"村落认同"的转换，以体现非遗保护之于乡村振兴的重要性①。覃琮从"非遗类型"和"研究视角"两条线索梳理国内对于文化空间的研究，指出文化空间已呈现多学科、多视角的交叉融合，不应该局限于人类学和非遗领域，应把文化空间视为一种研究视角，让它进入更多的研究领域和更大的知识系统，开拓出更多的无限可能②。司培指出中国学界比较重视对公共空间的阐释与民俗文化价值的发掘，其中又以非遗与文化空间结合研究、物理空间与精神空间融合的泛文化空间研究两个方面表现最为突出。而跨学科、跨领域的综合性、交叉性研究，无疑是未来文化空间领域研究的一大发展趋势③。

民间信仰物质空间主要包括承载非遗及其技艺禀赋者（或传承人）所孕育繁衍场所里的自然资源、建筑空间、道路系统等基础环境，以及空间所涵盖的拥有精神意志和艺术展示的特定场所④。民间信仰仪式空间是指在时间维度中，通过建筑、场地、器物、道具、人物、表演等物化空间，容纳神灵祭祀程序、关系、权威、符号等内涵的空间⑤。民间信仰神明崇拜体系中的仪式主要包括：诵读祭典、分炉、进香、巡境、抬阁等内容。神明祭祀仪式空间实际上就是人的精神活动和行为空间，是多主体参与的神圣空间。在民间信仰仪式空间中，多伴随有社区的庙会、香会、戏曲表演、文化节、物资贸易会等。

民间信仰仪式空间方面研究成果主要有：香港学者陈守仁《从即兴演唱看粤剧演出风格与场合的关系》一文探讨了中国戏剧表演的演出场合的元素构成与分类，他指出神功戏剧场合是戏曲的"原本场合"，近代以来出现的剧院和音

---

① 陈志勤.谁来保护非物质文化遗产：民间信仰实践者的错位代理与地方文化的再生产[J].亚洲民族学，2015（2）：307-334；陈志勤.非物质文化遗产的客体化与乡村振兴[J].文化遗产，2019（3）：13-22.
② 覃琮.从"非遗类型"到"研究视角"：对"文化空间"理论的梳理与再认识[J].文化遗产，2018（5）：25-33.
③ 司培.近二十年来民俗文化空间研究的方法与思路综述[J].西部学刊，2019（10）：10-12.
④ 马娜，王颖.文化空间视野下的非物质文化遗产的良性传承[J].建筑与文化，2021（3）：260-261.
⑤ 黄丽坤.闽南聚落的精神空间[D].厦门：厦门大学，2006.

乐厅则是戏曲的"移换场合","原本场合"涉及民间信仰戏场的原生形态[①]。新加坡学者容世诚在《戏曲人类学初探：仪式、剧场与社群》里提到并发展了陈守仁关于演出场合的分类观点，在陈氏六元素的基础上，增加了"演出目的与功能"一项，"特别注意演出场地、仪式目的、剧目意义及其演出方式的交互关系"[②]。小田指出，庙会是乡民公共生活和休闲的重要方式，庙会必须以庙宇为中心和依托，没有庙宇就无所谓庙会；庙会是在特定日期举行的祭祀神灵、交易货物、娱乐身心的集会。庙会期间，不同社区间的人际往来陡然频繁，空间距离的缩短，物质交流的加快，人际关系自然加强。他指出："会期前的殷殷期待和会期后的袅袅余韵与会期心情相连缀，大大减少了人们的孤立和隔膜感受。"[③]他还认为乡村社群仪式是民众思维和行为方式的本质展现，庙会仪式作为传统社会宗教生活中最稳定性的要素是求解乡民历史与文化的一条可能途径[④]。因此，民间信仰具有多元共生性，有其特定的社会基础。全泰源等的《以民间信仰为核心的文化空间构建——以花都狮岭盘古文化为例》一文指出，盘古王诞作为广州市花都区狮岭镇地方文化的突出代表在当地影响广泛。文章从民间信仰和文化空间两个不同角度的关联入手，解读广州地方性的盘古王诞。探讨了"狮岭盘古文化"这一地方文化品牌的形成，并提出了具体的活态保护措施[⑤]。每年的盘古王诞，狮岭的民众包括一些外地游客都会自动地集结在盘古王庙周围，烧香祭拜供奉祭品，进行醒狮表演。盘古王庙及其周边这一地点是固定的。在时间上，盘古王诞也充分体现了文化空间的特点，每年八月十二日是盘古王的诞辰，从八月十一日晚上信众赶来狮岭盘古庙争点十二日零时的"头炷香"[⑥]，他

---

[①] 陈守仁．实地考察与戏曲研究[M]．香港：香港中文大学粤剧研究计划，1997；陈守仁．从即兴演唱看粤剧演出风格与场合的关系[M]//容世诚．戏曲人类学初探：仪式、剧场与社群．台北：麦田出版社，1997；陈守仁．中国戏曲入门[M]．香港：香港中华书局，2020．
[②] 容世诚．戏曲人类学初探：仪式、剧场与社群[M]．台北：麦田出版公司，1997．
[③] 小田．休闲生活节律与乡土社会本色：以近世江南庙会为案例的跨学科考察[J]．史学月刊，2002（10）：47-51．
[④] 小田．庙会仪式与社群记忆：以江南一个村落联合体庙会为中心[J]．民族艺术，2003（2）：44-49．
[⑤] 全泰源，黄凤琼，陈玉芳．民间信仰为核心的文化空间构建：以花都狮岭盘古文化为例[J]．文化遗产，2009（1）：148-151．
[⑥] 王其相．民间复活盘古神话民俗：回忆早期重修盘古王山古迹的经过[M]//陈棣生．狮岭盘古文化．广州：岭南美术出版社，2008．

们相信这样做能够愿望成真。祭祀活动持续到八月十五日，在诞会期间，闹花灯、粤剧表演以及各式摊档摆卖等各种活动，则形成了一个热闹的庙会。盘古王诞从清朝光绪年间开始固定下来，一直延续到现在。每年在固定的时间、固定的地点进行祭拜盘古活动，这就构成了以盘古信仰为核心的盘古民间信仰文化空间。

#### 1.2.3.3 民间信仰文化空间旅游研究综述

我国关于旅游资源分类与评价的方法和体系中比较权威的有《旅游资源分类、调查与评价》（GB/T 18972—2017）和由郭来喜、吴必虎等编写的《中国旅游资源分类系统与类型评价》[1]。黄远水、张瑞认为，关于旅游资源分类与评价的方案中，郭来喜、吴必虎等的方案是学术研究型方案的典型代表，国家标准则是国家规范性质的实战操作型方案的典型代表[2]。民间信仰文化旅游资源属于十二个专项旅游资源分类之一。韩卢敏、李爽以闽台地区为例，认为信仰文化旅游资源包括稳定的、客观存在的实体民间信仰文化旅游资源和民间信仰传说、神迹等虚拟民间信仰文化旅游资源。实体民间信仰文化旅游资源包括民间信仰宫庙建筑、山体等，虚拟民间信仰文化旅游资源包括传说中的天象、气象等[3]。郑向敏等对澳门地区的民间财神信仰进行了研究，并探讨了澳门博彩行业中与神信仰相关的神灵系统的构成及其特点[4]。

海峡两岸民间信仰文化底蕴深厚，对其旅游资源的开发及区划有广阔的市场前景。李爽《浅谈闽台民间信仰文化与旅游开发》一文指出，闽台文化是中国传统文化的重要组成部分，加强海峡两岸民间信仰文化的交流与开发，对促进两岸旅游发展都有着重要的意义。文章从闽台民间信仰文化的特点入手，分析其旅游开发现状与存在的问题，提出海峡两岸民间信仰文化旅游开发的思路[5]。谢明礼指出，在开发闽台民间信仰旅游资源时，应当以形式多样化，注重

---

[1] 中华人民共和国国家质量监督检验检疫总局，中国国家标准化管理委员会.旅游资源分类、调查与评价：GB/T 18972—2017[S].北京：中国标准出版社，2018；郭来喜，吴必虎，刘锋，等.中国旅游资源分类系统与类型评价[J].地理学报，2000，55（3）：294-301.

[2] 黄远水.简议我国旅游资源分类与评价方案[J].旅游学刊，2006，21（2）：9；张瑞.谈对2017版国标《旅游资源分类、调查与评价》中旅游资源分类方案的认识[J].智库时代，2019（33）：279-280.

[3] 韩卢敏，李爽.民间信仰文化旅游资源分类与评价：以闽台地区为例[J].亚太经济，2004（1）：95-96.

[4] 郑向敏，范向丽，陈晖莉.澳门民间财神信仰旅游资源研究[J].旅游科学，2009，23（6）：73-76.

[5] 李爽.浅谈闽台民间信仰文化与旅游开发[J].亚太经济，2003（4）：84-85.

文化内涵和空间布局极核化的原则加以开发利用。例如湄洲岛可以建成以妈祖文化为中心的度假村①。

李凡等的《民间信仰文化景观的时空演变及对社会文化空间的整合——以明至民国初期佛山神庙为视角》《从清代佛山"万真观"到"城隍庙"的空间文化含义的解读》两篇文章指出，明代以来广东佛山的民间信仰神庙系统庞杂，既有广府民系的属性，又反映出商品经济高度发达的特征。文章通过景观复原、地图再现、空间和景观分析等方法，以神庙景观为视角，研究表明：明代至民国初年，神庙景观基本上以祖庙铺和明心铺及其周围地带为核心，呈自南向北逐渐扩展的分布总趋势，并与佛山城市社会空间发展相一致，逐渐形成了以佛山祖庙为中心的北帝信仰文化景观的核心地位。通过对北帝巡游路径空间的解读，反映出佛山民间信仰场域的构成，以北帝信仰为纽带，形成了以祖庙为中心的中心－四方空间形式，整合了佛山的城市社会文化空间。作者又通过"万真观"向"城隍庙"空间意义变化的实证，揭示了其变化所蕴含的城市治理发展和社会文化意义②。

王佳果、曹宏丽指出，广西民间信仰是民族文化的重要表现形式，有很多内容可以为旅游发展所用，具有重要的旅游开发价值。他们以来宾鳌山庙为例，对壮族布傩文化进行系统分析，包括观念形态、仪式活动和物质形态三大方面。结合旅游开发的相关理论就布傩文化在旅游主题和形象、旅游空间和景观、旅游产品和项目中的表达进行探讨③。

---

① 谢明礼.闽台民间信仰文化旅游资源的空间差异及开发 [J]. 亚太经济，2003（4）：86-87.
② 李凡，司徒尚纪.民间信仰文化景观的时空演变及对社会文化空间的整合：以明至民国初期佛山神庙为视角[J]. 地理研究，2009，28（6）：1550-1561；李凡.从清代佛山"万真观"到"城隍庙"的空间文化含义的解读 [J]. 热带地理，2011（5）：521-525.
③ 王佳果，曹宏丽.壮族民间信仰文化在旅游开发中的表达：以来宾鳌山庙为例 [J]. 黔南民族师范学院学报，2017，37（2）：10-14.

## 1.3 研究内容

本书主要运用旅游学、建筑学、历史学及文化学等多学科理论和方法分析民间信仰文化空间生产和旅游创新问题。首先，研究民间信仰文化空间基本内涵和特征，梳理和介绍国内外重要理论和观点；其次，民间信仰文化空间可分为两个主要类型，即有形的宫庙建筑空间和无形的仪式空间，分别探寻其旅游开发路径与模式，为我国广大乡村民间信仰文化空间旅游开发提供思考与借鉴。最后，实证分析与总结，结合民间信仰文化空间保护与旅游开发中存在的问题提出一些改进设想。

本书以定性研究为主，运用空间生产理论对民间信仰宫庙建筑文化空间生产机理进行分析、提炼，也从空间正义视角反思民间信仰宫庙建筑文化空间生产的问题。

### 1.3.1 民间信仰文化空间构成和特征

民间信仰文化空间的内涵十分丰富。无论神明祭祀的仪式空间还是各种酬神娱神的公共艺术空间都体现出独特的地域文化魅力。不同神明信仰类型的民间信仰宫庙建筑空间的结构与功能不同，需要进行具体分析、评价，才能为民间信仰文化空间再生产提供思路和策略。

不同尺度的民间信仰文化空间说明：在微观层面，我们主要关注宫庙建筑（包括建筑群），以宫庙为单位空间，对应建筑场所、场景保护与旅游开发；在中观层面，我们主要关注乡村聚落空间、城市街区或社区空间，对应民间信仰文化景观保护与开发；在宏观层面，我们主要关注区域、国家空间，对应民间信仰文化景观、文化线路、国家级和世界级文化遗产项目等的保护与旅游开发。

#### 1.3.1.1 微观层面：中国宫庙建筑空间特征解析

在微观层面，我们主要借鉴台湾著名人类学家李亦园提出的中国民间文化三层次和谐均衡观念的模型和相关学者的后续跟进研究的研究方法。李亦园通过仪式中的符号以及村民信仰生活实践的分析，探究其展现出的当地信众日常生活的逻辑、信仰与观念以及人际交往方式，即人与自然、人与神、人与社会三层次的秩序。根据神明建构、参与主体、组织力量三方面的变化，分析宫庙祭祀仪式展现的秩序变化。"秩序"究竟是什么？李亦园好像没有明言，它是中国大传统文化宇宙观、儒家文化还是人和社会形成的秩序？徐义强指出，李亦园中国传统宗教信仰的形态研究有两项重要特色：一是中国传统宗教信仰表现出来的形态乃是一种普化的宗教形态；二是中国传统宗教信仰中超自然因素与伦理道德因素相脱离的特点[①]。闽籍学者郑振满、林志森等也围绕李亦园的观点开展相关研究[②]，他们也是历史人类学本土化的"华南学派"重要代表学者。

在乡村聚落社区宫庙开展的神明祭祀道场仪式是具有社会性、象征性、表演性的行为，是特定地区人们文化观念和实践的结合体，也是神明祭祀仪式功能的核心节点。神明祭祀活动一般包括宗教仪式空间、剧场、表演者、信众社区等，且与民间节日、民间戏曲等结合，探讨仪式空间的结构和功能可促进地方信仰文化遗产的保护与开发，治愈现代人的心灵。因为表演本身作为一种言说形式，体现的是"元交流"所规定的各类文化信息。现代神学以隐匿的方式对应着文化符码，人神之间所进行的是有限定的、协商性的互动表演。

1.3.1.2　中观层面：中国乡村聚落民间信仰公共文化空间的形成与建构

中国乡村民间信仰空间由物质空间和仪式空间组成，具有公共性和建构性，是乡村重要的公共空间。

乡村公共文化空间是村民参与文化生活的场所和载体，不仅具有地理学上的空间意义，还具有社会学意义上的公共精神和归属意识，在乡村文化的发展过程中发挥了重要作用。乡村公共文化空间，包括集市、茶馆、宫庙（含祠堂）、藏书楼、书院等场所；镇一级政府文化福利为主的公共文化空间，主要包括政府提供的"三馆一站"公共文化设施[③]，"文化下乡"文艺演出为代表的公共文化服务体系，以及各种文化惠民福利设施。

---

① 李亦园. 新兴宗教与传统仪式：一个人类学的考察 [J]. 思想战线，1997，23（3）：43-48；徐义强. 李亦园宗教文化观述评 [J]. 世界宗教文化，2011（3）：44-47.
② 郑振满，陈春声. 民间信仰与社会空间 [M]. 福州：福建人民出版社，2003；林志森. 铺境空间与城市居住社区：以泉州旧城区传统铺境空间为例 [D]. 泉州：华侨大学，2005.
③ "三馆一站"是指文化馆、图书馆、博物馆、镇综合文化站，民众可以免费参观游览的公共场馆。

党的十九大报告指出："中国特色社会主义进入新时代，我国社会主要矛盾已经转化为人民日益增长的美好生活需要和不平衡不充分的发展之间的矛盾。"当前，我国发展不平衡不充分的问题在乡村尤为突出。实施乡村振兴战略，是解决农民日益增长的美好生活需要和农村不平衡不充分发展矛盾的必然要求。十九大提出乡村振兴战略，将"产业兴旺、生态宜居、乡风文明、治理有效、生活富裕"作为乡村振兴的总要求，这需要合理协调乡村生产、生活、生态与文化可持续发展的关系。民间信仰作为传统乡土文化的组成部分，出现主体流失、认同危机。乡村公共文化空间重建的突破口在于民间信仰延续，保护文化空间，开展仪式活动，以此激发农村内生文化力量，克服传统文化管理和供给模式弊端。

中国的传统乡村是植根地方的时空统一体，居民主要以传统农耕社会的血缘、地缘、族缘关系为纽带形成相互联系[1]。民间信仰文化旅游开发研究也可借鉴当代文化学、文化地理学和文化消费理论，挖掘民间信仰文化旅游开发理念。

例如，迈克尔·科利（Michael Kearny）提出沃思－雷德菲尔德（Wirth-Redfield）模型[2]。按照 Wirth-Redfield 模型解释，城乡关系的本质是城乡两种分化的互动，是都市性不断冲击乡土社会形成的一种乡土－都市连续统一体。表现有三：

首先，都市性。芝加哥学派代表人物刘易斯·沃思（Louis Wirth）在《作为生活方式的都市性》一文中明确指出了现代城市社会的三个核心特征，即人口规模大、人口密度大、社群异质性强。上述三种社会特质形成了作为一种生活方式的都市性，因此，流动性、异质性、匿名性、非人格化、工具理性等就成为现代都市性的写照。然而，随着高度现代性时代的来临和后大都市化进程的进一步加深，沃思理解和定义的都市性也面临着新的冲击和挑战，消费主义导向下的超真实性存在使得城市体验的核心是一种犹豫与欢愉共存的悖论式体验。从社会人类学角度而言，乡村都市化本质上是都市性的乡土嵌入，表现为

---

[1] Coddington K S. Spectral geographies: haunting and everyday state practices in colonial and present-day Alaska[J]. Social & Cultural Geography, 2011, 12（7）: 743-756.
[2] Kearny M. From the invisible hand to visible feet: anthropological studies of migration and development[J]. Annual Review of Anthropology, 1986, 15: 331-361.

社会角色层面的农民市民化和政治权力层面的农民公民化。

其次，乡土性。美国芝加哥大学人类学家罗伯特·雷德菲尔德（Robert Redfield，又译为芮德菲尔德）提出文化有"大传统"和"小传统"概念，并分析了乡民社会的乡土性。艾瑞克·沃尔夫（Eric Wolf）认为，乡民是介于原始部落与工业文明之间的社会成员，乡民社会则是人类社会演化的一个特定历史阶段，既区别于传统原始部落社会，也不同于商业农场社会，其基本特征包括对家庭制度的重视、人际关系的维系以及安土重迁等观念。费孝通在《乡土中国》中认为，乡土性是中国农民的基本属性，包括乡下人的淳朴、差序格局、维系着私人的道德、血缘和地缘、长老统治、无讼、无为政治等社会特质，且这些特质是农民与土绑定的不流动结果①。

第三，按照 Wirth-Redfield 模型的理解，中国乡村都市化进程中的村庄面临的不仅仅是土地崇拜和工商精神导致的村庄工业化、村落无农化及社区边界多元化共存的特殊社会样态，即包括社会边界、文化边界、行政边界、自然边界和经济边界都出现了不同程度的现代性转型②，且共时性存在于某一特定地域类型中，更是一次乡土性与都市性的角力、一场总体性变迁③。乡村社区文化治理是政府将社区文化作为治理对象与工具，借助社区治理网络体系，依靠文化公共领域、文化空间场域以及文化展示等组织形态和活动样式，培育与塑造新型社区文化，发挥文化的治理性功能并推进社会生活共同体的建构，奠定国家政权合法性的社会基础，最终实现国家治理之集体行动。

从景观、文本、符号和情感四个维度可以对南方居民的地方性感知的影响因素进行分析，探索地方性感知的流变规律，为其传统文化保护、传承与重现提供文化"基因"，促进旅游与村落人地关系协调发展。比如，在福建省，可结合福建"清新福建"旅游宣传口号，提出宗教信仰场景旅游开发策略。从中国宗教旅游开发利用角度对民间信仰宫庙建筑遗产旅游提出体验式、重内涵、重协调、重生态等旅游经营思路和建议。再比如，在广东、广西、海南等地区，

---

① 费孝通. 乡土中国 [M]// 费孝通. 费孝通全集：第六卷. 呼和浩特：内蒙古人民出版社，2009.
② 李培林. 村落的终结：羊城村的故事 [M]. 北京：商务印书馆，2010.
③ 周大鸣. 中国乡村都市化再研究：珠江三角洲的透视 [M]. 北京：社会科学文献出版社，2015.

也可将"海丝"文化遗产与民间信仰文化景观保护与开发相结合。

1.3.1.3　宏观层面：区域、国家民间信仰文化空间保护与开发

在宏观层面，主要关注区域、国家空间，对应民间信仰文化线路、国家文化遗产保护与旅游开发。例如，"一带一路"，它是丝绸之路经济带和21世纪"海丝"①的简称，21世纪"海丝"国内的范围主要在华东、华南地区，覆盖的省、直辖市有：上海、福建、广东、浙江、海南等5个省、直辖市。

上海：航运中心，首批沿海开放城市。上海港货物吞吐量和集装箱吞吐量均居世界第一，是良好的江海国际性港口，设有中国首个自贸区——中国（上海）自由贸易试验区。

福建泉州：泉州位于东南沿海，历史上"海丝"、郑和下西洋的起点之一，也是海上商贸集散地。泉州港古代称为"刺桐港"，宋元时期为被誉为东方第一大港，明清时期就形成了移民海外的"过番"传统，近代以来更有百万人口侨居东南亚，是中国接受异域文明的前沿地带。泉州现今是福建省三大港口之一，是海峡西岸经济区现代综合交通运输枢纽港。

广东广州：由于广东处在我国南海航运枢纽位置上，秦汉时期就通过海洋走上与世界各地交往的道路，成为"海丝"最早的发源地之一。省会城市广州从3世纪30年代起已成为"海丝"的主港，唐宋时期成为中国第一大港，明清两代为中国唯一的对外贸易大港，是中国'海丝'历史上最重要的港口，是世界海上交通史上2 000多年长盛不衰的大港之一，可以称为"历久不衰的'海丝'东方发祥地"。

海南省：中国最南端的省级行政区。全省陆地（主要包括海南岛和西沙、中沙、南沙群岛等）总面积3.54万平方公里，管辖海域总面积约200万平方公里，是中国国土面积第一大省。1988年4月，海南从广东省划出，独立建省，海南省和海南经济特区正式成立。海南经济特区是中国最大的，也是唯一的省级经济特区。海南主要旅游景点有万绿园、东郊椰林、博鳌、海南兴隆、五指山、分界洲岛、天涯海角等。

---

① 21世纪"海丝"为21世纪海上丝绸之路的简称，以下同。

其他如中国传统制茶技艺、万里茶道、大运河等也涉及区域、国家民间信仰文化空间开发。

### 1.3.2 民间信仰文化空间旅游的生产性与消费性

#### 1.3.2.1 民间信仰文化空间旅游的生产性：兼论马克思主义的两种生产理论

现代旅游业作为一种产业，其产品和服务是经过生产和交易过程后供消费者使用的，因此旅游业被归类为生产性服务业。个体旅游可以看作既是生产也是消费的活动。许多人选择旅游是因为对新的体验和感受的需求，满足自己对于精神文化和身体健康方面的需求，因此旅游也被看作是一种消费性行为。总之，旅游不仅存在生产环节，还存在消费环节，因此可以看作是生产消费两相兼备的经济活动。

马克思主义生产理论是辩证唯物主义和历史唯物主义。恩格斯晚年在《家庭、私有制和国家的起源》（简称《起源》1884年版）一文中，从原始社会和人类社会发展进程入手整体探讨人类社会的两种生产现象，即"物质资料的生产"和"人自身的生产"。恩格斯指出："根据唯物主义观点，历史中的决定性因素，归根结底是直接生活的生产和再生产。但是，生产本身又有两种。一方面是生活资料即食物、衣服、住房以及为此所必需的工具的生产；另一方面是人自身的生产，即种的繁衍。一定历史时代……的社会制度，受着两种生产的制约：一方面受劳动的发展阶段的制约，另一方面受家庭的发展阶段的制约。"[①] 他创造性提出了"两种生产"命题，说明家庭、血缘在人类早期发展历史中对社会组织形式的影响，正是马克思主义历史唯物主义的体现。恩格斯在六年后（即1890年）在写给约瑟夫·布洛赫的信中说，"根据唯物史观，历史过程中的决定性因素归根到底是现实生活的生产和再生产"[②]。

社会再生产、个体再生产，对应着社会整体消费、个体消费。旅游经营者是社会再生产者，有生产力和创造力，塑造旅游吸引物。游客个体的再生产，

---

① 中共中央马克思恩格斯列宁斯大林著作编译局. 马克思恩格斯文集：第四卷 [M]. 北京：人民出版社，2009.
② 中共中央马克思恩格斯列宁斯大林著作编译局. 马克思恩格斯选集：第四卷 [M].3版. 北京：人民出版社，2012.

是"人自身的生产"的一部分，通过旅游提升个体的生产能力和精神生产力[①]。

#### 1.3.2.2 民间信仰文化空间旅游的消费性：从游客主体消费和资本角度来分析

马克思主义中的异化理论是该理论的一个重要组成部分，旨在揭示资本主义社会中劳动者与劳动产品、其他人类和整个人类的关系方面存在的固有矛盾。异化是指在资本主义社会中，劳动者对于自己的劳动产品和劳动行为丧失控制和剥夺感，以及人与自然、人与社会、人与人之间相互作用失去人性化，被物化成为不属于人类的东西。在马克思主义中，异化的产生是由于生产过程的私人化和剩余价值的生产，致使劳动者无法掌控生产的全过程，劳动成果和剩余价值被占有者掌控，劳动者只能成为被物化的"机器"而失去自我、失去人性。在这种状态下，人类无法实现真正的自由和平等，他们沦为了自身工具、财产和资本的奴隶，生存难以为继，不可能得到真正的尊重。马克思主义的异化理论提供了对现实社会问题的深刻批判和反思，指出了现代社会中工人被剥削、底层群体贫困化以及人的价值被泯灭等问题的根源，以及如何通过社会主义改造和人民群众的自我解放来消除异化。异化理论通过对现实社会、生产方式等实践问题的深入分析，促使马克思主义理论更好地推动实践进程，促进社会公正和人类进步，这正是马克思主义异化理论的重要意义所在。

在现代消费主义社会中，个人和社会关系的变化导致人的生活和价值观念被扭曲。人们被商业媒体无限制地灌输消费理念，在购买和拥有商品上寻求安全感和快乐感，渐渐变得消极和沉闷，对生活无所追求，追逐物质享受，缺乏斗志和反抗精神，个人和群体之间的关系日益疏离和失去人性化。

在消费主义社会中，人们逐渐被商品所主导，物质成为自我认同和社会地位的标志，忽略了人类的精神生活和道德价值。消费主义社会的竞争和强制性越来越明显，个人生活成为被规定的，无论是生活节奏还是生活方式都趋同，人们缺乏社交和社区的联系，这种压力和郁闷感导致人们沉迷于消费，从而忽略更大的社会和环境问题。我们需要重新思考社会的信仰和目标，塑造一个更有价值和更人性化的社会。

---

[①] 辜婧晖. 两种生产理论在新时代的应用及其意义研究 [D]. 成都：西南财经大学，2019.

## 1.3.3 民间信仰文化空间旅游创新模式探讨

### 1.3.3.1 后现代主义的空间生产分析理论与方法

不同学科视角下的空间，具有不同的内涵及特征。本书的主要研究方法是社会学上的空间分析理论与方法，从整体社会关系和结构角度把握空间研究的方向，注重人类不同群体的文化特征。空间是人类生活和存在的物质和秩序要素之一，在日常生活世界里，它是人类存在的基础和重要前提，也是人最通常的具身感知和体验之一。空间与时间都是人作为主体对外部世界的认知尺度，空间也是一种社会文化建构，不同的文化领域利用空间的文化符号性和象征性以表达各自的文化意蕴和情感价值。

一般认为，20世纪70年代以前空间往往被认为是一个客观的自然物理环境，70年代以后在各种社会文化思潮推动下，空间成为新的社会意义空间和认知尺度。比如在文化学、文化研究的推动下，文化情境、文化景观、文化场景等概念和理论的出现，试图阐述历史文化、当代文化与空间的辩证关系，尤其是都市空间、建筑的意识形态。一些西方马克思主义学者（简称"西马学者"）在构建自己的空间理论体系过程中，大多都将其理论的思想源头自觉追溯到马克思，试图在与经典马克思主义的对话中获取灵感，汲取思想资源。

20世纪后半期的空间研究转向主要沿着两种学术思想路径展开。其一，以列斐伏尔、苏贾、哈贝马斯等为代表的西马学者在现代性的架构下重新审视空间的特征和属性，尤其是针对都市空间，他们进行空间政治经济学批判，探讨空间的生产、空间与社会的交互关系，以及空间思想对社会结构和社会过程的重要性。后现代、人本主义的空间生产理论认为，民间信仰宫庙建筑文化空间的演化主要遵循"空间实践—空间表征—表征空间"的生产逻辑。其二，以福柯、哈维等为代表的后现代、后结构主义理论家运用一系列的文化隐喻、艺术诗学、地方想象等来探索日益复杂和分化的社会空间，并以空间性思维来重构历史与社会生活理论。

下面分别以列斐伏尔、福柯为代表简述两种不同的空间研究方法和路径。

先看法国著名马克思主义理论家、城市社会学家列斐伏尔提出的"空间生产"

理论。列斐伏尔将马克思的实践观引入空间研究的领域，提出"空间生产"理论，认为空间不仅是一种物理或地理的事实性存在，而且是一种社会文化表征实践的产物。空间生产主要包括三个方面：第一，是物质生产和文化生产的空间化，即人类活动所产生的物质和文化都是在空间中进行的，空间直接影响了人类活动的性质和结果。第二，是社会和政治生产的空间化，即社会生活和政治行为所依赖的空间结构对社会和政治关系的形成和演化具有重要影响。第三，是符号和意义的空间化，即空间具有文化和意义上的象征作用，不同的社会和文化背景赋予了空间不同的象征意义。空间的生产是不断进行的，也是一个不断重构和重建的过程，不同的空间生产方式反映了不同的社会制度和文化价值观念，也反映了人们对自然和人类社会的认识和理解。

列斐伏尔的《日常生活批判》《空间的生产》等系列著作使空间理论具有了社会、历史与实践的崭新内涵，"空间已经获得如此显赫的地位，它是某种'行走在大地上'的现实，即某种被生产出来的社会空间之中的现实，是社会关系的生产和再生产，不是这样吗？（难道说它们仍然悬在半空，是一种供学术研究的抽象物吗？）进而言之，这种理论能够让我们明白，在现有的生产方式的框架内空间规划的原创性。"[1]

列斐伏尔在《日常生活批判》一书中自觉运用马克思主义异化理论推进对西方社会日常生活领域的批判，提出了空间三元论：一是空间具有历史的、社会的、空间的三个属性[2]；二是空间分为三个类型或部分，即物质空间（地理空间）、社会空间、抽象空间（精神空间）；三是它包含了空间的三个层面，即生产空间、消费空间和社会空间。

这三个层面相互关联、相互作用是构成空间的社会关系的核心。空间三元理论强调了空间的动态性和复杂性，并强调了空间与社会关系的相互作用，丰富了空间的理解和应用。

需要说明的是，列斐伏尔的抽象空间是指在资本主义社会中由抽象化、标

---

[1] 列斐伏尔. 空间的生产[M]. 刘怀玉，等译. 北京：商务印书馆，2021.
[2] 列斐伏尔. 日常生活批判：第一卷[M]. 叶齐茂，倪晓晖，译. 北京：社会科学文献出版社，2018.

准化和理性化过程所创造的空间,其特征是可交换、匿名、分散、等同等。抽象空间既包括了模式化的城市规划和建筑设计,也包括了日常生活中的交通、通信和社会关系的标准化和组织化。抽象空间一方面追求效率和生产力的最大化,另一方面剥夺了个体的特殊性和创造性,将社会空间的多样性转化为同质性。抽象空间不仅是资本主义生产关系的产物,还是资本主义意识形态的表现。抽象空间通过将社会关系和人类学的多样性变得规范化和标准化,实现了资本主义价值观的普及和消费主义文化的传播。抽象空间在重构人类生活和主体性上造成了严重的问题,对于人类身心和情感认同有重要的影响。因此,列斐伏尔主张破除抽象空间的限制,重新发现和重塑社会空间的多样性和深度。

列斐伏尔还区分了社会空间与抽象空间的对立关系。社会空间包含生产关系和社会关系,以及对社会关系的生产和再生产的具体表征。抽象空间由知识和权力相互交错构筑而成,是层级式的空间,适用控制社会组织的人。《空间的生产》的核心思想是从空间的唯物主义历史角度揭示资本主义抽象空间所表现出的社会矛盾(空间性矛盾)①,故该书被当代美国学者苏贾誉为"在人类空间性的社会和历史中,特别是空间想象力方面,是有史以来最重要的著作"②。

笔者认为抽象空间即指精神空间。

列斐伏尔的日常生活理解和批判与另一位西马学者哈贝马斯的日常生活与交往理性批判各有千秋,他们的共同点在于都是从日常生活世界这个微观社会学角度入手来批判现代资本主义社会。不同点在于,列斐伏尔主要批判了现代日常生活逐步蜕变为资本的消费世界,哈贝马斯则批判了日常生活世界被体制与制度侵蚀、被殖民化的现象;列斐伏尔在论述策略上求助于诗性的语言学革命来实现现代性的乌托邦,而哈贝马斯则认为现代性的希望在于寻找新的合理性基础③。国内学者张泽宇指出,虽然他们的理论对我们都有一定的启发意义,但没有达到历史唯物主义的维度。只有以历史唯物主义来审视由西方开启的现代

---

① 刘怀玉. 今天我们为何要重访列斐弗尔 [J]. 马克思主义与现实,2020(1):93-102.
② 苏贾. 第三空间:去往洛杉矶和其他真实和想象地方的旅程 [M]. 陆扬,等译. 上海:上海教育出版社,2005.
③ 闫方洁,关姗姗. 诗性乌托邦与理性乌托邦:列斐伏尔和哈贝马斯日常生活世界批判思路之比较 [J]. 甘肃理论学刊,2008(1):86-89.

性，才能更加鞭辟入里地透视现代性所带来的种种问题，并寻求破解之道①。

自列斐伏尔提出空间生产具有社会性、文化性后，"文化空间"概念也应运而生。在空间政治经济学层面，列斐伏尔展示了他对日常生活中非语言表达的解释。首先，他从逻辑上反对语言在先的观点，认为西方文化过分强调了语言和书写，实际情况应该是语言应置于空间之中，那些试图为语言提供全新认识论基础的人，必须注意复杂的时空背景对语言上升为理论的影响。其次，他认为，在建筑学专业语言通过文本符号构建自己的话语体系的同时，其表现形式必须停留于纯粹的表层描述，任何试图通过符号学理论去阐释社会空间的企图，都必须将空间自身降至一种文本或信息，并呈现为一种专门的阅读状态，这实际上是一种规避了日常空间历时性、异质性的简单化处理方法。

继列斐伏尔之后，苏贾在空间理论上又提出了"第三空间"概念，他以美国洛杉矶都市研究为分析背景，讨论了后现代世界中日常生活与都市问题。以苏贾为代表的西方都市文化研究的空间批评，逐渐成为文化研究中一种新的理论解释视角和范式②。唐正东指出，苏贾的"第三空间"理论以列斐伏尔的空间三元论为本体论依据，是对后者在都市文化空间的深化与拓展③。

我们再看第二种以福柯为代表的后现代空间生产学术思想路径。

福柯在《空间与权力》一书中提出了空间生产理论，认为空间不是一个自然的事实，而是一个被刻意设计和规划的社会产物。在这样的设计和规划中，权力和知识相互作用，生产出特定的空间形式。通过设计、规划和建筑，权力可以占领、掌控和管理空间，而知识则通过专业知识、技术和学术领域来制定标准、识别问题和指导决策，进而达到控制和影响社会生活与关系的目的。因此，空间生产是一种社会生产，是统治阶级为了实现自身利益，掌控和管理社会空间的一种手段。空间被视为政治经济学领域的实践场所，展现出隐含的权力关系和竞争策略。福柯的空间生产理论主要包括三个方面的内容：

---

① 张泽宇. 历史唯物主义视域中的现代性批判：从哈贝马斯与列斐伏尔谈起 [J]. 成都大学学报（社会科学版），2022（3）：21-29.
② 苏贾. 第三空间：去往洛杉矶和其他真实和想象地方的旅程 [M]. 陆扬，等译. 上海：上海教育出版社，2005.
③ 唐正东. 苏贾的"第三空间"理论：一种批判性的解读 [J]. 南京社会科学，2016（1）：39-46.

第一个方面是权力、知识、空间的互动。福柯认为，权力和知识在现代社会中相互交织，共同产生空间。权力通过设计、规划和建筑来占领、掌控和管理空间，而知识则通过专家、技术和学术领域来制定标准、识别问题和指导决策。

第二个方面是空间的权力性、政治性。福柯认为，空间是社会和经济领域中权力和知识的"生产场"，空间的分配和使用都呈现出政治经济学的色彩。资本主义社会中的空间生产旨在增加和稳定利润率，空间的设计和规划是由资本主义生产逻辑所主导的。

第三个方面是空间的战略性。福柯认为，空间是权力竞争的战场，不同的权力关系通过在空间内部的较量来争夺、巩固和重构位置和策略。因此，在社会和政治变革的时代，通过占领、塑造和重构空间，权力关系也会发生变化。

福柯的空间生产理论揭示了现代资本主义社会中空间与权力及知识三者之间的联系，以及空间生产的意识形态背景和政治经济学意义。这个理论对现代社会中空间和权力的认识有着重要的启示作用。福柯深入研究马克思主义生产理论，高度评价了马克思主义的空间思想，他说："如果从空间的角度重读马克思，他的著作就呈现出异质的成分。有很多章节展现出令人震惊的空间感。"[①]

福柯的社会批判理论贯穿了他对空间的基本认知，他认为公共空间中的一切活动，以及权力的运作都从空间的形式出发，而对其中各个层次的研究都表明，时代中的混乱与蠢动的源头纷纷指向空间，时间已经退居其次；但是，空间并不是死寂僵滞的，而是有着生命力的一种存在[②]。

以上无论是列斐伏尔的空间三元论还是福柯的空间生产理论，都具有鲜明的社会文化批评意识，对资本主义的私有制带来的阶级压迫和剥削进行了尖锐的批判和社会方案的改造，哈贝马斯的社会空间改造在此基础上继续探讨公共空间和市民社会的市民觉醒问题。

#### 1.3.3.2 文化空间如何实现再生产？

当代的文化空间概念是一个全新的综合性知识概念体系，整合了建筑学、

---

① 福柯.权力地理学[M]// 福柯.福柯访谈录：权力的眼睛.严锋,译.上海：上海人民出版社,1997.
② 福柯,雷比诺.空间、知识、权力：福柯访谈录[M]// 包亚明.后现代性与地理学的政治.上海：上海教育出版社, 2001.

社会学、历史学、地理学、人类学等多学科的知识，具有现代性、生产性、革命性和全球性等意义。文化空间研究目前与世界文化遗产保护运动相关，更集中关注非物质文化空间的保护与利用。我们认为：文化空间具有广阔的研究领域，它既不限于物质文化空间，也不限于非物质仪式文化空间。

通过当代社会空间改造、消除异化。在消费主义社会中，我们需要反思自己的消费行为和价值观，让消费均衡发展，更好地满足人类的内在需求。我们也需要重新思考社会的信仰和目标，塑造一个更有价值和更人性化的社会，而民间信仰作为社会信仰的组成部分，在消除工业社会、消费社会带来的诸多弊端具有一定的形塑作用。当代消费文化盛行，资本进入乡村的生产与实践，即"资本乡村化"。资本按照自身的逻辑创造相应的空间。乡村文化空间应以保护为前提，活化而非商业化。民间信仰宫庙文化空间因其精神扎根于民间，神圣与世俗共存，仪式的传承，信众的礼拜与巡游等都有助于促成其文化空间再生产。

本书民间信仰宫庙文化空间的主要分析对象即是民间信仰宫庙建筑文化空间和仪式文化空间，后者具有明显的符号建构性。

## 1.4　研究方法

### 1.4.1　建筑现象学上的宫庙建筑空间与场所精神分析法

当代建筑现象学认为空间是建筑的灵魂和本质，建筑空间特征体现特殊区域的建筑文化。运用建筑类型学理论划分民间信仰宫庙建筑的形式，可了解某类宫庙建筑的固定形式，以及其形式风格如何追随使用功能等。

建筑不仅是实体的人造构筑物，更是具有人文价值精神的艺术品。这种人文价值精神，其实就是建筑的场所精神。在中国古已有之，无论是天人合一的哲学表述，还是环境风水学上的实践运用，建筑的人文精神表现尤为突出。自西方学者场所精神理论提出以来，它已在建筑现象学、建筑景观特质分析以及遗产保护与旅游开发等领域的研究和实践中发挥着重要的作用。

20世纪初，由德国哲学家胡塞尔创立的现象学以及马丁·海德格尔从语言和诗学的角度对"存在"的研究，为建筑现象学提供了哲学基础，对于空间、场所等的探讨正是建筑现象学的核心议题。胡塞尔所提出的现象学方法是指凭借直觉从现象之中直接发现本质。所谓现象即是呈现于人类意识中的一切东西，现象是由实体以及构造实体的意识所组成的。所谓本质是指更为一般的现象。所谓直觉便是要求观察者直接面对事物本身，对意识活动中的现象和本质进行准确完整的描述。

既是存在主义者又是现象学重要代表的海德格尔通过对"空间""存在""诗意"等的研究来认识事物本身，探讨了人、建筑以及世界之间的关系，认为人的存在是在世界中的存在，这种存在在人与其他事物打交道的过程中显现出来。海德格尔的哲学研究为探讨人、环境、场所、建筑等问题提供了新的方法与尺度，对包括建筑在内的现代艺术产生了深远影响，现代的建筑学和人居环境艺术都从海德格尔有关"筑·居·思"的诗意栖居思想中获得诸多启示[1]。海德格尔认为"物集结世界"（A thing gathers world），人需要"诗意栖居"，这成为挪威建筑学家诺伯格·舒尔茨（Norberg Schulz）场所精神理论的直接哲学源泉。人类在诗意栖居之外，还需诗意生产，这是一种既蕴含社会生活生产又蕴含个体自我感受的哲学表达，也是充满想象、欲望、激情和冲动的诗性生产实践。下面对其"场所精神"理论形式加以简述。

舒尔茨早期经典著作《存在·空间·建筑》一书中认为："任何人造物都可以看作一种符号或工具，其目的是在人与环境间的某种关系中引入秩序（意义）……通过符号化，人们可以超越个体的局限而过上一种有着社会性和目的性的生活。存在的意义并不是强加于人们日常生活之中的，这些意义是日常生活所固有的，由自然与人类属性的关系、过程和行为间的关系构成，因此，它们包含了某种程度上带有空间和时间恒定性的成分。但是，如果意义是日常生活固有的，为什么我们还要思虑如何'让生活变得有意义'呢？首先，必须要对意义有足够的敏感，

---

[1] 海德格尔.筑·居·思[M]// 孙周兴.海德格尔选集：下.北京：生活·读书·新知三联书店，1996.

感知的能力需要提高到一个足够的'意向深度'。其次，意义应该变得清楚明白，让整个社会的正确感知成为可能，这就是符号的重要性。"①

舒尔茨《场所精神》一书指出："地方建筑和有宏大设计传统的纪念性建筑有着共同的根源，并且有着同样的符号功能，又都表达着生活的公共形式中所固有的意义、价值和需求。……纪念性建筑相对于地方建筑的真正区别在于，前者体现出更高的抽象水平。另外，地方建筑与限制条件的精确特征保持了很强的联系，而纪念性建筑强调普遍性、系统性和符号系统的人际方面，并致力于构造建筑语言，建筑语言形成了文化发展的一个重要部分。舒尔茨由此开展了地方性普通建筑和全国性纪念性建筑的同一性研究。"

舒尔茨关于场所精神的含义："场所精神"（genius loci）指某一地方的独特氛围，由拉丁文的"神明"（genius）和"地方"（loci）两个词语组成，字面意义上指古罗马神话中的地方保护神居住之地②，中文较接近"神居"或"圣地"的意思。它最早源于古罗马人的有神论思想，古罗马人根据自己的信仰，认为每一个本体都有自己的守护灵魂，这种守护神灵赋予人和场所生命。这个想法反映出"他们体认环境是有明确特性的，尤其是他们认为与生活场所的神灵妥协是生存最主要的重点"③。因此，可以将场所精神理解为场所所具有的一种独有的特征与气氛。场所空间结构本身不是永恒的，是随着时间的流逝而变化的，在各种灾害面前是脆弱的，甚至被毁灭，而"场所以及沉淀于场所中的时间和记忆"凝结而成的"场所精神"却是可以延续的。舒尔茨的建筑场所现象学与海德格尔的存在现象学思想一脉相传，两者都专注于空间中的物质带来的"场所精神"即意义或神性，认为建筑只能从当地特定的环境中"长出来"，因此，建筑师需重视地域环境、本土文化等。

对现象学这种理念的思辨与评价发展到后来就是美国建筑史学家肯尼思·弗兰姆普敦（Kenneth Frampton）的《建构文化研究——论19世纪和20世纪建筑

---

① 舒尔茨.存在·空间·建筑[M].尹培桐，译.北京：中国建筑工业出版社，1990.
② Leatherbarrow D. The roots of architectural invention: site, enclosure, materials[M]. Cambridge: Cambridge University Press, 1993.
③ 舒尔茨.场所精神：迈向建筑现象学[M].施植明，译.武汉：华中科技大学出版社，2010.

中的建造诗学》①、拓扑与地域主义批判理论等哲学思潮,他们号召用更多的社会、政治、经济等因素来分析建筑空间的产生和表现特征。该书中文版的译后记中,译者特别解释道"'建构'就是'建造的诗学'",可见,"建造"与"诗学"共同组成了建构的两大特征②。其中,《建构文化研究——论19世纪和20世纪建筑中的建造诗学》是一部不同寻常的著作,它兼具了批判性与论辩性的特质。其论辩性表现在作者认为在建筑思考和创作中,"建构"是一个合适的处所,作者进一步认为"建构"还有着文化内容和诗性意义。弗兰姆普敦反对长久以来的那些习惯性认知,尤其是那种陈旧的分类学假设,认为"建筑"包含了文化上的意义③。在20世纪末国内建筑学者总结一套"建构"理论体系,并针对现代建筑中的"建造诗学",强调建筑同时作为物质产物与抽象表达的本质,并呼吁在建筑设计的过程中理解与利用此本质。

西方古典建筑传统,崇尚理性主义和诗性。

何为诗性?海德格尔的"澄明"之境在探讨"诗人的独特性"时援引了中国哲学家老子《道德经》第十一章的全文④。如下:

三十辐,共一毂,当其无,有车之用。埏埴以为器,当其无,有器之用。凿户牖以为室,当其无,有室之用。故有之以为利,无之以为用。

叶秀山在《何谓"人诗意地栖居在大地上"》一文中对中外圣哲的思想给出了一个中国式的通俗比喻:"我们种桃树并不是为了占有桃树或采摘桃子,而是让桃树能自由地生长,让桃花自然地绽放;人作为存在的庇护者,人与桃树之间形成了自由的观赏。"⑤因此,"桃花源"成为中国人的理想之境,个体自由就是人和物在澄明之境中的共生共在。现代现象学抛弃先验的思辨方式,以真实的、现存的观察资料为研究基础,这对于建筑现象学理论的形成和发展是一个极好

---

① 弗兰姆普敦. 建构文化研究:论19世纪和20世纪建筑中的建造诗学[M]. 王骏阳,译. 北京:中国建筑工业出版社,2007.
② 王骏阳.《建构文化研究》译后记:上[J]. 时代建筑,2011(4):142-149.
③ 莱瑟巴罗,史永高. 评《建构文化研究:论19世纪和20世纪建筑中的建造诗学》[J]. 世界建筑,2008(4):113-115.
④ 老子. 老子[M]. 饶尚宽,译注. 北京:中华书局,2006;张祥龙. 海德格尔传[M]. 北京:商务印书馆,2007.
⑤ 叶秀山. 何谓"人诗意地栖居在大地上"[J]. 读书,1995(10):44-49.

的良机和突破口。建筑现象学是一种研究建筑现象的哲学学派，该学派强调建筑与我们的生活密切相关，是一种直接经验而非抽象概念。建筑现象学的研究内容包括以下几个方面：

（1）建筑的身体感受：建筑的身体感受是指在建筑空间中我们的身体与空间、材料、光线等之间的互动。建筑现象学重视建筑的身体感受，探索建筑的形态、材料、颜色、光线、气味等如何影响人的身体和感官。

（2）建筑的存在方式：建筑的存在方式涉及建筑与周围环境和社会文化的关系。建筑现象学通过研究建筑如何在不同的环境和文化中存在，探讨建筑的意义和价值。

（3）建筑的历史和文化：建筑现象学认为建筑不仅是一种空间的构造，还是文化和历史的产物。建筑现象学通过深入研究建筑历史和不同文化的建筑风格，揭示建筑的文化背景和意义。

（4）建筑的符号意义：建筑现象学认为建筑不仅代表着一种功能或空间形式，还是一种符号，具有一定的象征意义和文化内涵。建筑现象学通过分析建筑的符号和象征意义，揭示建筑的文化和社会背景。

（5）建筑的感性理解：建筑现象学认为建筑应该通过感性而非理性的方式来理解。建筑现象学强调对建筑的真实体验和感性认识，从而更好地理解建筑的意义和价值。

### 1.4.2　后现代建筑历史 - 文本分析法

"文本"一词最初是从西方引入中国的文学理论词汇，从 20 世纪 80 年代以来逐渐成为中国文艺批评的关键词之一[1]，并得到更广泛的跨学科应用。例如，戏剧文本、影视文本、建筑文本、计算机语言文本、游戏文本等[2]。文艺叙事也不只局限于话语，它同时在非语言形式的其他艺术体裁中存在，建筑则被看成

---

[1] 傅修延. 文本学：文本主义文论系统研究 [M]. 北京：北京大学出版社，2004.
[2] 钱翰. 文本 [J]. 外国文学，2020（5）：85-95.

是加入了空间因素的立体叙事文本。

英国文化理论家F.R.利维斯（F. R. Leavis）开创的文化研究的"利维斯学派"，关注文化批评的道德与社会维度，反对资本主义现代工业文明及其在文化上产生的后果，主张通过对文化文本的"精读"和援引来进行文化批评。在利维斯的影响下，理查德·霍加特（Richard Hoggart）、早期的雷蒙·威廉斯[①]、斯图亚特·霍尔（Stuart Hall）等文化学者都受到文本分析方法的影响。法国的结构主义者罗兰·巴特（Roland Barthes，中文也译为巴尔特）[②]、雅克·德里达等也是文本分析法的主要代表。他们吸取了结构主义、符号学理论的某些理念和方法，认为图像、声音、文字和非文字形式都可以视为文本，涉及的领域广泛，除了文学、艺术、哲学外，还有摄影、时尚、建筑等非语言的文化形式，这些都可以被看作是文化研究的不同"文本"，可以作为文化分析的具体对象。巴特的《作者之死》《从作品到文本》等文章里的"作品"（work）与"文本"（text）作为结构主义和后结构主义各自研究的对象，其含义及相互关系在论文中得以清楚的阐述，文本是开放的、无中心的和没有终结的结构，从作者到读者参与到文学作品的阅读，提出了具有划时代意义的文本理论。这被视为结构主义与后结构主义文学理论的重要分野。

王明珂对"文本"的定义是："文本分析是以语言、文字（或图像、影视）符号所陈述的内容为表相（或社会记忆），尝试探索此表相背后的本相，也就是探求此陈述、表述内容背后的社会情景。"[③] 因此，建筑是当代文化研究的重要的可阅读的"文本"之一，梳理具有重要学术价值的民间信仰宫庙建筑文本，甄选出同一神明信仰下的民间信仰宫庙建筑的关键性文本，如民间信仰宫庙建筑中的妈祖庙的不同文本样式，甲乙丙丁地的妈祖庙；关帝庙也如此，甲乙丙丁地的关帝庙，而东南沿海最有名的莫过于福建东山关帝庙等等。这些皆可称为民间信仰宫庙建筑的关键文本，通过关键文本的细读与分析，可以

---

① 威廉斯.乡村与城市[M].韩子满，刘戈，徐珊珊，译.北京：商务印书馆，2013；威廉斯.政治与文学[M].樊柯，王卫芬，译.开封：河南大学出版社，2010.
② 巴特.罗兰·巴特随笔选[M].3版.怀宇，译.天津：百花文艺出版社，2009.
③ 王明珂.反思史学与史学反思：文本与表征分析[M].台北：允晨文化实业股份有限公司，2015.

寻求民间信仰宫庙建筑的共性与个性,进而发掘民间信仰文化空间的当代价值和意义。

随着民间信仰在中国民间文化中的复兴,迎来了民间信仰宫庙建筑文本演化的繁荣。本书需要考察民间信仰宫庙建筑是否已经建立了一个客观的"标准化"的文本系统,分析举证各个阶段的文本类型和标志性建筑文本,即"前文本"阶段、诞生与发展阶段、深化与变异阶段及"文化空间"生产演变阶段等,运用文化传播学理论与方法对不同类型的民间信仰宫庙建筑进行历史的文本分析。

汪丽君指出,现在的类型学研究直接源于考古学中的"标型学"研究。瑞典考古学家弗鲁马克认为"类型学"的研究对考古学有意义,因为"人类思维经常将物质文化的有序发展看作是逐渐发生的过程"。《辞海》中对"标型学"的解释为"它是将同一门类的遗物,根据它们的形态特征分成类型,以研究其发展序列和相互关系"①。建筑的基本功能是要使今天人们的生活更丰富美好,在这个基础上才能体现当代的文化。建筑形成过程中需要反映文化的延续性和地方性,需要尊重历史、尊重环境。不是用来阐述类型学理论的图示。综上,类型学研究应该是一个开放的体系。辨析建筑类型学形态创作的特征,并正视其中目前存在的这些局限性,将有助于我们不断地改进与完善建筑类型学理论,使之适用于更为广阔的领域,从而使我们走向开放的建筑类型学研究②。图1-1为黑格尔三种建筑类型关系。

图 1-1　黑格尔三种建筑类型关系示意图③

正如梁思成所言:"建筑之规模、形体、工程、艺术之嬗递演变,乃其民族特殊文化兴衰潮汐之映影;一国一族之建筑适反鉴其物质精神,继往开来之面貌。今日之治古史者,常赖其建筑之遗迹或记载以测其文化,其故因此。盖建

---

① 夏征农. 辞海:1999年版缩印本[M]. 上海:上海辞书出版社,2000.
② 汪丽君. 广义建筑类型学研究:对当代西方建筑形态的类型学思考与解析[D]. 天津:天津大学,2003.
③ 汪丽君. 广义建筑类型学研究:对当代西方建筑形态的类型学思考与解析[D]. 天津:天津大学,2003.

筑活动与民族文化之动向实相牵连,互为因果。"① 这说明了建筑与人的文化精神的关联性,建筑是人类物质与精神的共同载体。

在建筑文化景观基因提取方面,刘沛林、董双双的《中国古村落景观的空间意象研究》一文中引入"意象"的概念,借助从感觉形式研究聚落空间形象的方法,对中国古村落景观的多维空间立体图像作了初步研究。把中国古村落景观的基本意象概括为：山水意象、生态意象、宗族意象、趋吉意象等四个方面,并对不同地域古村落景观意象的差异作了比较。② 赵勇、张捷首先从物质文化遗产和非物质文化遗产两个方面遴选了 15 项指标构建历史文化村镇保护评价指标体系,然后在对中国首批历史文化名镇(村)保护状况进行社会调查的基础上,运用因子分析方法对首批名镇(村)的保护状况进行分析评价,证明了环境风貌、建筑古迹、民俗文化、街巷空间和价值影响是决定历史文化村镇保护状况的主要因素。最后,运用聚类分析法按照保护状况将首批名镇(村)划分为 4 种类型并做出相应评价。吕志伟通过对认知心理学、环境心理学等理论的梳理,解析了乡土意象的构成元素及其元素之间的相互关系,以此勾勒出大众心目中的乡土意象③。为新农村建设提供了大众认同的特色鲜明的乡土意象元素和模式语言,并且为农村建设的乡土化提供了逻辑清晰的理论依据。胡振华发表的《文化、权力与宗教空间政治——张谷英村聚落景观形态的社会学研究》以文化、权力、宗族、空间与政治等多方面对聚落形成的影响程度、运行方法、实现策略以及机制结构作为主要研究内容,对张谷英村乡村聚落的宗教景观空间形态进行了研究④。王绍森梳理了当代建筑的地域性表达的现象,剖析地域性创作层次表达的手法及手段,并针对闽南建筑地域性表达加以研究,提供建筑创作过程中建筑地域性表达的理论支持⑤。张杰应用系统协同理论,从街巷空间、民居空间、

---

① 梁思成. 中国建筑史 [M]. 天津：百花文艺出版社, 1998.
② 刘沛林, 董双双. 中国古村落景观的空间意象研究 [J]. 地理研究, 1998, 17 (1)：31-38.
③ 吕志伟. 村落空间的乡土意象 [D]. 北京：北京建筑工程学院, 2011.
④ 胡振华. 文化、权力与宗教空间政治：张谷英村聚落景观形态的社会学研究 [D]. 长沙：中南林业科技大学, 2013.
⑤ 王绍森. 当代闽南建筑的地域性表达研究：张谷英村聚落景观形态的社会学研究 [D]. 广州：华南理工大学, 2010.

祠堂建筑空间、庙宇空间、文化景观空间等各方面，深入剖析了闽南历史文化名村福全古村落的空间形态[①]。

胡最、邓运员等指出，传统聚落文化景观基因是解读传统聚落景观蕴含的深层次地学特征的重要切入点。作者从符号哲学的视角系统分析文化景观基因的主要特征：①文化景观基因是宏观的聚落意象与微观的细节特征、物质外观表征与内在文化寓意、整体性特征与局部自我更新、定性与定量分析方法、优势性与内涵丰富性的辩证统一；②文化景观基因有着多样的形态特征和复杂的空间结构，具有非线性、自组织和自迭代的重要特征[②]。

---

① 张杰.海防古所：福全历史文化名村空间解析[M].南京：东南大学出版社，2014.
② 胡最，邓运员，刘沛林，等.传统聚落文化景观基因的符号机制[J].地理学报，2020，75（4）：789-803.

# 2

## 民间信仰历史形成与当代演变

## 2.1 民间信仰概念界定

### 2.1.1 民间信仰概念界定及其特征

当代，关于民间信仰的概念问题从某种程度可以转化为民间信仰区分的标准问题，即符合什么样的标准才可以被称之为"民间信仰"。民间信仰区分的标准大体有两种对立的观点：一种观点是以共同文化背景和传承类型作为"民间信仰"定义的客观依据，但它趋于理想化和空泛化。另一种观点是以研究者的主观标准来取代客观标准。比方说，"以集体认同、归属或个人认同来判定民间信仰"的观点。民间信仰是民间自发形成的，尤其是在我国民族地区长期存在和延续的一些民间信仰，是传统民族文化的重要载体形式，这种情况即使在当代也比较明显。据金泽的观点，民间信仰多源自民众日常生活自择的结果，是为了应对生活中各种各样的问题和灾难而形成的。他说："民间信仰是根植于老百姓中的宗教信仰及其宗教的行为表现。……民间信仰属于原生性宗教，而不属于创生性宗教。"[①]

民间信仰有广义和狭义两种，从广义来说，民间一切祭祀神明的活动都可称为民间信仰。从狭义来说，民间信仰是指人的终极精神追求活动，是一种发端民间的、朴素的、自发的多神明崇拜，与成熟宗教的一神崇拜不同；后者的一神崇拜多是经历了历史上不断地调整和建构的过程，这是两者最大的区别。民间信仰与民众日常的现实生活、实用功利相关联，民间造神和神明崇拜、巡境活动等也与现实政治制度、政治活动与社会组织形式具有一定隐喻性和同构性[②]。由于历史形成的民间信仰普遍与老百姓的日常生活密切混合，中国南方沿海地区表现尤为典型，因此对其分类的难度加大了。

在人类学上，民间信仰具有统一性与多样性、正统化与标准化、精英宗教

---

① 金泽.民间信仰的聚散现象初探[J].西北民族研究，2002(2)：146-157；金泽，陈进国.宗教人类学：第四辑[M].北京：社会科学文献出版社，2013.
② 庞骏，张杰.仙宫圣境：闽海民间信仰宫庙建筑空间解析[M].南京：东南大学出版社，2023.

与民间宗教等特征。

在社会学上，胡安宁等将民间信仰分为社区型（communal）、宗派型（sectarian）和个体型（individual）三种类型，并以组织发展程度和信仰发展程度两个维度建构出以"组织—信仰"为基础的民间信仰概念类型学[①]。在社区信仰崇拜上，中国的神明膜拜被视为社区价值观（诸如合作、团结、平等及秩序等）的一种表达。这种整体分类方法超越了单一的社区型的类型划分，具有积极的学术参考意义。王守恩、阙祥才将民间信仰的神明体系大致分为神鬼崇拜、祖先崇拜、岁时祭仪、占卜风水以及符咒法术等若干类型[②]，借鉴了李亦园的分类法。

本书对民间信仰的分类依据主要是从民间信仰的神明对象和祭祀活动仪式上考虑，分天神、地祇、人神三大类，其中天神、地祇具有自然崇拜性质，人神信仰具有明显的地方性英雄、先贤、祖先或重要的人物因素。人神的形成大多既有一定史实依据，也有民间传说虚构的成分。

民间信仰仪式活动周期性地在某一个特定的时间进行、在某一个固定的地域祭祀神明，从而进入了非遗领域的"文化空间"的概念范畴。这是一种从个别性的民众意识到整体性的文化形态的演进。

民间信仰按周期性的固定的年度节日时间结构梳理，不同月份的民间信仰主要有如下：

正月：初一春节，初五接财神，初七人日，初九拜天公[③]，十五元宵节又称灯节或上元节，也是临水夫人神诞日。

二月：初二龙头节[④]、十五花朝节，二月十五又为纪念佛祖释迦牟尼逝世的佛教涅槃节。

三月：初三上巳节[⑤]、二十三日妈祖诞又称天后诞。

---

① 胡安宁. 民间宗教的社会学人类学研究：回顾与前瞻[J]. 中国农业大学学报（社会科学版），2012（1）：61-72.
② 王守恩. 论民间信仰的神灵体系[J]. 世界宗教研究，2009（4）：72-80；阙祥才. 试论民间信仰的理想类型[J]. 学术论坛，2013，36（10）：206-209.
③ 正月初九拜天公节日，民间祭祀玉皇大帝，信众赴泉州市石狮市永宁镇虎岫寺参加"游春"庙会。
④ 又称春耕节、农事节、青龙节、春龙节等，民间称"龙抬头"，初二又是土地公诞辰"社日节"。由于节期重叠，南方部分地区"二月二"既有龙抬头节习俗又有祭社习俗，如在浙江、福建、广东等地区，"二月二"多以祭社（土地神）为主，民间有起龙船、拜龙、剪头发、烧炮等。
⑤ 上古节日，有拜祖先、拜轩辕等，福建宁德畲族有三月三乌饭节。

四月：初八，佛教的浴佛节。初八，祭祀关帝受封圣。

五月：初五端午节①；五月十一或十三，城隍节；五月十三日，关帝诞辰节，有的地区是六月二十四②。

六月：初六天贶节，又称六月六、六月会、回娘家节、姑姑节、虫王节等。所谓"天贶"，本是道教的称呼，意为"上天恩赐"。青海、新疆也有天贶节，见王康康《热贡"六月会"仪式的社会功能研究：以年都乎乡尕沙日村为例》③、张放放《吉木萨尔六月六庙会文化变迁研究》④等研究。

七月：初五，敬祭亡魂，又称"鬼节"，福建闽南民间鬼魂崇拜习俗；初七，七夕节；十五，中元节，这是道教的称法，佛教称"盂兰盆节""普度节"。

八月：十五，中秋节、拜月节、月娘节、月光诞、月夕、"团圆节"、"女儿节"等，中秋节是上古天象崇拜——敬月习俗的遗痕，古人对"月神"的崇拜。

九月：初九，重阳节，还有重九节、登高节、茱萸节、菊花节等称呼。由于九月初九"九九"谐音是"久久"，有长久之意，民间常在此日祭祖与举行敬老活动⑤。

十月：初一，寒衣节，又称十月朝、祭祖节等；十五，下元节，斋三官；二十，烧王船。

十二月：初八，腊八节，佛教节日之一；二十三，小年；三十，大年。

民间信仰的日常礼俗与节庆仪式交替，平淡的日常与喧哗的节日造就了乡村宫庙空间、聚落铺境公共空间的生活韵律，出现"年度信仰生活的韵律"（表2-1）。

---

① 俗称"五月节"，另有海上泼水节，是福建、台湾的传统民俗节日。
② 郑舒翔.闽南海洋社会与民间信仰：以福建东山关帝信仰为例[D].福州：福建师范大学，2008；在明代，福建泉州地区在上元节后举行关帝赛神、庙会等活动。
③ 王康康.热贡"六月会"仪式的社会功能研究：以年都乎乡尕沙日村为例[D].北京：中央民族大学，2011；文章指出，青海省黄南藏族自治州同仁市的隆务河滋养出了一片神奇的土地，藏族称之为"热贡"。"六月会"这种在同一区域、同一时期举办的宗教性仪式，以祭神为核心，以村庄为基本单位，其主旨在于通过祭祀本村落和地域保护神，祈求风调雨顺、民众平安、村落兴旺。
④ 张放放.吉木萨尔六月六庙会文化变迁研究[D].石河子：石河子大学，2019；文章指出：新疆吉木萨尔地区有维、汉、哈、回、蒙等13个民族，汉代时期便有汉族人迁入吉木萨尔地区屯垦安居，清乾隆时期中央政府统一新疆以及在光绪年间左宗棠收复新疆后，更多来自全国各地的汉族军民在新疆屯垦戍边。新疆的汉族文化不仅融合了各地方文化，而且在汉族与其他民族交往时，汉族文化也吸收了其他民族文化，吉木萨尔六月六庙会文化便是此中典型。吉木萨尔六月六庙会始于清代，承接了前代吉木萨尔汉族文化的历史记忆，而后经过百年的传承和发展，在民族交往与现代化影响下，从宗教信仰活动发展成为当下的民俗文化旅游节，并成为一项省级非物质文化遗产。
⑤ 重阳节与除夕、清明、盂兰三节一样，也是中国传统节日里祭祖的四大节日之一。2012年12月28日，我国法律明确规定每年农历九月初九为"老年节"（2013年7月1日正式实施）。

表2-1 我国汉族地区民间信仰年度周期性祭祀时间简表

| 月份 | 初一 | 初二 | 初三 | 初五 | 初六 | 初七 | 初八 | 初九 | 十一 | 十三 | 十五 | 十九 | 二十 | 二十三 |
|---|---|---|---|---|---|---|---|---|---|---|---|---|---|---|
| 正月 | 春节 | 土地公、春龙 | | 接财神 | | 人日 | | 拜天公 | | 游傩① | 元宵节、临水夫人神诞日 | | | |
| 二月 | | | 上巳 | | | | | | | | | 观音诞辰 | | |
| 三月 | | 寒食 | 寒食 | | | | | | | | | | | 妈祖诞辰 |
| 四月 | | | | | | | 浴佛、关帝 | | | | | | | |
| 五月 | | | | 端午 | | | | | | 关帝诞辰 | | | | |
| 六月 | | | | | 天贶 | | | | 城隍 | | | | | |
| 七月 | | | | 普度 | | 七夕 | | | | | 中元 | 观音得道日 | | |
| 八月 | | | | | | | | | | | 中秋 | | | |
| 九月 | | | | | | | | 重阳、妈祖忌日 | | | | 观音出家日 | | |
| 十月 | 寒衣 | | | | | | | | | | 下元 | | 烧王船 | |
| 十一月 | | | | | | | | | | | | | | |
| 十二月 | | | | | | | 腊八节 | | | | | | | 小年 |

① 指福建三明市宁化县夏坊村的"古游傩",已经是第三批省级非物质文化遗产,以其独特的"梅山七圣"信仰闻名,"古游傩"是当地民众驱邪祈福、消灾禳病的一种民俗活动,融入了祭祖内容。

上表主要以汉族较重要的民间信仰节日时间为主，其他民族的神明种类和节日时间更丰富，但限于篇幅，不再一一介绍。

### 2.1.2 马克思主义宗教观对我们认知民间信仰的影响

探讨马克思的宗教观对于正确认识我国民间信仰，处理当代宗教信仰事务具有积极意义。

首先，康德和马克思都认为宗教的本质属性是超验性。宗教有悠久的历史、广泛的影响力，宗教教义并非呓语，它饱含人世智慧。宗教不断吸收哲学的内容以充实自己，不断去掉原始宗教的杂质和粗糙外壳。费尔巴哈在他最著名的代表作《基督教的本质》中说："宗教是人的本质的异化。"① 马克思在费尔巴哈人本主义哲学基础上创造性地提出"宗教是人的异化"的著名命题，这是对宗教根本属性的深刻揭示。马克思明确指出："人的本质不是单个人所固有的抽象物。在其现实性上，它是一切社会关系的总和。"② 宗教的存在有其丰富的社会历史根源，马克思说："宗教里的苦难既是现实的苦难的表现，又是对这种现实的苦难的抗议。宗教是被压迫生灵的叹息、是无情世界的感情。正像它是没有精神的制度的精神一样。宗教是人民的鸦片。"③ 马克思阐明了宗教的社会根源和本质。宗教给予人们以精神慰藉，但这种慰藉是把对个体人生苦难的补偿、对社会公义和人生幸福的追求转移到天上或来世或彼岸，而不是把它落实到现实人间。在特定的历史情境下，宗教确实表现为统治阶级麻痹群众的工具，比如历史上的"君权神授"、宗教统治者发动的"圣战"等现象。但是，宗教也有超越历史情境的普遍的人类信仰文化价值。

其次，宗教还是一种复杂的文化现象，在不同时空环境中形成了各种宗教文化景观。文化景观又可分为物质文化景观和精神文化景观两类。物质文化景观是指在自然所提供的物质基础之上，人们创造出的客观存在的文化凝聚物，

---

① 费尔巴哈. 基督教的本质 [M]. 荣震华，译. 北京：商务印书馆，1984.
② 中共中央马克思恩格斯列宁斯大林著作编译局. 马克思恩格斯文集：第一卷 [M]. 北京：人民出版社，2009.
③ 马克思. 黑格尔法哲学批判导言 [M]// 马克思，恩格斯. 马克思恩格斯选集：第一卷. 北京：人民出版社，1972.

它与人们的日常生活密切相关。如"天下名山僧占多"就是中国特色的佛教物质文化现象之一，信仰者大多为隐逸派人士，表达"在山泉水清，出山泉水浊"（出自唐代杜甫的《佳人》诗）的情感意愿，形成洁身自好隐居山林溪野的中华民族高尚的道德文化力量。宗教、语言、法律、艺术等精神文化景观是在地理环境的相互作用下，人的行为创造出的看不见但可以感知的文化创造物。例如，中国妈祖信仰的物质文化景观主要是妈祖庙建筑、雕塑、服饰、香花贡物等；妈祖的精神文化景观主要是与妈祖文化相关的莆仙戏、戏曲、歌舞及影视剧、动漫等。

由上可知，民间信仰与宗教二者具有密切的联系性，二者的界限比较模糊，其根源在于它们同属于社会意识形式。根据社会意识对经济基础的关系，社会意识形式分为两种主要类型:（1）属于上层建筑[①]的社会意识形式，通常叫社会意识形态，包括政治、法律、思想、艺术、道德、宗教、哲学和大部分社会科学等。在这个意义上,宗教既是一种社会意识形式,也一定是一种社会意识形态。社会意识形态作为社会的思想关系，作为一种特殊的精神现象，它有自身的内部构成和文化特质。王恩涌、赵荣等认为宗教属于社会意识形态之一，其最大的特点是相信现实世界之外还存在一个超自然、超人间的神秘境界和力量，这个力量主宰着自然和社会[②]。（2）不属于上层建筑的社会意识形式，主要指自然科学和一部分社会科学和思维科学，包括语言学、心理学、形式逻辑学等。可见，社会意识形式比社会意识形态的内涵更丰富，二者的区别也很明显。例如，与政治相关的社会意识形式，我们通常就叫政治意识形态；马克思主义就是一种政治意识形态，是当代中国的官方主流政治意识形态[③]。马克思、恩格斯合著的研究意识形态问题的经典文本《德意志意识形态》中把"意识形态"分成广义的意识形态和狭义的意识形态两种，广义的意识形态指的是"阶级的自我意识"，也就是"阶级意识"，而狭义的意识形态指意识形态的一种历史类型，或是"被

---

① 马克思主义基于人们的社会存在决定人们的社会意识这一根本思想原则，上层建筑是政治制度和政治生活的比喻说法，经济基础与上层建筑的关系：经济基础是上层建筑赖以存在的根源，是第一性的；上层建筑是经济基础在政治上和思想上的表现，是第二性的、派生的。经济基础决定上层建筑，上层建筑反作用于经济基础。
② 王恩涌，赵荣，张小林，等.人文地理学[M].北京：高等教育出版社，2000.
③ 胡潇.马克思恩格斯关于意识形态的多视角解释[J].中国社会科学，2010（4）：4-20.

歪曲的"或是"错误的"意识①。恩格斯指出了特定历史情况下意识形态对剥削阶级国家制度论证的特点："所有过去的时代，实行这种吸血的制度，都是以各种各样的道德、宗教和政治的谬论来加以粉饰的：牧师、哲学家、律师和国家活动家总是向人民说，为了个人幸福他们必定要忍饥挨饿，因为这是上帝的意旨。"②他充分肯定了欧洲特殊时期宗教意识形态在政治生活中直接成为国家机器的统治思想的事实。

19世纪以来，西方社会学者持续关注中国的宗教文化。德国宗教社会学家马克斯·韦伯（Max Weber）较早接触到亚洲的中国、印度等国的宗教形态，韦伯在《中国的宗教：儒教与道教》一书中指出，中国是"巫术的乐园"，祖先崇拜、巫术治疗、占卜风水，以及种种鬼神崇拜等杂乱地长期存在于帝国民众的生活中。他在解释这种现象时认为，儒家思想家相信以下这种秩序观："这世界的宇宙秩序被认为是固定而不可违反的，社会的秩序不过是此一秩序的一个具体类型罢了。宇宙秩序的伟大神灵显然只在于企盼世间的和乐，尤其是人类的幸福。社会的秩序亦如此。只有当人能将一己融入宇宙的内在和谐之中，心灵的平衡和帝国的'祥和'方可且当可获得。"③其宗教比较思想也很早就被引入中国，但影响力直到20世纪80年代才逐渐显现，国内围绕他的观点的相关研究较多④。荷兰汉学家施古德就主张中国民间宗教是古典传统的衍生形式，民间文化（宗教）是精英文化（宗教）流传到民间后经过稀释、变质和庸俗化的结果。官方、精英、经典文化都来自生活，来自老百姓的生产生活实践。例如，法国汉学家葛兰言（Marcel Granet）认为代表中国精英文化的《诗经》中有很多古代民间信仰的影子。上古民间信仰实际上是中国精英文化的根源，它起源于民间的生产和社区

---

① 秦刚.马克思恩格斯意识形态概念述要[J].科学社会主义，1993（1）：63-67.
② 中共中央马克思恩格斯列宁斯大林著作编译局.马克思恩格斯全集：第七卷[M].译.北京：人民出版社，1959.
③ 韦伯.中国的宗教：儒教与道教[M].康乐，简惠美，译.桂林：广西师范大学出版社，2010.
④ 王水涣.韦伯《儒教与道教》引用有关中国文献略考[J].浙江社会科学，2016（2）：126-132；郁喆隽.内在的巴别塔：马克斯·韦伯的"价值领域"概念及其当代解读[J].天津社会科学，2020，4（4）：35-42；韩升，李筱.世界的"祛魅"与现代精神世界的重建：由马克斯·韦伯展开的思考[J].内蒙古社会科学，2021，42（5）：47-56；赵冰心.马克斯·韦伯的中国政治观：基于中国语境的研究[J].学习与探索，2022（2）：29-36.

活动,官方文本传统则是对它的"吸收"和"模仿"。①美国人类学家葛希芝（Hill Gates）认为官方文化无法完全控制通俗意识形态,比如在中国传统的官方意识形态中长期存在对交易和金钱意识的抑制,但是在民间宗教里金钱的概念和象征作用获得了很大的发展②。

韦伯在《新教伦理与资本主义精神》一书中指出,在新教伦理与资本主义精神下,传统欧洲的宗教布道被工具理性、精确计算、复写簿技术所取代,祛魅化的世俗现代性铸就了"专家没有灵魂,纵欲者没有心肝"的官僚制③。布洛赫开创的"希望哲学"高扬主体的内在精神,自始至终以建构一个人道的世界为根本宗旨,"希望哲学"实现了主观的超越性、开放性与客观的现实性、可能性的统一。在充满各种挑战的时代,需要大力发扬"希望哲学"的创造、超越与拯救精神,抵制复杂环境带来的不良情绪,引导人们远离时代的精神困境。④例如,瓦尔特·本雅明（Walter Benjamin）在《历史哲学论纲》（又名《论历史的概念》）中的"弥撒亚救赎"观点明确指出,历史唯物主义能够做到所向披靡,必须与神学结盟,把历史唯物主义置于弥撒亚主义的基础上,为历史唯物主义提供动力,确立目标和斗争方向⑤。与此同时,本雅明也扬弃宗教神学的神秘主义,寄望于未来降临的弥赛亚王国改造为内在的、随时可以步入生活世界、蕴含在人们内心之中的救赎力量。本雅明提倡神学与马克思主义的结盟,对于后者来说,前者意味着在实现彼岸的超越的同时,也在追求着一种内在的超越。

与马克思同时代的西方学者对宗教的认知各不相同,也不乏真知灼见。早在1870年,英国宗教学家麦克斯·缪勒（Max Muller）将人类文明世界的宗教分为三种类型:雅利安或印度系统,闪米特或亚伯拉罕系统,图兰或中国系统。他说:"除了雅利安和闪米特族系以外,只有一个国家能说它有一个甚或两个有经典的宗教,那就是中国。中国产生了两个宗教,各以一部圣典为基础,即孔夫子的宗

---

① 葛兰言. 古代中国的节庆与歌谣 [M]. 赵丙祥, 张宏明, 译. 桂林：广西师范大学出版社, 2005.
② Gates H. Chinese working-class lives[M]. New York：Cornell University Press, 1988.
③ 韦伯. 新教伦理与资本主义精神 [M]. 马奇炎, 陈婧, 译. 北京：北京大学出版社, 2012.
④ 任燕红. 恩斯特·布洛赫希望哲学的核心范畴及其时代意义 [J]. 云南社会科学, 2020（6）：46-52.
⑤ 本雅明. 历史哲学论纲 [J]. 张旭东, 译. 文艺理论研究, 1997, 17（4）：93-96.

教和老子的宗教,前者的圣典是《四书》《五经》,后者的圣典是《道德经》。"①他这一说法自觉地运用了历史分析方法,从源头把握人类宗教的特征和差异,其高屋建瓴的概括力让人击节赞叹;这一观点即使在当代也是非常具有影响力的观点,不愧为西方宗教学的创始人。

德国哲学家、现代存在主义哲学的主要奠基人卡尔·雅斯贝斯(Karl Jaspers)从历史哲学的视角看人类精神运动的轴心或定型意义。雅斯贝斯的"轴心理论"为我们展示了公元前500年前后大约300年的人类精神过程对于人类未来的精神史具有某种文化定型的意义,他将其称为"轴心时代"或"轴心文明"②。这一观点成为跨文化研究领域普遍接受的基本认知,它充分肯定了东方文明的原创性和伟大性,从而与"西方中心论"学术境界和格局高下立判。雅斯贝斯的《世界观的心理学》一书体现出的雅斯贝斯哲学是以克尔凯郭尔、尼采为代表的非理性主义传统与以康德、韦伯为代表的理性主义传统之间的一个结合。

西方中心论者、美国学者费正清也指出中国是一个"连续文明体","传统的中国并非一成不变,也不是静止或毫无生气。相反,中国有不断的变化和千差万别的情况,但总不脱离其文化上和制度上特有的格局。这个总的格局顽强地持续存在,是因为多少世纪以来,中国的各种制度——经济制度、政治制度、社会制度、文化制度曾在它的国土范围内促成了引人注目的自给自足、平衡和稳定的局面。总之,制度和文化的持续性曾经产生了体现为气势磅礴和坚守既定方针的惯性,而并非不动的惰性。"③ 在他的论述中,儒家思想被视作传统中国的治国安邦之本。史华慈在其《古代中国思想世界》一书中对孔子思想的宗教层面从鬼神观、天帝观和天命观三个方面作了系统论证,认为孔子的人文主义不妨碍他的思想之具有宗教意蕴。他指出,孔子的人文主义和宗教思想是相互容存的,关心人类的现实利益是所有宗教思想和像孔子一样的圣人所关注的核心宗旨④。

---

① 缪勒. 宗教学导论 [M]. 上海:上海人民出版社,1989.
② 雅斯贝斯. 历史的起源与目标 [M]. 魏楚雄,俞新天,译. 北京:华夏出版社,1989.
③ 费正清. 美国与中国 [M]. 4 版. 张理京,译. 北京:世界知识出版社,2003.
④ 史华慈. 论孔子的天命观 [M]// 武汉大学哲学系和宗教学系. 世纪之交的宗教与宗教学研究. 林同奇,译. 武汉:湖北人民出版社,1999.

当代著名的美籍华裔学者、人类学家、考古学家张光直（Kwang-chih Chang）的人类学研究从人类学或宗教发展的视角认识中国文化、宗教等。张光直提出将"玛雅-中国连续体"（Maya-China continuum）与古代"近东突破"（Near Eastern breakout）文明进行长时段比较[①]，前者横跨东亚、东北亚和新世界，依靠仪式和政治推动了文明的发展，同时保留了古代的动物萨满教和亲属关系的深层连续性；而在近东诸文明中，他用了"突破"一词来指对这种连续性模式的破坏，使得技术和贸易成为历史的主要推动者，并在人类与另一边的自然和神性之间形成一条鸿沟，亚伯拉罕诸教就是如此[②]。张光直把考古学理论与中国考古材料有机结合，开创性地探求中国古代研究的世界性问题，即在世界文明的大背景下审视中国文明的价值，并最终获得了关于文明起源"连续性的"（世界性的）与"突破性的"（西方式的）两种模式的深刻认识[③]。张光直进而提出中国是延续文化、常态文化，近东、包括欧洲是短期突破的特殊文化。他的这一观点具有挑战"西方中心论"的意义。其实，在张光直之前，已有一些西方学者注意到从原始社会到阶级社会存在不同的转变方式，如当代英国马克思主义历史学家、犹太学者埃瑞克·霍布斯鲍姆（Eric Hobsbawn）所说的东方的、古代的、日耳曼的以及斯拉夫式的文明[④]。但是，霍布斯鲍姆并未打破"欧洲中心论"。

张光直认为人类文明演进方式实际上可以归结为两种———一种是世界式的或非西方式的，主要代表是中国；另一种是西方式的，主要代表是西欧国家。两者各自具有鲜明的特征：前者的一个重要特征是连续性的，就是从野蛮社会到文明社会，许多文化、社会成分延续下来，其中主要延续下来的内容就是人与世界的关系、人与自然的关系等；后者即西方式的，是一种突破式的方式，就是在人与自然的关系上，经过技术、贸易甚至金融、货币等创新因素的产生而

---

① 张光直.连续与破裂：一个文明起源新说的草稿[M]//张光直.中国青铜时代.北京：生活·读书·新知三联书店，1982.
② 亚伯拉罕诸教（或亚伯拉罕宗教、沙漠一神诸教、神启宗教）指信仰亚伯拉罕为始祖的三个世界性宗教：犹太教、基督教、伊斯兰教（按出现时间排列）。三个宗教共同信仰犹太教的唯一真神，发源于中东沙漠地区，以希伯来圣经为根基，以耶路撒冷为共同的圣地。
③ 孙庆伟.追寻中华文明的价值：重读张光直《考古学专题六讲》[J].北京大学学报（哲学社会科学版），2021，58（2）：65-75.
④ 霍布斯鲍姆.匪徒[M].李立玮，谷晓静，译.北京：中国友谊出版公司，2001.

造成一种对自然生态系统束缚的爆炸式突破。

台湾著名学者侯立朝也阐述了与张光直类似的文明观，他说："中国文化有它自己的基核，有它自己赖以长久生存的特点，有它自己的独标风格。故，它接受外来文化的方式，自与那些没有文化根基的日本、俄国及中古欧洲不同。因之，中国的现代化（或西化）的进程，就不能拿那些国家那些民族被吞化的模式来衡量中国。赤白两派的西化派，不了解这种差异性，以急不择食的乞丐作风，以蛇吞青蛙的'吞化模式'，要求中国也如那样被吞化，这就产生了'自卑情结'与'浮躁情绪'，他们忘记了中国不是青蛙，而是一只大象。"①他还对中国绵长的海洋文化特质也做了恰当的分析②。

### 2.1.3 民间信仰与宗教概念的关系

由于我国民间信仰未形成完整的宗教意识，民间信仰与儒教、佛教和道教的相关观念互相交织、互相融合。《辞海》对民间信仰的定义："民间流行的是某种精神观念、某种有形物体信奉敬仰的心理和行为。包括民间普遍的俗信以至一般的迷信。它不像宗教信仰有明确的传人、严格的教义、严密的组织等，也不像宗教信仰更多地强调自我修行，它的思想基础主要是万物有灵论，故信奉的对象较为庞杂，所体现的主要是唯心主义。但也含有唯物主义和科学的成分，特别是民间流行的天地日月等自然信仰。"③可见，《辞海》的定义认为民间信仰还处于万物有灵的自然崇拜阶段。这是目前社会主流的观点。另外，台湾学者林美容指出："百分之八十以上台湾居民的宗教都是扩散式的信仰，一种综合阴阳宇宙、祖先崇拜、泛神、泛灵、符箓咒法而成的复合体，其成分包括了儒家、佛家和道家的部分思想教义在内，而分别在不同的生活范畴中表明出来，所以不能用'什么教'的分类范畴去说明它，因此宗教学者大多用'民间信仰'或

---

① 侯立朝.现代中国史的真相[M].台北：现代杂志出版社，1968.
② 侯立朝.中国的西北精神与东南精神互补说：台湾著名学者侯立朝教授在西北大学经济管理学院的讲演[J].神州学人，1994（3）：32.
③ 辞海编辑委员会.辞海：1989版缩印本[M].上海：上海辞书出版社，1989.

'民间宗教'称之,而绝大多数人的宗教信仰都应属于这一范畴。"①因此,学界一般认为民间信仰没有特别的组织形式和系统,把这种集合了各式民间习俗与传统做法的称为"扩散式的信仰"。如前所述,李亦园把民间信仰称为"普化宗教"（diffused religion）:"所谓普化宗教又称为扩散的宗教,亦即其信仰、仪式及宗教活动都与日常生活密切混合,而扩散为日常生活的一部分,所以其教义也常与日常生活相结合,也就缺少有系统化的经典,更没有具体组织的教会系统。"他从信仰仪式上将民间信仰分为祖先崇拜、神明崇拜、岁时祭仪、农业仪式、占卜风水、符咒法术等六大类②。连心豪、林志明也认为:"在闽南和台湾的民间信仰中,经常鸠占鹊巢、相安并祀、共享香火,出现佛道不分、归属混乱的现象。"他们认为闽南与台湾神明的构成是以儒、释、道和一些神仙传说的杂合体,这些民间神明是没有什么系统的③。段凌平则根据其多年的田野调查和理论探索,认为闽南与台湾民间信仰存在同一个神明系统④。

民间信仰与宗教的相同点在于二者都属于一个族群或民族的传统文化的一部分,是一种群众性的社会现象,都具有长期性、复杂性、国际性、民族性和群众性等社会属性,都具有悠久的历史渊源,都是从远古时代的人类最原始的信仰发展演变而来的,并将长期存在,为一部分群众所信仰。民间信仰与宗教的不同点,大致表现在信奉对象不同、信仰体系和经典不同、组织和场所不同等三方面⑤。

---

① 林美容. 台湾民间信仰研究书目:台湾民间信仰的分类[M]. 台北:台湾"中央研究院"民族学研究所,1991;该文中的"儒家"与"儒教"同义.
② 李亦园. 文化的图像[M]. 台北:台北允晨文化实业股份有限公司,1992;李亦园. 人类的视野[M]. 上海:上海文艺出版社,1996.
③ 连心豪,林志明. 闽南民间信仰[M]. 福州:福建人民出版社,2008.
④ 段凌平. 闽南与台湾民间神明庙宇源流[M]. 北京:九州出版社,2012;段凌平. 试论闽南与台湾神明的构架系统[J]. 漳州师范学院学报（哲学社会科学版）,2013(4):1-5.
⑤ 庞骏,张杰. 仙宫圣境:闽海民间信仰宫庙建筑空间解析[M]. 南京:东南大学出版社,2023.

## 2.2 历史上民间信仰的主要功能

### 2.2.1 民间信仰文化功能

基于历史学与人类学的研究成果,我们主要对民间信仰文化的形成过程、文化功能等展开研究。揭示民间信仰文化中的迁移性、民族性与地域性等诸多文化特征,并对民间信仰移民社会的共性与差异性进行比较,寻找民间信仰古村落形成及特征的社会历史大背景。

中国民间信仰神灵对象众多、多元兼容,体现了中国文化兼容本土文化和外来文化,互相融通、长期并存格局的文化特性。如道教孕育于中国本土,但吸收了儒家的忠孝伦理思想,兼摄了佛教的因果报应观念,成为中国民间最有生命力的宗教。儒家在崇尚修身立德、仁义道德的同时,又与佛教禅宗的明心见性、道家的求真向善等相契合。成熟的制度化的佛教、道教等对其他民间信仰的渗透和充实也一直存在。民间信仰的文化功能主要表现有两点:

其一,中国民间信仰具有丰富传统社会里民众日常生活的功能。宗教的教义、教规和礼仪,通过祈祷、禁忌和节庆等形式,转化到教民的婚生、丧葬、服饰、饮食和娱乐等必不可少的日常生活中去,这就形成了一种独特的宗教习俗文化。这种把宗教生活和日常习俗融合在一起而形成的宗教习俗文化,对于保持宗教文化的稳定性与持久性,具有十分重要的作用,因为生活习俗本身就是人们在具体的自然环境和社会环境中长期约定俗成的社会惯性系统。婚嫁丧葬礼仪形式最初包含着人们的情感因素和对生命的意义的认识,并借助于宗教的神圣庄严性,把崇拜神灵、祝福自己、娱乐民众结合为一体的宗教节庆,在这方面具有更大的开放性和娱乐性,从而丰富了人们的习俗、文化、生活。宗教禁忌的生活习俗虽然具有狭隘的教派性,但由于它基于一种神圣教义的内涵而得到教民的认同,并成为他们宗教生活习俗的重要组成部分。其中有些宗教生活习俗在长期的生活演变中,逐渐脱离宗教仪式,成为一种民族风俗。这些生活习俗既体现了宗教的神圣性和庄严性,又化解为民族惯常的生活习俗。

其二，中国传统村落民间信众结成的神缘社会丰富了人际交往，形成稳定的内生文化纽带。中国传统社会纽带主要是血缘和地缘。血缘是指由生育所发生的亲子关系。血缘社会是一个缺乏变动的社会，其结构是相对静止的。血缘的空间投影是地缘，在缺乏变动的中国传统社会中，大多数人是终生生活于一地。原住民社区是血缘和地缘的合一，"血缘是稳定的力量。在稳定的社会中，地缘不过是血缘的投影，不分离的。"①古代社会，国家提倡宗法观念，家族重视"地望""郡望"，这也是血缘观念在地理空间上的观念投影。民间信仰随着信众的迁徙拓展了神缘纽带。例如，福州市茶亭街的"五帝庙"是一种很特别的而且历史内涵非常丰富的民间崇拜，五帝庙也称五通庙、五显庙、五福庙、五圣庙等。其表面为瘟疫之神，实际为祭祀明初战争中死亡的军人；明清易代之后，汉族民间社会又编撰托名张、刘、钟、史、赵等五位举人舍身救城民的故事继续保留寺庙的祭祀活动，五帝庙又成为寄托民间追奉明代的隐秘的民族情感的寄托物。台湾所有的"五帝庙"（五圣庙、五福大帝），都是从福州分灵过去的。台湾著名历史学家连横的《台湾通史》中对台湾民间的"五帝"崇拜有详尽的论述，"台湾所祀五帝有二，其一，为五显大帝，庙在台南郡治宁南坊，即现今忠义路，五帝庙。其二，五福大帝，庙在镇署之右，俗称镇台衙，位在今'中山公园'西侧，'道光'年间为福州人所建，是由武营中军尤崇奉祀，所以称为全台白龙庵。"②五帝庙从福州传入台湾，成为闽台神缘纽带和文化象征物。这种特殊的民间崇拜只有闽台才有，其内涵无论如何改变，海峡两岸五帝信仰一脉相承是改变不了的，两岸神缘也像两岸同胞的亲缘一样，是其他力量切割不断的。当代台湾的五帝崇拜也很盛行，比较著名的有台南市忠义街的五帝庙，彰化市、嘉义市、高雄市、屏东市等地也都建有这一类的宫庙③。台湾客家民间信仰中的神灵大多源自大陆，如妈祖、关帝、公王、伯公等。以两岸客家虔信的定光古佛和惭愧祖师的渊源及其传播为例，也可说明两岸客家神缘同为一脉④。

---

① 费孝通. 乡土中国 [M]// 费孝通. 费孝通全集：第六卷. 呼和浩特：内蒙古人民出版社，2009.
② 连横. 台湾通史 [M]. 2版. 北京：人民出版社，2011.
③ 廖天章. 福州茶亭街"五帝庙"与闽台神缘 [J]. 福建史志，2012（3）：35-37.
④ 张佑周. 再论两岸客家？神缘一脉：以定光古佛和惭愧祖师为例 [J]. 嘉应学院学报，2016，34（4）：18-22.

### 2.2.2 民间信仰社会功能

民间信仰文化主要具有五大社会功能：传承民间文化、促进文化交流、创新民间文化发展、开拓民间社会纽带、社会救济。

一是传承民间文化，形成文化共生。民间信仰具有兼容并包、扬善弃恶的思维方式和价值追求，民间信仰活动实践在中国民间社会生活中的影响和作用既有正面影响，也难免存在不足。要求我们以去糙存精的态度对待这一文化遗产，加强引导力度。深度认识其社会功能，有效发挥其道德教化、凝聚人心、文化娱乐、心理慰藉等积极作用。

当代大规模旅游业发展对中国在20世纪后期的日常生活中重新定位民间信仰、民俗活动等发挥了关键作用。乡村文化旅游为当地带来了巨大的经济潜力，在亚洲地区，像日本、韩国、泰国和马来西亚等国家都在积极地宣传自己的历史文化来吸引游客，这些措施有效地强化了民间信仰遗址及祭祀活动在这些国家建构中的形象。如反映古代东方国家特色的中国乡村与民间信仰宫庙建筑，可成为我们的一笔十分宝贵的文化遗产。董卫指出，加深对中国古代政治、经济、社会、文化的理解，可以夯实当前文化自信和软实力建设的历史基础[1]。

二是民间信仰文化可促进中国国内及跨国文化交流与传播。民间信仰随着移民漂洋过海，成为维系海内外华侨华人民族文化认同和文化情感的纽带。例如，民间信仰与"海丝"沿线诸国的文化具有政治、经济意涵。如"海丝"的代表历史人物郑和受到了东南亚各国人民的崇敬和爱戴，被当地人民当作神明加以奉祀。在马来西亚的马六甲、吉隆坡，菲律宾的苏禄群岛，泰国的曼谷、大城，印尼的爪哇岛、苏门答腊岛等地，以及柬埔寨、文莱等国都建有三宝公庙、三保公庙或三宝塔、三宝禅寺等。郑和信仰已成为所在国民间信仰的一种，在东南亚诸国的一些宫庙中，郑和的塑像往往与民间神灵妈祖、福德正神等并立。2015年是中国纪念郑和下西洋610周年，印尼当局为契合政府"全球海洋支点"的战略构想，精心打造了"郑和旅游路线"，这一路线涉及该国的巴淡、巨港、

---

[1] 董卫.基于文化自信的文化遗产保护再思考[J].城市规划，2018，42（3）：103-104.

邦加、雅加达、三宝垄、泗水、巴厘岛等9个保留着郑和船队文化遗迹和中国民俗的地方。例如，张圣君是我国唐宋时期的真实人物，后来发展为中国的农业神。张圣君素有"陆上圣君，海上始祖"的尊称。俞黎媛通过个案考察，指出闽中地区张圣君信仰通过延伸神祇职能，复苏传统祭祀仪式，开展庙际联谊等途径成功转型和复兴①。柯兆云指出：发祥于福州地区的张圣君信仰，是榕台地区颇有影响力的民间信仰。近年来，榕台张圣君信仰文化交流热络，成为海峡两岸民间信仰文化交流热点之一。榕台张圣君信仰文化交流加深了海峡两岸人民情感，成为海峡两岸文化交流的桥梁。探讨张圣君信仰文化及其在两岸文化交流中的作用，对弘扬中华文化，增进海峡两岸融合发展，促进祖国统一大业有重要意义②。一脉相承的民间信仰是维系两岸关系的重要纽带。2018年5月17日，首届海峡两岸张圣君文化节开幕，100余位来自台湾的信众聚集在福州市闽清县金沙镇张圣君祖殿，进香朝拜，开展祈福交流活动。

三是创新民间信仰文化发展形式，促进乡村基层社会公共治理。我国乡村人口流动性加大、经济快速提升以及现代社团组织制度初步确立，使得传统民间信仰从民众的公共性事务向当代信徒的私人性事务过渡，需要协调宗教信仰与城镇化关系。吴江姣、郑衡泌以福建省永安市唐王庙（主祀"孚佑广烈王"李肃）为例，探析村落庙宇的城镇化。研究发现，唐王庙通过从村庙向区域性庙宇转化，以地方神的新身份去适应和嵌入新的城镇生活空间：（1）在精神生活上满足了附近居民的信仰需求，信众数量增加；（2）响应新老信众的信仰需求，创设庙会出巡活动，扩大信仰空间；（3）通过庙宇建筑、例行信仰活动、请神出巡等途径扩大其影响力；（4）管理组织多主体化、专门化、市场化和现代化；（5）通过登记活动场所、信仰活动仪式正规化、纳入道教协会受政府间接管理等实现合法化，响应城镇法治化发展要求③。

---

① 俞黎媛.传统神灵信仰在当代的变迁与适应：以福建闽清金沙堂张圣君信仰为例[J].世界宗教文化，2012（2）：78-81.
② 柯兆云.榕台民间信仰文化交流增进海峡两岸融合发展：以榕台张圣君信仰文化交流为例[J].福州党校学报，2020（5）：68-70.
③ 吴江姣，郑衡泌.村落庙宇的城镇化响应：以福建永安市唐王庙为例[J].亚热带资源与环境学报，2021，16（4）：65-74.

四是开拓中国民间神缘社会纽带。神缘关系是一个社会组织血缘关系的一种投影，民间信众结成的神缘社会丰富了传统社会的人际交往纽带，通过拟制血缘扩大人际交往范围，形成新的社会纽带。例如，一些特定行业家族和劳工组织拥有自己的行业神信仰，他们借信仰某一共同神明完成身份认同，并通过民间信仰宫庙建筑、大型的敬神祀神活动等向所在社区表达自身及该组织的存在。卞梁、连晨曦指出，以台湾大甲镇澜宫大甲妈祖为代表的民间信仰应进一步突破自身局限，凝聚起推动两岸和平统一的重要岛内社会力量。以"和平女神"妈祖为主要联系纽带的两岸民间信仰文化交流体系，是"两岸一家亲"理念的基础。①

五是民间信仰具有社会救济功能。有的民间信仰组织以宫庙形式从事生产性经营，并通过神明、祖先崇拜信仰提升同信者、地方家族的凝聚力，保护宫庙、家族的公产，开展社会公益慈善，建立地方精神领袖地位和声望。一些宫庙在本地社区提供各种社会服务，比如救灾减灾、救助穷人、照顾老人、提供医疗服务及其他公共慈善事业等，是社区型的乡村社会救济保障机制。在城市，比较典型的是福建泉州的寺庙医疗救助体系。

### 2.2.3 民间信仰经济功能

民间信仰在经济上具有多种功能。各种宫庙场所在进行信仰活动的时候，本身也兼具经济功能，有着经济运营和管理的需求。比如需要经费维护场所、购买祭祀需要的物资、雇佣工作人员等。同时，这些宫庙场所还会吸引大量的信众前来朝拜，从而促进宫庙周边商业的繁荣，比如餐馆、旅馆、纪念品店等。

一些定期举行的庙会、赛神会活动，促进了地方庙会经济的繁荣和发展。庙会源于我国古代的神明祭祀活动。庙会集拜神、娱乐、贸易为一体，是流行于我国广大地区的一种民俗活动。古代庙会起源于寺庙周围，与民间信仰活动时间一

---

① 卞梁，连晨曦. 大甲妈祖与两岸民间信仰互动的文化学阐释 [J]. 闽台文化研究，2019（1）：38-45；卞梁，连晨曦. 民间信仰与公共事务：以台湾大甲镇澜宫为研究对象 [J]. 武陵学刊，2020，45（6）：45-49.

致,渐渐地成为定期的商业活动,所以叫"庙会"。改革开放信仰活动得到发展,1985年北京市率先举办了首届地坛春节文化庙会,从此全国各地纷纷效仿。曹荣、华智亚等《民间庙会》书中都有所体现①。庙会是乡村社会的集体盛会,是乡民表达村族文化与精神信仰的公共文化空间,饱含乡民的集体记忆与集体情感,承载村族文化的主要内容与历史轨迹,展现民生民情②。连远斌关注广东潮汕民间庙会中的民俗体育活动。目前,民俗体育文化面临着生态基础遭到破坏、传承难以为继、生存空间不断缩小及组织管理滞后等困境。然而,潮汕民间庙会的广泛民众参与、市场化效应及节庆娱乐性为民俗体育文化的传承和保护提供了有意义的借鉴。③许蒙指出,中国汉族的民间庙会和国外的嘉年华都是人类文化的杰作,是不同文化与心理的长期积淀,历经漫长的时代流传下来并形成今天的形态。但是,在现代化语境下民间庙会却遭遇了不同的命运。国外的嘉年华经过不断吸收和融合多种文化因素,形成多元化的节日,并为世界其他国家的人民所认可;而中国的庙会在现代化浪潮的冲击下,大多数却显得脆弱无力④。

民间信仰旅游开发有助于保持和延续民族文化多样性,民间信仰在经济上具有多种功能,不仅可以为信仰活动场所和周边商业带来经济效益,还可以为社会提供重要的服务和维护社会稳定,从而促进地方经济的持续发展。民间信仰中的庙会文化研究,主要有林晓平的《客家庙会的特色与功能》⑤,刘博、朱竑的《新创民俗节庆与地方认同建构——以广府庙会为例》⑥。庙会文化是民间神灵信仰与地方文化相互杂糅的产物,是窥探民间社会的主要视角之一。江西省上饶市鄱阳县张王庙会是古代鄱阳民间百姓的精神世界与信仰空间,张王庙会繁荣了鄱阳县的商贸文化与经济,表现出清代鄱阳民众原态生活与真实图景⑦。

---

① 曹荣,华智亚.民间庙会[M].北京:中国社会出版社,2006;张晶.民间庙会[M].合肥:黄山书社,2012.
② 程宇昌.清代民间庙会文化与地方社会发展建构:以鄱阳县张王庙会为例[J].南昌大学学报(人文社会科学版),2018,49(6):89-98.
③ 连远斌.对民俗体育文化传承、保护的思考:基于潮汕民间庙会视角[J].湖北函授大学学报,2014,27(3):193-194.
④ 许蒙.民间庙会的终结:中国民间庙会与西方嘉年华的初步比较[J].大观周刊,2012(43):41.
⑤ 林晓平.客家庙会的特色与功能[J].江西社会科学,2010,30(10):220-225.
⑥ 刘博,朱竑.新创民俗节庆与地方认同建构:以广府庙会为例[J].地理科学进展,2014,33(4):574-583.
⑦ 程宇昌.清代民间庙会文化与地方社会发展建构:以鄱阳县张王庙会为例[J].南昌大学学报(人文社会科学版),2018,49(6):89-98.

## 2.3 当代民间信仰文化功能

### 2.3.1 当代民间信仰文化功能的主要表现

改革开放后，我国民间信仰全面复兴，在一定程度上起到了传统时期那种道德引领作用。例如，民间奉祀的人神生前多有功德于民，其本身就是引导民众积极向上向善的道德楷模。福建省泉州市惠安县崇武镇的解放军庙，奉祀1949年为保护当地一名幼女而被国民党飞机炸死的27名解放军战士。现在，每年9月17日解放军战士殉难日，当地民众都要在庙里举办隆重的纪念仪式。驻守在附近的解放军部队，也会派人前往参与活动。人们在27名战士像前庄严宣誓，立志弘扬他们保护百姓、不怕牺牲的精神，体现了军民连心鱼水情的信仰景观。[①]

### 2.3.2 当代民间信仰文化变迁

民间信仰文化生产与传播自古及今皆有。

中国古代对于社会符号系统的重视，体现在衣服、饰物、器皿等，也体现在宫室、庙堂、屋舍的大小、间数、色彩、装饰等方面。帝王在宫室、庙堂中举行的各种仪式，也成为整个符号系统的一个有机组成部分。民间社会的神明祭祀本身是按等级划分的一种社会符号行为，因而也成为宇宙秩序的一个有机组成部分。费孝通长期考察近代中国社会生活变迁后，指出"社会变迁最重要的动力是各种不同生活形式的接触"[②]。他提出的"差序格局"理论认为，一个差序格局的社会是由无数私人关系搭成的网络构成的。这张网络像一张蜘蛛网，有一个中心就是自己。以"己"为中心，和别人联系成的社会关系，像水的波

---
[①] 范正义. 福建民间信仰的道德教育意义[J]. 海峡教育研究，2016（4）：36-43.
[②] 费孝通. 社会变迁研究中都市和乡村[M]// 费孝通. 费孝通全集：第一卷. 呼和浩特：内蒙古人民出版社，2009.

纹一般,一圈圈推出去,愈推愈远,也愈推愈薄。①中国传统文化传播也呈现"差序格局"的特点,人们从出生的那一刻起,就与周遭的他人形成了某种意义上的共同体,建立起了休戚与共的人际社会关系。

跨文化研究是人类学、历史学等的常态,如英国的泰勒、汤因比,德国的卡尔·雅斯贝斯等大师相继出现,当代文化研究是一项融马克思主义(阿尔都塞、葛兰西等)、符号学和后结构主义、后现代理论和后殖民主义等思想和流派为一体的文化和思想运功。研究西方文化研究的发展状况,有助于我们探讨西方文化研究的内在机制和基本范式,并推动中国文化研究,予以一些启发。美国社会学家威廉·菲尔丁·奥格本(William Fielding. Ogburn)在《社会变迁——关于文化和先天的本质》一书中较早提出文化变迁理论即"文化决定社会变迁",他定义的"文化"是与人的先天本质不同的"社会遗产",他还发明了文化堕距(文化迟滞)、文化调适、文化更新等概念。但他在研究社会文化时偏向运用统计学的计量研究,把情感、道德、文化等要素排除在其学术视野之外。"文化堕距"也特指非物质文化仍在适应新物质状态所造成的失调的那段时期②。虽然运用了计量分析方法,但在总体上仍属于主观主义的文化研究,导致他的理论有一定局限。20世纪50年代跨文化传播研究兴起于美国,"跨文化"概念由美国人类文化学者爱德华·霍尔在1959年首先提出,并建立了一套知识内涵和理论框架。霍尔在《无声的语言》中首创了"intercultural communication"(跨文化传播)一词,该书成为这一学科的开山之作③。

20世纪70年代以来,跨文化传播学成为传播学的一个分支。越来越多的学者加入这一领域的研究,过去单一的研究视角逐渐被打破,原有的知识内涵和理论框架受到质疑,它在更广阔的历史、政治和社会语境中进行。跨文化传播研究所寻求的是在"互相参照"的过程中认识文化的特性,使各种文化都能通

---

① 费孝通. 乡土中国 [M]// 费孝通. 费孝通全集:第六卷. 呼和浩特:内蒙古人民出版社,2009.
② 奥格本. 社会变迁:关于文化和先天的本质 [M]. 王晓毅,陈育国,译. 杭州:浙江人民出版社,1989.
③ 霍尔. 无声的语言 [M]. 何道宽,译. 北京:北京大学出版社,2010;在《无声的语言》中,霍尔创造了"历时性文化"的概念,用以描述同时参与多个活动。与之对应的是"共时性文化",用来描述有序的参与各种活动的个人或群体。在书中,他把正规清晰的语言交流和非正规形式的交流进行对比,认为"注意观察对方的脸或其他肢体动作语言,有时会比说话得到更多的信息"。

过对话而获得新的思想资源；同时，反思传播中的权力关系及其影响、现实的文化冲突与文化霸权，探索在相互沟通、理解、尊重的基础上，维护和发展世界多元文化。

爱德华·霍尔认为文化类型决定了人们对于时间和空间的理解，而不同的理解会导致人际间交流的困难。霍尔指出，跨文化传播的三个要素是认知要素、言语语言、非言语语言。其中，认知要素中的文化价值观是跨文化传播中至关重要的因素，正如民国时期我国广大民众铭记的"海棠血泪"历史[1]，即是源于对我国台湾、蒙古及东北地区强烈的民族认同感情，坚决抵制日本、沙皇俄国等侵略者的领土扩张野心和侵略行径。霍尔还指出，跨文化传播主要关联到两个层次的传播：日常生活层面的跨文化传播和人类文化交往层面的跨文化传播[2]。文化差异也可能使跨文化传播变得极其困难，在某些情况下甚至无法进行。成功地进行跨文化交流，既要了解自己所属的文化，又要了解不同的和互补的文化。因此，民间信仰既是一种社会存在事实，也是一种历史文化现象。民间信仰的文化分布、文化互动与沟通、文化认同、文化传播与变迁、文化竞夺与创新等都是值得我们关注的领域。

### 2.3.3 当代民间信仰文化传播功能

#### 2.3.3.1 民间信仰文化传播功能强大

民间信仰文化传播分国内传播和国外传播。国内传播，中国台港澳地区形成神缘关系纽带，尤其是海峡两岸由于地缘上的接近使历史上的闽粤移民成为开发台湾的主体力量。移民在开发台湾的同时，也把祖籍地的文化传统、生活习惯、宗教信仰等带进台湾列岛，在民间信仰方面则表现为源自福建的地方神明成为台湾民间信仰的重要组成部分。学界一般认为，妈祖、王爷、关公等是台湾民间信仰最兴盛的神明，奉祀这些曾陪伴他们的祖先漂洋过海、艰苦创业

---

[1] "海棠血泪"暗指晚清及近代中国遭受列强入侵、国土残破的苦难历史，"海棠"暗喻形状与秋海棠叶相似的中国国土轮廓。"海棠血泪"后来成为《梦驼铃》歌曲中的歌词内容，《梦驼铃》由台湾著名的音乐家小轩作词、谭健常作曲、陈志远编曲，发行于1984年3月。它由费玉清、张明敏等相继演唱，后来成为华语经典传唱歌曲之一。
[2] 霍尔. 超越文化[M]. 何道宽，译. 北京：北京大学出版社，2010.

的来自故乡的神明，不仅仅是一种宗教信仰，更是他们作为中华民族的后裔缅怀开台祖先、表达思乡之情的一种精神和情感寄托。

民间信仰本身就是一个庞大的地缘性和神缘性兼具的网络，而宫庙建筑则是这一网络的重要的物质组成部分。因此，长期以来宫庙一直是民间信众的聚会点，发挥着它所特有的神缘关系纽带。民间信仰神缘纽带是以特定社群或族群的共同信仰为基础，以社群或族群为纽带的社会人际关系。华人社团是维系早期华人社会存在的主要支柱。20世纪以前，在形成华人社团的各种因素中，以地缘纽带最为重要，各类社团都有强烈的地缘色彩。神缘纽带和秘密会社是催生早期华人社团的重要因素。方言群是华人聚集的最宽泛的纽带。同方言的社群，通常意味着来自共同或邻近的家乡。神缘和宗亲组织，是在同乡的基础上进一步强调血缘和神缘纽带①。张晶盈认为，以地缘为纽带建立的团体是海外华侨社团的重要组成部分，在华侨社会的构建中发挥着不可替代的作用。在东南亚华侨地缘性社团的发展过程中，呈现出地缘与方言、亲缘、神缘紧密关联、相互依存、彼此混融的特点。特别是华侨地缘性社团与传统宗教渊源深厚，互动密切，并形成了先后关系、主从关系、内外关系等互动模式。②例如，关公信仰随华侨传到东南亚各国，越南人民因关公的优秀品质而敬仰关公，并将这一信仰本土化③。

#### 2.3.3.2 民间信仰文化变迁推动乡村民众美好生活建设

文化变迁的目的是更好地适应社会环境、文化环境等的变化。当然，在文化变迁的过程中，一事物通过与另一事物的竞争与交流可以促使双方或取长补短，或扬优弃劣，甚至有机融合，从而得到新的发展。正如哈维兰所说，"所有文化变迁的终极来源都是创新"④，在创新、适应、竞争与交流这四种动力因素的联合作用下，福建闽南民间信仰文化在其性质、功能、价值、传承方式等方面均发生了流变，从而推动其朝着现代化方向不断发展。而在福建闽南民间信仰

---

① 庄国土. 论早期东亚华人社团形成的主要纽带 [J]. 南洋问题研究, 2010 (3): 46-52.
② 张晶盈. 华侨地缘性社团与传统宗教的渊源及互动：以东南亚为例的分析 [J]. 华侨华人历史研究, 2020 (4): 50-58.
③ 阮光颖. 试论关公信仰文化在越南的传播 [J]. 东南传播, 2008 (4): 136-137.
④ 哈维兰. 文化人类学 [M]. 10版. 瞿铁鹏, 张钰, 译. 上海：上海社会科学院出版社, 2006.

的现代化进程中,需要突出强烈的主体性色彩。及时的信息反馈能有效地使闽南民间信仰在现代化进程中进行自我调整,保证其不偏离方向,始终朝着民族化、本土化特色方面发展。

民间信仰文化传播活动,大多围绕着古宫庙这个历史载体和空间,从其出发又回到原点。这种弘扬中华文化的民俗信仰,无疑对增强民族凝聚力、加快改革开放、发展文旅业、促进祖国和平统一是有利的。例如,关帝信仰围绕着关帝庙的建造和祭祀仪式活动,从中原传到福建漳州又分香到台湾,其内涵是中国传统文化中崇尚关帝"仁义忠勇"精神的民间文化在建筑上的表现[1]。福建省漳州市东山县铜陵关帝庙因其靠海近台,成为传播这种民间信仰文化的特定的有利地理环境,使它成为闽粤台一带关帝庙祖庙[2],2023年2月已被国务院台湾事务办公室批准为9个海峡两岸交流基地之一。因此,民间信仰宫庙建筑诠释了信仰文化的物质性与精神性。

民间信仰涉及平民个体的日常生活。如何重建个体的日常生活?它涉及个体的主体文化意识和行为、社会组织和管理策略等。途径之一是开展民间艺术项目实践。考虑到民间艺术与思想在中国各地的传播与交融越加日常化,民间艺术项目可通过引入文化与习俗,在一系列集体性、游戏性、事件性、日常性中,实现情境建构的文化策略和观念主张。激发参与者对日常本真生活的热爱和回归,使艺术家和更广泛的人群以艺术之名重建起一系列淳朴、诗意和游戏的日常生活,促使这些实践更加本土化、微观化、游戏化,强调集体参与、协商和共处,形成一种艺术、生活和游戏互通的乡村文化情境建构。途径之二是城乡联动举办中国同一神明祭祀的民俗活动,文旅融合促进城乡文化共建共享。如举办妈祖、王爷、保生大帝等祭祀与民俗文化节。

---

[1] 苏汉寿. 漳台寺庙建筑与两岸文化初探[J]. 福建建筑,1994(4):21-24.
[2] 郑玉玲. 明清关帝祭典乐舞在闽台地区的承继与人文阐释:以东山、宜兰祭典为中心[J]. 宗教学研究,2021(1):254-260.

# 3

## 乡村旅游吸引物理论

## 3.1 乡村旅游吸引物

### 3.1.1 乡村旅游吸引物概念

旅游吸引物是指自然界和人类社会中,凡能对游客产生吸引力的各种事物和因素。它是旅游活动的客体。旅游吸引物有广义和狭义之分。狭义的旅游吸引物一般是指有形的旅游资源,包括自然旅游资源和人文旅游资源;广义的旅游吸引物除有形的旅游资源外,还包括旅游服务、社会制度、民居生活方式等无形的旅游资源。

乡村旅游是指以乡村空间环境为依托,以乡村独特的生产形态、民俗风情、生活形式、乡村风光、乡村居所和乡村文化等为对象,利用城乡差异来规划设计和组合产品,集观光、游览、娱乐、休闲、度假和购物为一体的旅游形式。它具有乡土性、知识性、娱乐性、参与性、高效益性、低风险性以及能满足游客回归自然的需求性等特点。

乡村旅游吸引物则是指吸引旅游者的自然的、人文的旅游客体,主要包括先天旅游资源类和人工建设类吸引物,它不仅包括乡野风光等自然旅游资源,还包括乡村建筑、乡村聚落、乡村民俗、乡村文化、乡村饮食、乡村服饰、农业景观和农事活动等人文旅游资源。人文旅游资源不仅包括乡村景观等有形的旅游资源,还包括乡村社会文化等无形的旅游资源。

乡村旅游吸引物与都市旅游吸引物二者的主要不同体现在如下几个方面:

(1)受众不同

乡村旅游吸引物的受众与都市旅游吸引物的受众相反。乡村旅游吸引物的受众是生活在一线城市中的中高端收入人群,他们厌倦了大都市高强度的生活节奏和忙碌的工作,看惯了大都市钢筋水泥一成不变的冰冷风景,更渴望回归自然,享受悠闲、平淡的农村生活和自然风光,感受心灵上的空灵宁静。以上海的一些乡村旅游景点来说,来体验游览的绝大多数都是本地市民,他们有经济能力,有闲暇时间,更愿意来这样的地方休闲度假。

都市旅游吸引物的受众大多是生活在中小城市及乡村的人群。这些旅游者因其生活的环境并不繁华甚至是落后的，因此更向往去体验繁荣的都市景象，参观高楼大厦和充满高科技的城市设施，开阔自己的眼界，弥补自己的生活环境中没有的遗憾，去体验未曾见过的风景。

在后工业城市的消费社会里，都市旅游吸引物不仅仅指都市旅游景观、景点本身，更是某种文化的价值符号表达，具有一定的身份象征性，而且其形象塑造趋势是往情感表达方向发展①。就像都市旅游吸引物的受众，他们向往去都市看繁华的城市景象，是为了弥补自己情感上的贫乏。大多数的本地市民都对自己所在城市的旅游景点和风景不感兴趣，毕竟对他们来说都是司空见惯，而大都市的灯红酒绿、繁华街景是在他们那里看不到的。

二者带来的情感价值不同，情感趋向不同，市场受众也是不一样的。

（2）特点不同

乡村旅游可以体验到丰富多彩的乡村风俗民情。我国民族众多，各地自然条件差异悬殊，各地乡村的生产活动、生活方式、民情风俗、宗教信仰、经济状况各不相同。这些少数民族，或能歌，或善舞，或热情奔放，或含蓄内在，或以种植为主，或以游牧为生，或过着原始的渔猎采集生活，或以独特的生活习惯世代繁衍生存。每个民族都有极具民族特色的节日、活动，这样的乡村旅游不仅让旅游者能感受不同民族文化的魅力，而且能让民族文化得以更好的传播与传承，具有较高的旅游价值。

乡村旅游可以看到丰富多彩、各具特色的自然风光，山乡云缠雾绕，梯田重叠，山清水秀林美；水乡平畴沃野、水网交错，棉海稻浪菜花飘香；海乡依陆临海、海阔天空，阳光海浪沙滩迷人；内蒙古草原的牧乡，地势坦荡，羊群如云；大小兴安岭的林乡，莽莽林海、茫茫雪原，气魄宏大。

乡村旅游可以体验充满情趣的乡土文化艺术。依旧以我国的乡土文化艺术为例，以古老、朴实、神奇的特点，深受中外游人的欢迎。如盛行于乡村的舞龙灯、舞狮子、贵州的蜡染等，无不因其浓郁的乡土特色而深受游客欢迎。

---

① 庞骏. 新编都市旅游学[M]. 上海：复旦大学出版社，2020.

乡村旅游可以看到风格迥异的乡村民居建筑，不但能给游人以奇趣，而且可为游客提供憩息的场所。不同风格的民居，给游客以不同的精神感受。由于受地形、气候、建筑材料、历史、文化、社会、经济等诸多因素的影响，我国乡村民居可谓千姿百态、风格迥异。青藏高原上的碉房、内蒙古草原上的毡包、喀什乡村的"阿以旺"、云南农村的"干阑"、苗乡的吊脚楼、黄土高原的窑洞、东北林区的板屋等都以其独特的建筑形式使游客耳目一新。

乡村旅游可以体验富有特色的乡村传统劳作。乡村传统劳作是乡村人文景观中精彩的一笔，尤其是在边远偏僻的乡村，仍保留有古老的耕作、劳动方式，有些地区甚至还处于原始劳作阶段。正因为如此，它们会使旅游者产生新奇感，并为之吸引。这些劳作诸如水车灌溉、驴马拉磨、老牛碾谷、木机织布、手推小车、石臼舂米、鱼鹰捕鱼、摘新茶、采菱藕、做豆腐、捉螃蟹、赶鸭群、牧牛羊等，充满了生活气息，富有诗情画意，使人流连忘返。

都市旅游的基础设施好，从业人员素质高。都市旅游吸引物的内涵丰富形式多样。都市中的旅游资源类型众多、内涵丰富，且分布相对集中，开展的旅游形式多种多样。其类型不仅有自然人文景观，还有满足旅游者需要的各种娱乐休闲会展等场所；不仅有园林、建筑、广场绿地、街头小巷等构成的城市硬环境，还有政治、经济、文化、科技、信息、形象、服务态度等要素构成的非物质性的城市软环境；它们或单一或组合形成了城市特殊的旅游吸引物，形成立体化开发，可以满足各种旅游者的需求。因都市旅游内涵丰富，在旅游产品形式上除传统的观光游览、休闲度假外，还包括文化、风情、商贸金融、公务、购物、出入境等多种形式的旅游产品[1]。

都市旅游吸引物的联动作用明显。都市旅游是个大的系统工程。都市旅游的发展需要城市社会、经济、环境和文化等多方面的联动，需要依托社会多部门产业的支撑。反过来，都市旅游的发展可以直接带动宾馆住宿、餐饮、交通、通信、休闲娱乐业的共同发展，也能促进金融、投资、贸易等产业的发展。

---

[1] 庞骏. 新编都市旅游学[M]. 上海：复旦大学出版社，2020.

都市旅游吸引物的导向作用突出。都市处于社会、经济、文化和信息的最前沿，现代化的消费时尚、经营理念和产品开发模式深深地影响了都市旅游。现代化城市景观和居民风貌对游客的观念造成了极大冲击，层出不穷的新观念、新思维影响着旅游者的旅游观和消费观，进而影响了其他旅游景区景点的旅游经营理念和方式。都市旅游对更新旅游观念、拓展旅游思路具有积极的突出的导向作用和指导价值。

总的来说，乡村旅游吸引物与都市旅游吸引物的主要不同体现在受众和特点上的不同，二者很多时候甚至是截然相反的，这就需要旅游从业开发者去考虑该如何有针对性地进行旅游资源的开发和建设，发挥当地的旅游特色，来吸引旅游者前去观光游览，打造特色旅游品牌，带动经济的发展和创收。

由于旅游吸引物的吸引力明确指向游客，且旅游吸引物很大程度上是因有游客感知才被赋予价值或显现其价值的，故学界多把旅游吸引物视为包含复杂社会关系的吸引物系统而不仅仅是孤立的物的要素。

旅游吸引物系统各组成部分之间相互联系、相互作用。美国历史学家麦克拉肯（G. McCracken）提出了文化与消费物的意义转移模型[1]，澳大利亚旅游学者利珀（N. Leiper）认为游客不会被直接"吸引"，而是当旅游吸引物之标志物与游客需求相对应时，游客才会产生旅游消费心理动机及消费行为。因此，利珀把旅游吸引物定义为："一个由旅游者、核心要素和标志物（或信息要素）三个部分组成的系统"，旅游吸引物具有外显的吸引力和影响旅游行为的能力等[2]。旅游吸引标志物被美国人类学家麦克莱尔（MacCannell 又译作麦康纳）简化为"符号"、被利珀称为"信息"。利珀强化了标志物及其信息的重要性，认为每个旅游吸引物系统中至少有一个连接游客与核心要素的功能性标志信息。利珀还指出，只有当游客的某个或某些需求与旅游吸引物之标志信息相契合时，游客才产生体验该旅游吸引物的动机，旅游吸引物之标志物才显现出其作用与效果。简言之，旅游标志物就是能够向游客传递核心吸引力的信息和信息载体。那些

---

[1] McCracken G. Culture and consumption: new approaches to the symbolic character of consumer goods and activities[M]. Bloomington: Indiana University Press, 1988.
[2] Leiper N. Tourist attraction systems[J]. Annals of Tourism Research, 1990（17）: 367-384.

直接针对目标市场功能性表达的标志符号即为旅游吸引物的核心要素。在后工业时代的景观社会和消费社会里,标志物显得尤为重要,而旅游吸引物因其标志化和符号化被消费品化。因此,旅游吸引物的标志物是后天生成的,是社会赋予的建构物,体现了它的社会性。

王宁、马凌借助麦克拉肯的商品的意义转移模型[①],对旅游吸引物的符号建构和转移过程进行了详细论述,认为旅游吸引物承载着意义的"双重转移":一是将社会世界中的神圣价值与理想转移到旅游吸引物中,使之成为承载某种神圣价值与理想的符号与象征;二重转移是在旅游吸引物体验过程中,将旅游吸引物所代表的神圣价值与理想转移到游客身上。在"游客–吸引物"二者关系上,游客仍应是第一位的,游客是旅游活动的发动者、施动者,旅游吸引物则是被动者,旅游标志物是旅游吸引物实现从"物"向"系统"转变关键的一环[②]。

### 3.1.2 乡村旅游吸引物塑造

乡村旅游吸引物是乡村作为目的地最重要的形象感知要素,为游客提供去乡村旅游的动机、吸引力和旅游对象。乡村旅游吸引物是乡村旅游吸引力的来源和旅游系统的重要组成部分。乡村旅游吸引物形象塑造方法如下:

(1) 深挖乡村旅游吸引物的独特文化价值

乡村旅游吸引物要获得持续的吸引力,不仅要依赖乡村旅游环境的外在形式,还必须充分挖掘其所承载的文化内涵。乡村旅游吸引物形象塑造需要有效的文化传播与宣传,必须以乡村文化价值为核心,加强特色文化内涵的传播,以便游客感知并认同乡村的独特文化,进而提高文化价值的解读和转化,形成更深层的乡村旅游吸引物形象记忆和品牌体验。

---

① 王宁.试论旅游吸引物的三重属性[J].旅游学刊,1997(3):55;马凌.社会学视角下的旅游吸引物及其建构[J].旅游学刊,2009,24(3):69-74.
② 张进福,肖洪根.旅游社会学研究初探[J].旅游学刊,2000,15(1):53-58.

（2）借力大事件，强化乡村旅游吸引物形象的感知

虽然乡村的景观、景点可以吸引游客的目光，但是重要的历史、当代节庆活动、艺术事件和独特的文化内涵更能持久地吸引游客的关注和购买意愿。例如，成功申遗，作为大事件和节庆等活动可为乡村增加巨大的营销价值，为乡村旅游形象传播提供契机。

张骁鸣从生活艺术的角度对旅游意义进行解读，认为"旅游是生活的艺术"，旅游不仅是生活的调味品，还是必需品，逃遁和追寻作为人与生俱来的两种需求，通过旅游方式都可以实现[①]。所以，不管疫情、战争等因素给旅游业带来多大的影响，旅游业只会变革，不会消亡，因为人的旅游需求一直都在。

（3）强化游客的有意和无意注意

有意注意是有预先目的，必要时需要意志努力的注意。比如在学习时遇到困难或者受到干扰时，通过意志的努力使注意力维持在学习内容上，此时即为有意注意。引起有意注意的条件有二：① 明确主体开展旅游活动的目的和任务。比如有经验的旅游经营者知道景点或产品的哪些地方需要突出，这样做就是为了引起游客的有意注意。当游客有了明确的游览目的，就会更有效地提取景区的信息。② 培养对旅游事物的间接兴趣，间接兴趣是指对活动目的或活动的最后结果的兴趣。

除了有意注意，还有无意注意。引起游客无意注意的条件有主、客观条件：一是主观条件，即个体本身的状态。包括个体对旅游的需求和兴趣，情感态度，情绪状态和精神状态，个体的心境、主观期待。在相同的外界刺激影响下，由于个体自身状态不同，无意注意的情况也不同。比如建筑师由于职业需要，到外地旅游时会自然而然被各地的建筑物所吸引。二是客观条件，即吸引物本身的特征。① 吸引物的新异性。比如自幼生活在南方的人当第一次看到北方漫天飞舞的大雪时，自然容易引起他们的无意注意。② 吸引物的强度。比如一声巨响、一道强光、一种浓烈的气味等都会引起我们不由自主的注意。③ 吸引物的运动变化。比如乡村夜景宁静，很容易引起人们的注意。④ 吸引物与背景的差异。

---

① 张骁鸣. 阐释"旅行的意义"：现象学的视角[J]. 旅游学刊，2016，31（11）：14-21.

比如大事件可增加乡村旅游吸引物的刺激强度，因为刺激强度越大，就越容易引起游客的感知。旅游吸引物的刺激强度主要由两方面因素决定，其一是事物与背景对比的突出性，事物与所处的环境的差异性越大，在大的旅游环境中就越容易被感知到。在一片绿地、一方水池或花海中，矗立着一座黄色的寺庙或红砖古厝建筑，甚或只是一幢乡村小木屋，这些独栋建筑已具有较强的刺激强度，会很容易被游客感知到，因为它与周边环境的对比度极强。

## 3.2 旅游经营者角度乡村旅游吸引物开发主要模式

从一般意义上来说，旅游吸引物是通过旅游资源的加工组合而形成的，旅游地形成和表现出来的特征主要取决于旅游资源的性质和特征。但由于旅游资源条件的差异和其他社会经济环境的不同，旅游吸引物在形成和发展上就表现出了不同的情形。乡村旅游吸引物开发具有"挖掘"型、"移植"型、"生长"型等模式，在不同的发展时期和条件下这些模式是可以相互转化或相互融合的。

### 3.2.1 "挖掘"型

就是直接利用原生性的旅游资源开发成旅游吸引物，如一些风景名胜区、度假胜地等。深入挖掘主题，主要是挖掘本土民族文化，努力形成新的旅游吸引物。例如，美国夏威夷的波利尼西亚文化中心，即是以当地土著民族文化为主体并通过进一步深入挖掘内涵而形成的一种文化。而我国冬季东北地区的冰雪旅游产品，滑冰雪、泡温泉、看二人转、吃农家菜，过具有浓郁关东风情的春节，也成为冬季旅游产品亮点之一。在改革开放的初期，我国大量的传统旅游目的地旅游吸引物的形成都是建立在旅游资源的直接利用基础上的。在旅游吸引物的发展上，主要是通过两种途径来实现：一种是不断开发更多的原有的旅游资源，在具体的类型、数量和规模上发展，如旅游目的地在空间上的拓展就显得比较典型；另一种是在深度上不断地挖掘现已开发的旅游资源的价值，实现在质量上的发展，比如把我国第一代观光旅游产品和已有的民俗节庆等旅游资源进行结合，开发成集民俗风情、山水风光、文物古迹等于一体的旅游产品。如印象丽江、印象桂林等印象系列，深圳的中国民俗文化村等。通过不断地开发挖掘原生性的旅游资源来形成并发展旅游吸引物。

### 3.2.2 "移植"型

旅游吸引物形成的第二种方式则是通过整合其他社会资源、经济资源或者是通过人工建造的方式来实现的。随着地方社会经济的发展，一些开发商把各种会展、商务、休闲等活动或者事件以及乡村景观、乡村建筑等社会资源开发组合成旅游吸引物。而在旅游吸引物的塑造上，主要是通过不断地更换或添加新的吸引物来实现的。它不同于原生性的旅游资源有一个固定的形成和发展的空间，它可以移动，也可以大幅度地变换，在很大程度上受控于开发商的设计。旅游吸引物的发展速度也相应地取决于变换的速度和与需求对应的程度。"移植"方式具有开启意义的是深圳华侨城的落成，让人们意识到旅游吸引物是可以在没有原生旅游资源的基础上凭空创造的。如闽粤桂地区的典型建筑文化类型是土楼、红砖古厝、骑楼、番仔楼等建筑，现在已经开发出类似的酒店、民宿及博物馆等。一些地方非遗文化形态如民间节日、民俗等也可发展为实景演艺，但是民间信仰宫庙还基本保持了本土传统建筑样式和风格，可谓"坚挺"的地方符号物。要在传统信仰空间进行旅游吸引物"移植"，或可通过配置乡村戏台、乡村书院、乡村艺术展示中心等仿古建筑实现空间"嵌入"和改造。

### 3.2.3 "生长"型

旅游吸引物的第三种发展路径则是通过新生来实现的。在旅游吸引物的初期形成阶段可与上述两种相同，但在发展过程中，则出现了很大的差异。如果把初期的旅游吸引物当作一个母体的话，这个母体将通过不断吸收来自游客或是经营者等在旅游活动过程中产生的文化元素来促进自身的生长和发育，生长出新的旅游吸引物，这也包括如设施、服务等其他旅游地系统要素转化为吸引物要素。这种发展过程伴随着旅游活动的开展自发地形成，并进行自我创新。但发展的效果在很大程度上依赖于旅游活动中"母体"的"吸收"过程，包括"吸收"的元素的好坏（即对旅游吸引物发展的积极的或消极的因素）、"吸收"的程度（即旅游过程中各种因素互动的方式和交融的程度）等。同样，根据其发展的特征，借用"生长"一词来描述其发展路径，意指初始旅游吸引物通过不断吸收旅游活动过程中的文化元素而生长发育出新的旅游吸引物来实现自身的发展。

例如，近年来，我国加快城乡体育竞赛和表演的融合，塑造特色体育赛事品牌，各地陆续开展了不同形式的非遗体育展演活动。如，2016 年在广东深圳大学举办的"全国体育非物质文化遗产展演"活动中，国家级非遗项目"舞狮（青狮）"进行了表演，展现了潮汕传统的狮艺技法。2018 年在扬州市职业大学举办的"中国武术非物质文化遗产展演暨武术博士文化论坛"，武术非遗传承人依次展演了"梅山武术、红拳、佛汉拳、梅花拳、禅门太极拳、鹤拳"等独特技艺。2019 年山东非遗展演活动在香港举行，非遗传承人在现场表演了螳螂拳。2022 年 3—8 月贵州省首届"美丽乡村"篮球联赛开展超过 5 000 场比赛，乡村篮球赛"村 BA"品牌火爆出圈，有效带动了举办地旅游、文化、经济等发展。这项由贵州省黔东南州台江县台盘乡台盘村传统民俗节"六月六"尝新节篮球赛发展而来的赛事因为火热的现场氛围和"接地气"的办赛风格，在 2022 年"火爆全网"，被网友亲切地称为"村 BA"。上述以传统武术或体育赛事为生长点，加快与竞赛表演融合，成为乡村新旅游吸引物。

根据乡村旅游吸引物主要的发展路径，也可把旅游地的发展模式划分为旅游吸引物"挖掘"型发展模式、"移植"型发展模式、"生长"型发展模式。当然，在实践中，大部分复合型旅游地旅游吸引物的发展路径不仅仅是只有一种模式，由此，我们也把其归为旅游吸引物综合型发展模式。

## 3.3 游客角度乡村旅游吸引物开发特点

随着个体生活水平的提高、自驾车流动性的增强,以及移动技术和智慧旅游等新技术的应用,乡村游客的体验出现了新的趋势,主要有以下三个方面内容。

### 3.3.1 追求主题与文化的深度体验

随着人们旅游经历的丰富,乡村游客也在消费活动中逐渐成熟起来,加之消费理念的日新月异,走马观花式旅游已经难以满足消费者的体验需求。近年来,越来越多的游客和旅游经营者都已经注意到了旅游的主题和文化深度,即使观光旅游也是如此。一个具有鲜明主题的乡村旅游,更能够吸引游客的眼球。一些乡村已经明确要求乡村旅游线路的设计必须具有主题,重点支持文化体验线路的设计和实施。一方面,给予游客更多的停留时间和更大的活动自由;另一方面,给予游客更多的选择、更开放的文化空间和更便利的文化体验信息,改变乡村旅游方式,增加游客的参与和深度体验。应用美国新芝加哥派教授特里·克拉克(Terry Clark)学术团队的场景模型理论,乡村民间信仰场景实践可以在最大限度上释放乡村的"本土性"和"戏剧性"[1]。当一个文化地理空间的多种场景元素叠加时,人们身在其中感受到的是源远流长的乡村文化的召唤,并产生情感共鸣,在情感回荡的无形中增强了对旅游地点的美好体验。

### 3.3.2 注重个性自由表达

人们常常把旅游活动目的称为"求新、求异、求知"。较早期,人们到乡村旅游,主要光顾游览各个特色街区,品尝乡土美食风味等。然而,随着生活水平的提高,尤其是旅游经历的丰富,一般的乡村旅游景区已经无法满足那些多次旅游

---

[1] 西尔·克拉克. 场景:空间品质如何塑造社会生活[M]. 祁述裕,吴军,等译. 北京:社会科学文献出版社,2019.

的游客的体验需求，人们更愿意走街串巷，寻找最本真的乡村生活，就是"生活、冥想、求静、求美"。

现代人提倡DFT旅游——无电子旅游，养生和户外探索类的旅游形式受到人们的欢迎，在国内尤其是一、二线城市，由于日渐增大的工作压力以及电子产品带来的精神困扰，也有越来越多的人愿意尝试DFT旅游以及各种各样的无电子的活动，比如某网站的某Up主就曾前往日本的寺庙中度过两天完全没有手机的生活；另一个Up主在英国参加过为期十天的冥想营，在这十天中，他不使用手机等任何电子产品，只有生活和冥想。DFT旅游具有巨大的发展潜力，它的受众可以变得非常广泛。就DFT旅游本身而言，它本身就可以吸引一大批热衷于独立游玩的游客。游客之所以选择参加DFT旅游，主要源自下面四个方面的动机：逃离（escapism）、个人成长（personal growth）、个体身心健康（health & well-being）、人际关系（relationship）等。

（1）逃离

逃离作为DFT旅游的最首要因素，被瑞士的经济学家艾格（Egger）教授等分为以下三个子项，分别为：断联、放松和探索。断联（disconnection）给予了游客真正沉浸于旅游活动中的机会，同时也给予了他们将平时生活中琐事抛诸脑后尽情享受的瞬间。断联使得游客感受到他们的旅游行为不再是一个必须对他人展示的体验。但是，迪克逊（Dickison）等表示，虽然参与DFT的旅游渴望断联，但是时不时也会想要维持和平时生活的基本联系，比如如何与未一同出行的家人保持联络；不少以家庭为单位出游的旅客也表示，有时候可以用手机分散孩子的注意力，成年人因而可以短暂休息一下。第二个子项是放松。旅行的主要意义在于放松，娱乐。对于游客而言，参加DFT旅游，可以让他们休息得更好。因为他们不再需要被时刻提醒还有什么工作没有完成，他们感到更加的自由和放松。第三个子项来自探索未知。

（2）个人成长

个人成长主要被细分为以下两点：沉浸（immersion）以及自我独立（self reliance）。沉浸主要表现在获取新知识，有的受访者说"你在一个全新的地方见到与自己原本文化完全不同的文化，当你完全把自己沉浸在那个文化中，你才能得到最棒的体验"。过于关注手机上其他人发生的事情，也会使游客忘记他所处的真实环境，从而错过比如环境中的声音或者其他潜在的可供社交娱乐的对象。

（3）个体身心健康

手机等电子设备释放的电磁波对人的中枢神经系统造成损害，从而会推迟人的入睡时间，使人变得难以入睡，造成头晕等症状。现代的电子设备给人提供了刺激性的视频让人上瘾。过度地使用电子设备对人的人际关系造成影响，使人变得消沉且不自信。大多数人还会经历"无手机恐惧症"，包括焦虑、愤怒等一系列负面情绪。对于游客而言，当不再使用电子产品，他们的注意力也会提升，从而能更好地享受自己的旅游活动。这也是为什么许多游客不喜欢在旅游过程中拍照的原因，他们认为，拍照的行为拉大了他们与旅游目标以及旅游体验的距离。研究显示，旅游结束后，许多人会感到身体和精神都更自在。

（4）人际关系

研究和调查表明，在旅游过程中如果身边人有使用手机这一行为，很多人会感觉到自己被"孤立"，这样的行为对于培养良好的社交关系有着很大的负面影响。当人们不专注于电子产品时，人们也容易找到有共同兴趣爱好的朋友。对于很多人而言，电子产品也是他们逃避社交的一种方式。电子产品对人际关系的负面影响，会成为民间信仰文化游客选择 DFT 旅游的动机之一。

### 3.3.3 趋向绿色、健康和生态旅游

随着人们生活水平的提高，健康观念深入人心。乡村旅游体验趋向于追求绿色、原生态和健康主题。一部分平时工作负担较重的职工，常常偏好闲适和轻松的休息，人们对乡村周边农家乐的选择，大多属于这种需求；而另一部分对自己身体更为关心的职工，却乐意选择健身活动，在外出旅游时选择去温泉或度假村。健康的乡村体验方式备受青睐。在乡村旅游体验中，人们会特别注重休闲旅游的节奏、时节和方式，注重长效机制，强调旅游体验的可持续性。过去乡村旅游中过于拥挤、嘈杂、喧闹、肮脏和疲惫的体验形式逐渐被抛弃，人们倾向于清净、轻松、清洁和有节制的体验活动。

## 3.4 民间信仰作为旅游吸引物开发的重要性和可行性

### 3.4.1 重要性

#### 3.4.1.1 重塑地方与再造民众精神世界

民间信仰宫庙塑造与地方记忆建构有关,也是认识地方、重塑地方的较理性方式。例如,东南沿海地区妈祖信众基础较好,政府将其作为地方文化旅游名片积极开发,民众围绕遗存文物以生动的口述故事讲述妈祖参与区域开发的历史记忆,其背后隐含着"宫庙—信众—认同"的意义结构。这一结构中与宫庙相对应的"信众"包含土著民和广大移民(客民)群体,妈祖庙承载着土客共享、共同创造地方历史的记忆空间,也是一个富有地方意义的神圣空间。

文化旅游要加强对新技术、新理念的了解和运用,在旅游产品开发、服务和营销策略上进行创新,不断满足和引导游客的消费和需求。乡村文化旅游开发者和设计者如何成功地以地域文化特色吸引游客而又不对旅游吸引物以及周边环境造成文化损害,如何将优秀文化遗产存续之目标与旅游发展目标统一起来,成为本书关注的主要问题。

乡村传统建筑类型丰富多样,包括祠堂、宫庙、民居、书院、会馆、商铺及教堂等。神缘网络空间要素与乡村舒适物存在密切联系,规划设计师尝试以乡村宫庙为点,形成神缘旅游线路网络。以神缘线路网络为主导的空间载体建设,对于丰富乡村文化旅游活动体验内涵、增强乡村空间舒适性、推进乡村振兴具有重要意义。基于乡村空间舒适物特征,从生态、生产和生活空间三个层面,综合分析神缘线路网络,重塑乡村舒适性空间策略。具体做法是建立"一轴贯穿,多线连接,多点布设"的神缘线路网络系统,建立起空间舒适性框架。神缘线路网络系统与乡村空间舒适物有机融合的乡村空间格局能够保护乡村民间信仰文化生态、促进文旅产业联合以及提升乡村生活环境质量,重塑乡村舒适性空间,为乡村振兴提供新的思路。本书尝试以我们曾经开展的历史建筑调查为例(表3-1),从而了解乡村舒适物涉及的建筑物内容。

表 3-1　历史建筑、特色建筑调查表

| 编号 | 350581-YN-67 | 原名称 | | 现名称 | 梅福寺、慈航庙 |
|---|---|---|---|---|---|
| 地址 | 福建省泉州市石狮市永宁镇 | | | | |
| 产权归属 | □私有；■集体；□国有 | | 户主（仅私产填写） | 联系人姓名：<br>联系人电话： | |
| | 居住户数： | | | 居住人数： | |
| 建造年代 | □明代；□清代；□民国；□中华人民共和国成立后；■1965 年以后（不满 60 年） | | | | |
| 建筑类别 | 古建筑类型 | □城垣城楼　□宫殿府邸　□宅第民居　■坛庙祠堂　□衙署官邸　□学堂书院<br>□驿站会馆　□店铺作坊　□牌坊影壁　□亭台楼阙　□寺观塔幢　□苑囿园林<br>□廊桥码头　□堤坝渠堰　□池塘井泉　■其他古建筑 | | | |
| | 近现代建筑类型 | □重要历史事件及机构旧址；□名人故居；□宗教建筑；□工业及仓储建筑；<br>□金融商贸建筑；□中华老字号；□文化教育建筑；□医疗卫生建筑；□军事建筑；□典型风格建筑或构筑物；□著名建筑师代表作品；□其他建筑 | | | |
| 保存状况 | ■完好；□较好（局部破损）；□一般（局部改造）；□差（大部分损毁） | | | | |
| 现状用途 | □民居；□厂房；□办公；□商店；□厅堂；■庙宇祠堂；□展览；□教育；□仓储；□废弃 | | | | |
| 建筑指标 | 建筑面积 | 占地面积（平方米）：120 | | 建筑面积（平方米）：120 | |
| | 主体建筑朝向 | 坐北朝南 | | 设计者（选填） | |
| | 主体建筑层数 | ■单层；□大空间（内夹层）；□多层（　层） | | | |
| | 主体结构形式 | □木结构；□土木结构；□砖木结构；□砖混结构；■石结构；□预制板结构；□钢筋混凝土结构；□钢结构；□其他结构 | | | |
| 建筑风格（选填） | 建筑布局 | □背山面水（田、路）；□顺地形展开；□围塘而筑；□跨河（谷）；□其他 | | | |
| | 形态格局 | 合院式建筑描述：二级类型　　　；　落　进（进深）；<br>主体结构：　　间　架；其他　　；<br>单体古建筑描述：二级类型　　　；长　宽　；其他　　；<br>单体近现代建筑描述：形状　　；长　宽　；其他　　； | | | |
| | 主体结构形式 | □穿斗式；□抬梁式；□混合式；□干栏式；□井干式；□其他 | | | |
| | 主体屋面形态 | □平屋顶；□拱顶；□折板屋顶；□单坡屋顶；□硬山；□悬山；□歇山；□庑殿；□攒尖；□盝顶；□其他（　） | | | |
| | 主体材料构造 | 地面做法 | □土　□砖　□石　□其他 ＿＿＿＿ | | |
| | | 承重结构 | □木框架　□夯土墙　□砖墙　□石墙　□其他 ＿＿＿＿ | | |
| | | 围护墙体 | □草编　□竹编　□织物　□木板　□木楞　□夯土　□土坯　□砖　□石材　□其他 ＿＿＿＿ | | |
| | | 屋面系统 | □覆草　□覆织物　□覆土　□覆瓦　□覆石　□其他 ＿＿＿＿ | | |

续表

| 建筑演变描述（选填） | 两旁钟楼和鼓楼于 1984 年重建 | | | |
|---|---|---|---|---|
| 历史事件描述（选填） | | | | |
| 宗教民俗活动描述（选填） | 民间节日祭祀 | | | |
| 典型照片（选填） | 区位图： | | 周边环境： | |
| | 建筑外观： | | | |
| | 建筑内景： | | 细部纹样： | |
| | 历史构件： | | 信仰民俗活动： | |
| 推荐理由 | 永宁卫城重要的庙宇之一，现存建筑为当代近年翻建 | | | |
| 调查时间 | | 调查人 | 联系电话 | |

### 3.4.1.2 筑牢中华民族情感认同

民间信仰结成的神缘文化纽带是传统社会资本的典型代表，神缘文化从本质上讲属于信仰的领域，它潜入人们思想的最深层，具有特别的凝聚性。神缘文化，又具有超越社会阶层的特点，共同的信仰、共同信奉的神明使人们聚集起来，成为凝聚人们精神生活的重要内容。一些获得社会公认的、优秀的信仰空间成为传统中国民众的神缘身份识别符号之一。例如道教俗神关公信仰已融入中华民族精神领域，深刻地影响着我们的价值观念、思维方式与地方民俗，成为精神生活的重要内容，对海内外民众产生广泛而深刻的影响。南方民间已形成张圣君（唐代福建福州永泰县农业神）、葛天师（东汉江西葛仙山葛玄、东晋葛洪道教家族）与黄大仙（浙江金华黄初平）模式等信仰传播经验，形成典型神缘效应。这些神明已成为联络海内外华人的重要神明。神缘文化已经融入了中华民族的血脉和基因中，成为凝聚海内外中华儿女的重要纽带。因此，民间信仰神缘文化构建可促进中华民族情感认同。

乡村民间信仰旅游唤起后现代乡愁记忆。乡愁是一种文化记忆元素，存在于人的大脑之中，通过某一元素或符号，比如色彩、声音、气味等，能够激发旅游者的思乡之情。民间信仰作为乡村旅游吸引物不仅是一种独立的客观存在，更是一种社会建构的新型符号化产物。随着专项旅游者的旅游偏好变化，后现代语境下的文化乡愁可由民间信仰、民间戏曲等承担，例如，遍及全世界华人社会的妈祖信仰，已经成为中华民族文化记忆的有机组成；福建厦门歌仔戏研习中心创作的《侨批》，反映了近代下南洋游子的家书这一独特的文化符号和乡愁记忆，取得极大的艺术反响。

### 3.4.2 可行性

#### 3.4.2.1 民间信仰文化旅游资源具有开发价值

民间信仰旅游资源是指对旅游者具有吸引力，能被旅游业开发利用，能产生经济、社会、环境效益的民间信仰宫庙建筑和祭祀事件活动。我国乡村从古至今流传着各种民间信仰，内容引人入胜、耐人回味。我国的民间信仰文化源于主流文化，深受儒、释、道等传统文化的影响。在民间信仰文化中，丰富的原生态音乐、舞蹈、美术、戏曲及文学等艺术元素，既娱乐身心，又健全自我，是民间生活的真实写照，能够向外展示我国民众的社会风貌。而且，中国民间信仰具有的开放性、包容性、启发性和教育性，对外传播交流方面具有优势，也是对外交流传播合理性所在，启发并引导人们认同国情乡情，接纳异域文化[①]。民间信仰文化对外交流与传播，是展示文化自信和软实力的重要表现形

---

① 陈艳新.探究"一带一路"背景下文化交流[J].中国民族博览，2019（5）：75-76.

式之一，也是提升民族文化国际影响力的重要途径。

在当代环境下，民间信仰文化出现了资源化和遗产化的动态演变过程，表现出它的区域性、文化象征性和经济实用性得到强化。正如徐赣丽、黄洁认为，当前民间文化的发展转型出现两大趋势：一是资源和资本化，表现为顺应地方振兴和发展需求，民间文化不断被开发为文化资源……二是遗产化，表现为在全球保护非遗的背景下，民间文化迅速从草根上升到国家或民族文化符号[1]。资源化现象比较典型的如广东中山小榄镇"菊花会"对地方经济的拉动[2]，福建泉州惠安县小岞霞霖宫新转型，构建起新的社会资本、文化资本和象征资本等[3]。遗产化现象表现为民间信仰成为各级非遗项目，这样的例子举不胜举。

中国乡村民间信仰文化作为旅游资源如何开发？从旅游经营者角度如何进行乡村民间信仰旅游资源开发？

由于民间信仰扎根于民间社会，虽然很难精确统计实际的信众人数，但是在各种民间信仰节日活动中表现出的热闹场景让异地访客或文化旁观者感到新奇。特里·尼科尔斯·克拉克（Terry Nichols Clark）对后工业城市的发展动力做了讨论，认为都市娱乐休闲消费设施对后工业城市发展起到很重要的作用[4]。

后现代文化场景理论可分析21世纪文化消费中出现的"文化场景"现象，美国社会学者、新芝加哥学派城市研究团队领军人特里·尼科尔斯·克拉克等指出"场景是种软实力"，其研究路径是将场景理论与当前国际大城市街区的更新需求相连接，寻找城市的发展动力机制，为城市运营提供新的政策思路[5]。2010年前后，中国的吴军、夏建中等赴北美访学的学者，受到特里·尼科尔斯·克拉克和多伦多大学丹尼尔·西尔等学者的影响，开始在中国城市研究学界介绍"场景理论"。2013年，他们系统介绍了芝加哥学派城市场景理论的前沿研究成

---

[1] 徐赣丽，黄洁. 资源化与遗产化：当代民间文化的变迁趋势[J]. 民俗研究，2013（5）：5-12.
[2] 李翠玲. 城镇化进程中的民俗复兴与地方再造：以广东小榄镇"菊花会"为例[J]. 广西民族大学学报（哲学社会科学版），2016，38（2）：50-54.
[3] 范正义. 世俗价值与信仰本真：民间信仰宫庙的新转型：惠安小岞霞霖宫个案研究[J]. 华侨大学学报（哲学社会科学版），2020（2）：15-24，75.
[4] Clark T N. The city as an entertainment machine[M]. Lexington Books：A Division of Rowman & Littlefield Publishers. Inc，2010.
[5] Clark T N，Silver D. The theory of scenes[M]. Chicago：The University of Chicago Press，2013.

果①，形成了城市文化学界的一大理论热点。面对我国城市发展的实际需求，中国学者不断改造新芝加哥学派的理论框架来适应中国本土的问题分析和实践。例如，吴军指出："场景理论框架揭示了各种都市消费娱乐设施和市民组织的组合形成特定场景，这种特定场景又彰显了不同的文化价值取向，它吸引着不同群体前来居住、生活和工作，从而驱动区域经济社会转型与发展。"②他还指出，新芝加哥学派的目的，是用打造特殊的场景来把城市消费组织成有意义的社会活动和社会形式，这种社会活动和形式必须用专门的"语法结构"和"学术词汇"来表示。该学派不仅仅把生产看作为了生产实物而存在的社会行为，而且把它当作生产方式的社会组织来考察；它不仅把消费当作消费活动本身去研究，而且着重研究消费的社会组织形态。再如，陈波、林馨雨采集了中国 31 个城市的 83 种文化舒适物数据进行分析，将 31 个城市分为魅力型场景、本土型场景、理性型场景和表达型场景等 4 类文化场景模式，体现出国内学者在西方场景理论框架下的中国本土化改造的努力③。王惠蓉、张安慧借助"权力、资本、地方"三维建构努力突破二维场景框架，探讨地方文化遗产的持有者和非遗传人的主体性意识参与"文化场景"建构的路径，试图建立现代与传统共生的社会文化发展逻辑④。祁述裕以场景理论作为分析工具，将场景分为社区、生活文化设施、多样性人群、文化实践和价值观五个维度，对丽江大研古城酒吧、中关村创业大街咖啡厅、景德镇创意市集等不同场景的价值和作用进行了实证分析⑤。

颜煌、王润清认为，文化消费能体现行为主体的生活方式或文化趣味，应

---

① 吴军，夏建中，克拉克．场景理论与城市发展：芝加哥学派城市研究新理论范式 [J]．中国名城，2013（12）：8-14；吴军．城市社会学研究前沿：场景理论述评 [J]．社会学评论，2014，2（2）：90-95；郗书锴．场景理论的内容框架与困境对策 [J]．当代传播，2015（4）：38-40；克拉克，李鹭．场景理论的概念与分析：多国研究对中国的启示 [J]．东岳论丛，2017，38（1）：16-24．
② 吴军，克拉克．场景理论与城市公共政策：芝加哥学派城市研究最新动态 [J]．社会科学战线，2014（1）：205-212．
③ 陈波，林馨雨．中国城市文化场景的模式与特征分析：基于 31 个城市文化舒适物的实证研究 [J]．中国软科学，2020（11）：71-86．
④ 王惠蓉．权力、资本、地方对"文化场景"的建构：以历史街区"五店市"文化产业为考察对象 [J]．东南学术，2020（6）：66-73；张安慧．资本、权力与地方博弈：非遗文化空间再生产的逻辑分析：以谷雨祭海节为例 [J]．山东商业职业技术学院学报，2021，21（1）：116-120，132．
⑤ 祁述裕．建设文化场景　培育城市发展内生动力：以生活文化设施为视角 [J]．东岳论丛，2017，38（1）：25-34．

研究城市、社区中生活美学与创意的交叉点,实现人本趣味的回归[①]。目前国内外研究一致认为,场景与空间经济水平有关,构建特色场景能推动区域经济发展。后现代的西方场景理论在我国将主要应用于文化空间营造、文化消费促进、文化有机增长和城乡发展等方面的分析。但上述研究都还未涉及我国广大乡村地区的场景研究,乡村文化场景研究还是空白。

从文化舒适物理论角度出发,需要整理适应我国国情和乡情的舒适物类型。舒适物概念最初反映的是城市的地理和经济状况,城市文化场景理论引入这一概念,在《场景:空间品质如何塑造社会生活》一书中,作者结合城市空间中文化固有的存在形式,形成文化舒适物概念,用以指代城市空间中那些在商业和服务上能够提供愉悦的,且具有很高市场价值的设施[②]。文化舒适物并非仅为字面意义上与文化直接相关的博物馆、电影院等设施,而是几乎涵盖城市空间中的所有建筑设施。这些舒适物以具体形象存在于"人"的周围,"人"与"物"形成联系,显性或隐性地引起"人"对空间的感知,进而产生情感关联和价值认同。

我国乡村民间信仰宫庙也是重要的乡村文化场景和生活服务舒适物,是典型的本土型场景、表达型场景,它需不需要从"生产"转向"消费"、如何从"生产"转向"消费"?这些问题亟待我们进行深入研究。一种观点认为,基于"前场景"的虚拟文化场景研究和基于"后场景"的文化社区实证分析是未来两个深入研究的主要方向[③],后者更适合乡村文化场景的设计和塑造。另一种观点认为,乡村旅游的客源主体是城市游客。由于城市生活的特点是快节奏、重复、单调、程序化等;城市的居住环境较为逼仄、嘈杂,而乡村生活更接近自然、恬静、安逸、舒缓的环境,可开发乡村旅游。城市游客期望在体验到不一样的乡村舒适物特性的同时,也能拥有类似于城市那样舒适的现代化物质生活水平。也就是说,城市游客到乡村旅游大多是为了找寻心目中的田园生活梦,即特有的乡村旅游氛围。旅游是人们生活中重要的精神娱乐消费活动,游客的幸福感

---

[①] 颜煌,王润清. 场景理论视域下的城市文化空间主体审美研究[J]. 文化创新比较研究,2019,3(21):72-73.
[②] 西尔,克拉克. 场景:空间品质如何塑造社会生活[M]. 祁述裕,吴军,等译. 北京:社会科学文献出版社,2019.
[③] 温雯,戴俊骋. 场景理论的范式转型及其中国实践[J]. 山东大学学报(哲学社会科学版),2021(1):44-53.

和获得感多来自美妙的游玩体验；体验是旅游世界的硬核，也是旅游景区价值的源泉和持续发展的动力。随着文旅融合地推进，旅游消费需求不断升级，拥有更多参与感的沉浸式乡村旅游越来越受到游客追捧。进入21世纪以后，整个社会经济形态转型为文化体验经济，直接推动了沉浸式乡村旅游产业的发展。

我国大多数传统聚落和建筑空间既具有深厚的历史文化底蕴，又具有独特的审美价值和巨大的经济开发价值。2022年中国城镇化率已达到65.22%，较之1949年的10.6%增长了约5倍。快速城市化伴随着乡村传统聚落的大量消失，乡土建筑、民间信仰、民间节日、传统习俗等乡村文化遗产也日渐式微。如何保护和创造性利用传统聚落的特色文化，开发特色旅游产品，走出一条独有的乡村旅游发展之路，是部分地区实现乡村振兴的关键。

民间信仰是乡村文化的组成部分、文化特色标志之一，民间信仰宫庙是乡村生活舒适物之一。民间信仰场所建构，也是探索中国文化对外传播成功的新路径。在前现代时期，中国文化成功地在亚洲传播，如：汉字、汉语、儒释道三教传播。通过移民进行民间信仰传播的实例也比较多，如泉州市祥芝镇斗美宫三王府信仰随着华侨的足迹远播到南洋群岛（也叫马来群岛），最著名的有马来西亚晋江会馆所敬奉的"斗美宫三王府"。马来西亚华人是该国三大族群之一，民间信仰对该国的华人种族认同、政治认同的建构有直接的影响，华人的民间信仰与认同问题与华人社会的教育、文化、政治及其经济利益息息相关，探讨马来西亚华人信仰与认同的关系具有重要的理论和现实意义。再如，日本一些城市的"中华街""三山会馆"（福州会馆）等也是福建民间信仰文化在日本的文化传播的重要表现[①]。三山会馆主要是福州人的会馆[②]，在外省及海外也可以代表福建人的同乡会组织。另外，一些地方会馆与民间信仰合一，兼具宗教功能和经济功能。例如江西会馆，也称万寿宫、豫章会馆，是江西人在外省建的同乡会馆。万寿宫供奉的是江西地方保护神许旌阳天师（即许逊），许逊是三国时豫章郡南昌人，曾任四川旌阳（今属四川德阳市）县令十年，居官清廉，政绩卓越，

---

[①] 王维. 华侨的社会空间与文化符号：日本"中华街"研究[M]. 广州：中山大学出版社，2014.
[②] 此说法出于北宋文学家曾巩的文章《道山亭记》，他曾出任过福州的地方官。"三山"是福州的别称，因福州城中西有闽山、东有九仙山、北有越王山。

民间尊称许旌阳，被奉为忠义神明。

再如广东人的同乡会馆，因投资建会馆的人又有小籍贯之别，又有广东会馆、南海会馆、岭南会馆、粤东会馆、潮惠会馆等不同名称。民国时期，上海的潮惠会馆前堂祀天妃，后堂祀关帝，左右祀财星、双忠公。每年潮州商人集结于楼下举行春秋两祭，会馆客厅还摆放着潮州工夫茶器具，突出岭南文化的特色。广肇山庄即广肇会馆，每逢七月十五中元节（盂兰盆会）都会搭建专门的水陆道场，各商行建造台阁展示杂耍、纸扎人物的岭南文化。《小方壶斋舆地丛钞》第九轶辑录的《淞南梦影录》卷13记载："广肇山庄在新闸之南，粤中人会馆也。每年七八月之间，彼都人士竞集资为盂兰会，香烛锭帛务极奢华，一会之费动至万金，至期不特百粤衣冠座中毕集，即吴娃楚艳亦莫不香车宝马络绎而来，鬓影钗光撩乱于夕阳影里。门外必雇西捕弹压，否则打架、扛帮随时而有。"[1] 会馆的民间酬神祭祀往往伴随着大型灯会活动。刘正刚、黄建华指出，一般会馆建筑均能体现原籍家乡建筑的文化特色，会馆建材也大多来自故乡，围绕会馆开展的各类文化活动，多以故乡元素为主，会馆成为地方文化互动交流的重要平台[2]。

#### 3.4.2.2 民间信仰文化旅游吸引物符号塑造

学者多从经济学、社会学或文化学等视角界定和诠释旅游吸引物的概念。国外学界近期以麦克莱尔（MacCannell）、阿兰（Alan Lew）、冈恩（Gunn）等人对旅游吸引物的界定和研究为代表，主要观点表述如麦克莱尔在《游客：休闲阶层新论》一书中所说"旅游吸引物包括吸引游客离开家到'非家'的地方旅游的所有要素"，旅游吸引物是"游客、景观（sight）和标志物（marker）三者之间的一种经验关系"，即旅游吸引物是由游客、景观、标志物等3个部分构成的系统[3]。不过，麦克莱尔所说的旅游活动主要是指观光，故其旅游吸引物系统之核心是景观。他较早发现旅游吸引物所隐藏之符号功能并进行旅游吸引物符号学研究，故其学术影响最大。冈恩认为旅游吸引物就是"具有吸引游客的

---

[1] 王锡祺. 小方壶斋舆地丛钞 [M]. 铅印本. 上海：著易堂书局，1894（清光绪二十年）.
[2] 刘正刚. 广东会馆论稿 [M]. 上海：上海古籍出版社，2006；刘正刚，黄建华. 清代广东会馆意蕴发微 [J]. 中华文化论坛，2008（4）：29-33.
[3] MacCannell D. The tourist: a new theory of the leisure class[M]. New York: Schocken Books, 1976.

独特的内在品质"的旅游点（tourist spots）[①]。

学者王宁在《试论旅游吸引物的三重属性》一文中，阐述了旅游吸引物的主要特征：客观属性、社会属性以及象征属性等三重属性。他认为在旅游符号学的意义上，旅游吸引物其实就是一种符号，是一种代表其他东西或属性的象征[②]。由此，旅游体验的高经济附加值也需要在旅游吸引物的象征属性中得到充分的展示。旅游体验是指游客前往一个特定的地方花费时间来参观、游览、探亲、娱乐、学习的过程以及形成的身心体会，并形成旅游体验的"5Es"理论：娱乐、教育、避世、审美、怡情，与信仰相关联的神圣旅游具备这五种体验。林振华在《旅游吸引物形态与旅游形象策划》一文中认为，旅游吸引物是能够吸引游客不惜花费时间和金钱前来旅游的事物。它是经过筛选、加工、提炼的旅游资源，是旅游资源中与市场需求对接的那一部分，是旅游资源与旅游产品之间的一个中介概念。因此，旅游吸引物文化内涵是旅游竞争力的核心，旅游形象是旅游区的生命[③]。乡村旅游吸引物具有两项基本功能：第一，激发乡村游客亲近乡村、到乡村去开展休憩、娱乐、避世等活动的兴趣和动机；第二，提供满足乡村游客进行体验的各种对象物和服务。

民间信仰可成为乡村旅游吸引物重要符号标志物。旅游标志物指具有强识别性的旅游构筑物或元素，与节点相比视觉特征更鲜明。乡村旅游标志物往往处在关键且突出的位置，或与公共空间相结合。乡村文化旅游规划上应突出地域性、辨识性、协调性原则，反映地域鲜明特色的同时，注重与周边景观、空间、功能协调。例如，保留宫庙、古树、桥梁、戏台等具有传统文化传承意义的标志物，突出历史记忆，实行精细化管理，复古与创新结合。现代文创类标志物应提炼乡村本土特色，以艺术装置、彩绘为载体，从造型、色彩上寻求突破以给人耳目一新的效果。例如，上海市金山区漕泾镇水库村围绕标志物打造游憩点，结合村庄广场形成公共空间，突出传统与时代相融，打造多点系列地标，形成村庄渔文化信仰特色 IP（图 3-1）。

---

[①] Gunn C A.Tourism planning[M]. New York：Crane Russack，1979.
[②] 王宁. 试论旅游吸引物的三重属性 [J]. 旅游学刊，1997，12（3）：55.
[③] 林振华. 旅游吸引物形态与旅游形象策划 [J]. 林业调查规划，2006，31（1）：120-124.

图 3-1　上海市金山区漕泾镇水库村鱼篓桥

福建红砖古厝体验馆复现闽南民俗和乡村生活。例如，福建永宁卫城宫庙莺山娘妈宫又称西庵，位于莺山，原为五落大厝，后废于明代倭患之乱，现为二落三间张仿传统古厝式样石屋，石屋西建有副房，建筑前有一石埕，南北向布置，占地面积 357 平方米，建筑面积 213 平方米（图 3-2）。

图 3-2　福建永宁卫城宫庙莺山娘妈宫

# 4

## 民间信仰文化空间旅游理论

## 4.1 民间信仰文化空间生产理论

民间信仰文化空间是中国乡村社区重要的公共活动场所。据丁荷生、郑振满估计，中国各地有一两百万个乡村宫庙被重修或是重建，并且长期以来被认为已经失传的传统信仰仪式正在这些宫庙中重塑和举行[①]。甘满堂在《村庙与社区公共生活》一书中以宗教社会学理论为指导，揭示我国福建民间信仰社会组织性的一面，作者精心建构了两个概念：村庙和村庙信仰。他认为：村庙是传统社区居民的公共生活空间，村庙信仰是一种社区性、群体性的民间信仰，具有制度化色彩；村庙信仰与传统社区可从横向整合[②]。张玉瑜指出，福建闽南的海洋优势，让汉移民吸收了闽越族的海洋意识，接纳海洋，拓海为田，同时也接受了闽越族的生存技艺，在"海丝"开拓之际，侨商应时而生，闽南广为发展商业[③]。黄丽坤指出，闽南聚落的精神空间具有浓厚祖先崇拜和地区神主崇拜的特点，形成祈福禳灾的风水和信仰空间[④]。地方神主崇拜现象，如王爷信仰源于泉州、开漳圣王源于漳州、惭愧祖师源于平和、保生大帝源于同安、清水祖师源于安溪等。而神主因本姓也成为同姓家族的祭祀神，如保生大帝本姓吴，为多数吴氏所供奉；而妈祖原名林默，被林氏供为本家神；临水夫人本姓陈，原名陈靖姑，被陈氏供为本家神等。民间信仰两大文化空间表现和主要特征如下。

### 4.1.1 民间信仰宫庙建筑文化空间

下面拟通过乡村的重要物质载体——民间信仰宫庙建筑精神和形式来引导、促进文化空间的交流与对话，形成同根同脉、丰富多样的新农村民间信仰文化风貌，力求唤起民间信仰文化的再生与复兴。

---

[①] Dean K, Zheng Z M. Ritual alliances of the Putian plain. Volume two: a survey of village temples and ritual activities [M]. Leiden: Brill, 2010.
[②] 甘满堂. 村庙与社区公共生活 [M]. 北京：社会科学文献出版社，2007.
[③] 张玉瑜. 福建民居区系研究 [D]. 南京：东南大学，2000.
[④] 黄丽坤. 闽南聚落的精神空间 [D]. 厦门：厦门大学，2006.

中国乡村民间信仰呈现多神共存、信仰多元的状态，有信仰妈祖、保生大帝、临水夫人、玉女娘娘、三官大帝、观音菩萨、关公、城隍爷、土地公、土地婆、王爷的，甚至还有信仰马神、虎神、哪吒、孙悟空等等，整个聚落的文化信仰空间呈现多元交织的空间分布形态。在神明信仰范围的辐射上，即祭祀圈层面呈现出辐射范围大小、时间长短不一，如福建省晋江市福全古村落民间信仰辐射整个村落及周边乡村的是城隍爷、妈祖、临水夫人、关羽（元龙山关帝庙）等①。祭祀圈原本是一个产生并发展于台湾民间信仰研究的概念，后经学者引入用于大陆乡村社会的研究。周大鸣、詹虚致以广东潮州所城的田野资料为基础，将祭祀圈概念与地域认同相关联，探讨所城村落共同体的形成与祭祀圈信仰组织之间的关系，描述所城祭祀圈的民间信仰仪式对村落认同的加强和巩固，以及在祭祀圈的影响下村落共同体的生产。在现代快速的社会变革下，所城的村落共同体不仅没有消失，反而依靠着祭祀圈的存在而延续了下来②。

### 4.1.2 民间信仰非遗文化空间

与民间信仰相关的非遗内容极其丰富，目前，在中国43项世界非遗中的民间信仰内容最具代表性。非遗文化空间是基于一定时间规律，由相对确定的空间场所中相应人群践行特定文化活动所构建的人、时空、文化实践彼此叠加的复合型遗产③。例如，澳门重要民间信仰是妈祖信俗文化，澳门是21世纪"海丝"的重要节点之一，包括澳门半岛、氹仔岛与路环岛，位于我国的南海之滨珠江三角洲，被誉为又一颗东方明珠。澳门在中西方贸易和中西方文化交流中占据重要地位，由曾经的小渔村逐渐发展成现在的国际大都市。不仅如此，由于特殊的历史原因，澳门文化习俗中有些活动在中国内地已经少有传承或闻所未闻，在澳门却仍然十分盛行，如观音开库、关帝诞、土地诞等，这些节日及庆典活

---

① 张杰.海防古所：福全历史文化名村空间解析[M].南京：东南大学出版社，2014.
② 周大鸣，詹虚致.祭祀圈与村落共同体：以潮州所城为中心的研究[J].中国农业大学学报（社会科学版），2013，30（4）：80-88.
③ 萧放，席辉.非物质文化遗产文化空间的基本特征与保护原则[J].文化遗产，2022（1）：9-16.

动的民族味很浓，既庄严又具有时代感和人情味，体现了现代都市人对中国传统文化的怀念和接受。民间信仰节事活动是特殊形式的文化旅游，是地方文化与经济发展的结合体，既凸显了澳门独特的本土文化，体现了澳门的历史风貌，又具有鲜明的时代特征[1]。

## 4.2 民间信仰文化空间旅游开发与创新策略

### 4.2.1 民间信仰文化空间保护与活化

民间信仰旅游吸引物既是客观事物和现象，也是民间社会建构的文化符号。旅游研究表明，旅游吸引物是一个系统，它往往是人为建构的结果。旅游吸引物之所以成为吸引物，不仅因为它具有某种特殊的客观属性，同时还因为它具有人为建构的符号属性。在分析旅游吸引物的符号属性的基础上，提出旅游吸引物的概念内涵，并从社会建构的角度对其符号化过程进行分析，社会学视角下的旅游吸引物建构的过程实质上是意义和价值建构的过程，同时也是旅游吸引物的符号化过程。这一过程随着社会主流价值与理想的变化呈现出不断变化的动态特征。对吸引物的符号意义和价值的编码存在着一种社会选择机制，需根据主流价值观进行社会建构，以符合社会心理取向和游客兴趣[2]。张进福的《旅游吸引物属性之辨》一文认为，旅游吸引物兼具自然属性、社会属性和符号属性等多重属性，吸引力特性是其本质属性；旅游吸引物属性及其社会建构有深刻的社会基础[3]。旅游吸引物边界及其属性的理论反思，在旅游席卷全球的当下，兼具学理价值与现实意义；在火热的乡村旅游实践中，对守护乡土景观也有特殊意涵。

---

[1] 付柯锦. 澳门遗产文化旅游创新发展策略研究[J]. 中原工学院学报，2022，33（6）：75-79.
[2] 马凌. 社会学视角下的旅游吸引物及其建构[J]. 旅游学刊，2009，24（3）：69-74.
[3] 张进福. 旅游吸引物属性之辨[J]. 旅游学刊，2020，35（2）：134-146.

旅游吸引物不仅为弘扬和培育社会主义核心价值观提供了良好的媒介或载体，还有利于抵制和消除西方意识形态对社会主义核心价值观的干扰和破坏，从而巩固社会主义先进文化的主导地位。以社会主义核心价值观为内容，创新旅游吸引物标志，挖掘地方传统文化资源，创造新的旅游吸引物以及营造良好的旅游吸引物环境，是弘扬和培育社会主义核心价值观视角下旅游吸引物建构的重要途径[①]。

随着全球化、现代化和城市化进程的不断推进，传统民间社会的"规范共识"逐渐被社会转型所解构，根植于其间的非遗的存续面临着各种挑战。非遗本身蕴含深厚的社会价值和经济价值，提醒我们对非遗资源进行知识产权保护已是势在必行。2011年，《中华人民共和国非物质文化遗产法》出台，非遗保护工作开始有法可依。《"十三五"国家知识产权保护和运用规划》指出："要强化传统优势领域知识产权保护，加强对优秀传统知识资源的保护和运用。"推进非遗知识产权保护的时代已经来临，引入知识产权制度对非遗进行保护具有多方面的积极意义。加强规范非遗价值转化，激发非遗保护的内生动力。很多非遗本身具备明显的经济价值。以宫庙屋顶装饰艺术为例，它是利用灰塑、剪黏及交趾陶等工艺创造出地域色彩浓厚的装饰艺术，题材多样、寓意吉祥，包含了实用功能、美化功能、慰藉功能及教化功能等，蕴含了海洋文化和中原文化等文化内涵。还有民间信仰宫庙建筑的龙柱装饰艺术，也是中国石雕艺术一绝。传统技艺与文化表达的权利归属、权利转让及交易过程的监管等工作都需要以现有知识产权制度为依托，规范其商业使用，确保价值转化的有序性。通过知识产权对商业性开发利用过程中产生的利益进行分配，可以激发非遗所在地社区居民以及管理人员的内在保护动力。

我们也需加强涉及民间信仰场所和活动的乡村规划以及媒体宣传的正确导向。重塑基于传统社区的主体性，进而在当代语境中搭建起新的合作互补型交往共同体，实现民间信仰保护与可持续发展。在媒体宣传和正确导向上，除了

---

① 吴德群. 弘扬和培育社会主义核心价值观视角下的旅游吸引物建构[J]. 百色学院学报，2017，30（1）：105-108.

传统媒体外,自媒体的盛行也有利于民间信仰影响的扩大。在自媒体环境下,"每一个公众只要有手机或网络,都可以将文字、图片、视频、音频传送出去,而接收者同时又可以是下一个发送者,新闻的生产者、发送者与接收者不再有身份区别"①。外来者在参与当地活动后,将相关照片以及文字以博客、抖音、微信公众号等方式在网络发布。看到这些消息的人,又可以进行转发和评论,民间信仰活动的影响力和名气由此传播到千家万户。

民间信仰文化建立在漫长而特殊的年代和一些特定的历史人物或事件基础上,有共同的文化理念,但也必然存在各自的特色。各省的民间信仰文化旅游要想在同行业脱颖而出,打造品牌,那就必须结合当地的旅游资源深挖其内涵,树立多元文化,借用不同的表现形式吸引游客。发挥我国市场经济体制的优势,创作和设计"贴近实际、贴近生活、贴近群众"的多元化的文化产品,去占领消费市场,以点带面,构建乡村旅游品牌体系。

我国地方上每一个民间信仰文化旅游景点都有其特定的历史意义,在传播民间信仰文化的过程中应该塑造一个生动、具有代表性的形象,让大家看到这一形象就能联想到这个景点。围绕这一形象进行民间信仰文化乡村社区或景区建设规划,旅游项目开发,旅游产品文创设计等。通过深挖乡村社区或景区民间信仰文化内涵,明确乡村社区或景区主题,同时借助活动、游戏、赛事和体验项目等构建乡村社区或景区自身的品牌体系。比如可以借助现代科技手段还原和再现历史场景;比如针对不同游客开发和设计不同的体验项目,真实感受精神等。总之,围绕核心民间信仰文化,打造符号化品牌,构建品牌体系,让民间信仰文化旅游走向市场走向群众,让精神通过大众进行普及传播,实现民间信仰文化传播的最终效果,对人们的理想信念、人生观、价值观以及知识体系等产生一定影响。

---

① 周晓虹.自媒体时代:从传播到互播的转变 [J].新闻界,2011(4):20-22.

## 4.2.2　强化民间信仰文化空间旅游传播

传播、交流是文化的内在属性，美国传播学者威尔伯·施拉姆（Wilbur Schramm）称其为"社会得以形成的工具"[①]。当今时代日益频繁的文化交流进一步说明，文化的部分内容、部分精神是可以超越民族界限的。无论是民族内部的文化共有还是民族间的文化共享，都意味着文化的最内在、最深层的共享、共通。文化的共享性、共通性源于历史上社会力量交互作用形成的"合力"，源于人类的一般的合理性与普遍性的凝结。现代旅游属于文化消费领域的人文活动，民间信仰旅游也是神圣旅游、朝觐旅游。在旅游过程中，民间信仰文化空间是具象的旅游吸引物，民间信仰宫庙建筑是旅游符号和标志物，仪式活动则形成旅游文化景观等。凭借旅游，民间信仰文化空间也成为重要的乡村内外的社交场所。

旅游与传播有着密不可分的关系，旅游活动本身伴随着信息的传播，同时旅游经济的发展也依托着旅游信息的传播。随着旅游经济的快速发展，旅游传播逐步受到业界的重视。现有的旅游传播学将旅游传播渠道、旅游传播信息、旅游传播形象、旅游传播内容等纳入旅游传播学体系当中，形成了较为完整的体系框架。在网络与新媒体日新月异的今天，新媒体传播机制对旅游传播的影响在旅游传播学的研究中还是空白。此外，业界和学界在媒体对旅游传播的能动作用方面还缺乏深刻认识，更多是将媒体单纯地当作机械地传递旅游信息的简单工具。与此同时，没有深层次地看到媒体的传播对旅游符号的凸显，对旅游目的地的形象建构具有的重要价值。

全球化促进了全球文化的交流，但同时也对弱势的区域村落文化形成挑战与冲击，如何利用好全球化带来的优势与便利，凸显本土化差异，促使地域性乡村文化多元格局的形成是我们值得思考的问题。古村落民间信仰宫庙建筑符号以独特的艺术形式承载了中华民族对幸福美好生活的向往，保留了古老的地

---

① Schramm W. The unique perspective of communication: a retrospective view[J]. Journal of Communication, Summer, 1983: 13-16.

方风情、民俗文化生活的痕迹，传承了不同族群的审美情趣和人文精神。

民间信仰文化具有民族性和大众性等特征。通过将古村落民间信仰宫庙建筑符号转化成民族化、大众化、交互化、动态化、情感化的图形数字化传播，在全球多元文化的冲击下，地域性乡村文化的传承和创新传播受到很大的考验。我们应当以全球化为契机，在增进中国乡村传统文化认同、推动乡村文化创新、加强乡村文化传播等方面探索乡村文化主体性的重塑策略，结合日新月异的新兴科技，建立基于数字化技术的传承创新机制，让古村落民间信仰宫庙建筑文化符号成为一个亮眼的文化传播点，并抱着文化包容的心态，积极推动区域乡村文化的发展。

旅游是文化传播的重要媒介之一，对世界的探索和感悟构成旅游体验。文化包含了人类所有的物质与精神的创造和留存，旅游仅是文化中很小的一部分，是人栖居在大地之上的一种生活状态，其本质是"诗意地栖居"。杨振之提出让旅游重新回到生活世界，在生活世界中认识旅游的本质，旅游的终极目标是寻找到本真的自我，在旅游中，人显现自身，澄明自身，获得自我的觉悟，认识到自我存在于世的价值；旅游的目标分为三个层级，即诗意的生活、诗意的人生和诗意的存在。他还指出，文旅融合发展的三个原则：一是文化传承。其对于传统文化的延续，是游客进行观光、体验、学习及创新的源动力。文化传承要兼顾原真性、活态性和融合性。原真性是当然前提，但活态性是真正诉求，"求真重里而不重表"。在实际操作中，保护是前提，市场为导向，并要与科技、体育、农业等多产业融合，才能可持续发展。二是生活方式的延续与复兴。生活方式浓缩地域历史文化的内涵精髓，是人与自然、社会相处的智慧结晶，是最典型的文化形态。传统生活方式的延续与复兴，是休闲度假与文化体验的重要方式。在生活方式的体验过程中，必然发生"主客交往"，而这正是旅游活动的重要文化魅力和意义之所在。三是地域性的坚守。地域特色的保护是文化与旅游产业融合发展"无可取代的源头"，地域性带来差异性，才有吸引力。如贵州苗族蜡染工艺、云南丽江东巴文化、福建土楼生活方式等，都得到了较好的保护和延续。这些深入人心的"地域文化图景"保护，是文化和旅游产业始终保持吸引力的根本保障。文化和旅游产业都是关乎全民美好生活愿景的幸福产业，推动文旅融合发展,是提升全民生活质量的百年大计,而不仅仅关乎一个产业的发展①。我国的乡村不仅是普通乡民的日常生活空间,还是一个承载人们乡愁、乡恋、乡情和乡魂的神圣空间,回归乡村就是寻找一条通往人在大地上诗意的栖居之路②。

#### 4.2.2.1 民间信仰宫庙建筑文化空间旅游创新

民间信仰宫庙建筑空间是重要的文化旅游载体。民间信仰宫庙建筑是中国人寻找情感寄托、身份认同和精神归属的物化对象。不同的神明对象,有不同的建筑称谓和形式,如关于天信仰,对应的是天宫、玉皇宫、玉皇庙等名称,而关羽信仰对应的是关帝庙、关岳庙等。由于语言本身就是典型的社会关系与意义建构的符号,不同的建筑称谓、名称,划分出不同的民间信仰宫庙建筑功能和类型。中国传统社会的价值判断与理性选择形成了数千年来民间信仰宫庙建筑的不同话语实践,反映并呈现出社会立场、价值取向的客观差异。学者的相关实证研究不少,例如,赵巧艳对贵州侗族传统民居的象征人类学阐释,指出民居表征的意义最终指向侗族传统文化中自然观、空间观、时间观等多维观念意象,并借由与民居建造和使用上的宗教——巫术仪式的结合,共同构成了侗族的整体幸福观念表达图式③。

本书的民间信仰宫庙建筑是宫、观、祠、庙、宇等信仰建筑的泛称,在建筑学上又称宫庙建筑、坛庙建筑。民间信仰宫庙建筑是民间信仰文化生产与再生产的世俗网络的核心组成和节点,象征着特定地域的信仰认同和社会认同。中国乡村民间信仰宫庙建筑文化独特、文本内容丰富,尤其是闽南的红砖古厝、夸张的剪碗彩塑屋顶装饰十分惊艳,表现出独特的地域文化特征。

#### 4.2.2.2 民间信仰非物质文化空间主要表现与创新展示

张杰近年主持了福建福全、永宁、土坑等古村落的保护规划,并发表了一

---

① 杨振之.论旅游的本质[J].旅游学刊,2014,29(3):13-21;杨振之.再论旅游的本质[J].旅游学刊,2022,37(4):140-152.
② 邵琪伟,杜江,唐晓云.旅游提升国民幸福:一个分析框架及应用[J].旅游学刊,2015(10):18-27;邵琪伟.发挥乡村旅游优势带动美丽乡村更好发展[J].中国村庄,2015(11):9-10.
③ 赵巧艳.空间·实践·表征:侗族传统民居的象征人类学阐释[J].红河学院学报,2014,12(3):18-23.

些代表性的学术论文如《系统协同下的闽南古村落空间演变解读——以福建晋江历史文化名村福全为例》《从古厝走向番仔楼的艺术形态演变的文化解析——以晋江市福全历史文化名村为例》《金门金湖琼林古村落》等对乡村非遗空间有所揭示[①]。对于非遗的价值评价，我们认为我国目前的评价体系中虽有所反映，但是设定的内容和范围还不足以全面体现古村落非物质文化的真实价值。据此，通过一系列的比较研究，本书提出了系统的评估体系与方法。我们认为"文化空间"不仅仅是人类学上的非遗概念，应该在更大的视野和框架下诠释这一术语的多重含义，如社会学、文化地理学等对文化空间的理解。不同研究成果反映了国内学术界在整体上对"文化空间"概念的接受和认可，基本上完成了"文化空间"的概念界定，内涵拓展将使其更贴近现实的需要。

陈志勤考察了民间信仰实践，非遗保护中的错位代理现象，提出地方文化再生产路径。他指出，非遗保护促进了我国乡村聚落的文化客体化，带来了内发性而非"嵌入性"发展的乡村振兴。今后有必要实现从"政府介入"到"乡村自救"、从"旅游经营"到"村民参与"、从"文艺展演"到"村落认同"的转换，以体现非遗保护对于乡村振兴的重要性[②]。

张晨、肖大威等针对广东广州的传统村落，围绕传统民居、文化区划、文化演变等进行了研究，建立传统村落文化地理数据库，提出了民居特性保护、传统村落及民居"群""链"保护、传承与创新设计等概念。他们以广州市已公布的 4 批美丽乡村建设试点数据为基础，通过最邻近指数、基于 Riple's 函数的多距离空间聚类分析、核密度分析和叠置分析等方法，探讨了广州市美丽乡村的发展现状、空间分布格局及其影响因素[③]。

民间信仰中的非遗空间和建筑形态的物质空间关联紧密，物质空间主要包括承载非遗及其技艺禀赋者（或传承人）所孕育繁衍场所里的自然资源、建筑

---

[①] 张杰，庞骏. 系统协同下的闽南古村落空间演变解读：以福建晋江历史文化名村福全为例 [J]. 建筑学报，2012（4）：103-108；张杰，夏圣雪. 从古厝走向番仔楼的艺术形态演变的文化解析：以晋江市福全历史文化名村为例 [J]. 设计艺术研究，2013，3（2）：72-80.
[②] 陈志勤. 谁来保护非物质文化遗产：民间信仰实践者的错位代理与地方文化的再生产 [J].Asian Ethnology, 2015（2）：307-334；陈志勤. 非物质文化遗产的客体化与乡村振兴 [J]. 文化遗产，2019（3）：13-22.
[③] 张晨，肖大威，黄翼. 广州市美丽乡村空间分异特征及影响因素 [J]. 热带地理，2020，40（3）：551-561.

空间、道路系统等基础环境，以及空间所涵盖的拥有精神意志和艺术展示的特定场所。建立乡村民间信仰文化标识体系、文化空间展示体系与旅游资源开发体系，实现"见庙见物见生活"，助推民间交往交流，促进乡村振兴。

民间信仰仪式空间与民间社会精神诉求促使宫庙发挥了象征与实用两大基本功能。民间信仰文化空间具有公共空间属性和公共资源属性。乡村社区公共活动场所就是乡村重要的公共空间之一。甘满堂的《村庙与社区公共生活》一书，以宗教社会学理论为指导，揭示了福建民间信仰社会组织性的一面，作者精心建构了两个概念：村庙和村庙信仰。他认为，村庙是传统社区居民的公共生活空间，村庙信仰是一种社区性、群体性的民间信仰，具有制度化色彩；村庙信仰与传统社区可从横向整合[1]。乡村民间信仰宫庙建筑空间承担着祭祀、助学、敬老、济困、救灾，甚至殡葬等公益慈善事务。

我国农村地区的宗族结成的血缘纽带、民间信仰结成的神缘纽带就是传统社会资本的典型代表。改革开放后，中国乡村的民间信仰迅速恢复和重建，对在广大农村开展的村民自治产生了多重的复杂影响，然而现在对这一问题的研究还没有得到足够的重视。苗月霞、林志斌等运用社会资本的理论和方法，分析了中国乡村民间宗教在乡村社会的现状及其对村民自治的影响，认为乡村民间宗教作为传统社会资本的一种主要形式，在乡村治理的过程中有一定的积极作用，也产生了一些消极影响[2]。

陈纬华《资本、国家与宗教："场域"视角下的当代民间信仰变迁》一文运用资源动员论较成功地解释了台湾民间信仰的文化变迁，也为我们理解民间信仰宫庙建筑空间属性和影响提供了借鉴。陈纬华认为，民间宫庙要热闹，就需要大量的人与钱，需要进行资源动员。有资源动员能力的东西，就是资本。传统时期的资源动员，主要借助于社会资本和象征资本。社会资本指的是社会关系，传统时期的建醮、巡境等香会和庙会活动，社区成员在出钱出力外，也利用自

---

[1] 甘满堂.村庙与社区公共生活[M].北京：社会科学文献出版社，2007.
[2] 苗月霞.乡村民间宗教与村民自治：一项社会资本研究：兼论韦伯关于宗教社会功能的观点[J].浙江社会科学，2006（6）：99-104；林志斌，江柏炜：兼论韦伯关于宗教社会功能的观点[J].浙江社会科学，2006（6）：99-104.

身的神缘关系网络，发动亲友来参加。象征资本是指"庙宇在民众认知中所建立起来的属于公众所有、为公众服务的公众形象"[①]。

在传统时期，象征资本体现为神明以灵力来服务于民众，越"灵验"的神明象征资本越高，能够动员起来的人力物力也越多。在当代尤其是1990年后，民间庙宇的文化资本和象征资本的形式发生了变化，其资源动员方式也随之发生了巨大变化。陈纬华以台湾高雄市代天宫为例指出：在新的时代背景下，代天宫被政府有关部门指定为文化资产，而文化资产"是一种能够动员国家与民间资源的'文化资本'"。代天宫内的神圣空间也成为一个带有"台湾文化"氛围的场所，可以用来拍电影、吸引观光客，是一种"文化资本"；代天宫举办各种非宗教性的社区活动，提升了社区居民对庙宇管理和运作的认同，建立起庙宇的公众地位，成为一种"世俗性象征资本"。借用布迪厄的资本理论，行善、信用、慷慨等声誉性的东西，都可以视为象征资本。

民间信仰宫庙建筑空间中以民间信仰活动仪式场所尤为重要，因为仪式是人类历史长河中最古老、最普遍的一种社会实践现象，作为人类表达某种精神价值与特定意义的行为方式，其表达的内涵及作用影响也因时地、主体与对象而千姿百态。仪式是人神关系中"对话"和"联系"神明的媒介，人们通过仪式直达神明，以达自我内心的舒适和静谧。作为民间信仰的各种仪式，更因其神秘性、复杂性、娱乐性而呈现出多姿多彩的面目，其产生的作用与影响也更广泛、更有特色。很多民间信仰的仪式本身就是一个庞大、复杂的社群集体活动，它需要多方合作、精细分工、精诚团结及奉献精神。如闽南民间最重视的拜天公节日，每年正月初九祭祀玉皇大帝的仪式，是大型民间信仰活动仪式。

时空的特殊性使人们能够感受和认识到所在的空间属性[②]。信仰空间在非重要神圣时间、特定神圣时间以及重要仪式进行时的空间形制大不相同。

在布迪厄的四种资本理论中，场域概念影响了社会学者的研究。他认为，实践是客观（社会结构）与主观（行动者）相互生产、塑造及其变革的过程。前者

---

① 陈纬华.资本、国家与宗教："场域"视角下的当代民间信仰变迁[J].台湾社会学刊，2012（23）：19-20.
② 特纳.仪式过程：结构与反结构[M].黄剑波，柳博赟，译.北京：中国人民大学出版社，2006.

表现为"场域",指"由附着某种权利形式的各种位置间的一系列客观历史关系所构成"①;后者表现为"惯习",即由"积淀"在个体内的一系列历史关系所构成,形式为知觉、评判和行动的各种身心图式。他的"实践"概念,首先弥合了社会学中主观建构主义与客观结构主义之间的对立,将实践的过程看作客观与主观双向互动的过程,发展了当代的实践理论。其次,他将场域和惯习看作由"客观历史关系"构成的关系束。场域都有自己独特的价值理念和调整原则②,惯习则是"持久的、可转换的潜在行为倾向系统",既是社会构成,又具有生成能力;既是被结构化的结构,又是具有促结构能力的结构。行动者则携带着个人"惯习"嵌入场域中,并在惯习的作用下进行实践,或调整惯习,或影响场域。所以,布迪厄认为场域的研究要经过三个步骤,即分析场域的位置和权力的场域、考量场域中行动者所占有关系的客观结构、分析与社会空间的每一个位置相关的惯习③。我们认为,文化传统既是惯习中最重要的因子,也沉浸在惯习之中;文化传统又以文化符号外显于场域之中,影响行动者的惯习及其在场域中的实践活动。

法国人类学家、民俗学家阿诺尔德·范热内普(Arnold van Gennep)在《过渡礼仪》一书中将仪式概括为"个体生命转折仪式"(包括个体的出生、成人、结婚、死亡等事件节点)和"历年再现仪式"(包括生日、忌日、新年年节、周年纪念日等)两种,并将这些仪式统称为"过渡仪式"或"通过仪式"④。"过渡仪式"理论包含:分离、转换(阈限)、重整三个主要阶段。其理论对英国人类学家维克多·特纳(Victor Turner)等影响巨大。特纳在社会冲突论的背景下,研究仪式对社会结构的重塑意义,认为"过渡仪式"不仅可以在受文化规定的个体人生转折点上举行,还可以用于集体、部落出征、年度性的节庆、政治职位的获得等社会性活动上。1970年代,他在继承范热内普关于"过渡仪式"三阶段划分的基础上,着重分析了三阶段中的转换阶段。同时,他将人的社会关

---

① 杨善华.当代西方社会学理论[M].北京:北京大学出版社,1999.
② 潘建雷.生成的结构与能动的实践:论布迪厄的《实践与反思》[J].中国农业大学学报(社会科学版),2012,29(1):153-158.
③ 谢元媛.从布迪厄实践理论看人类学田野工作[J].云南社会科学,2005(2):88-92.
④ 范热内普.过渡礼仪[M].张举文,译.北京:商务印书馆,2012.

系状态分为两种：日常状态和仪式状态。在日常状态中，人们的社会关系保持相对稳定的结构模式，即关系中的每个人都处于一定的"位置结构"。仪式状态与日常状态相反，是一种处于稳定结构之间的"反结构"现象，它是仪式前后两个稳定状态的转换过程。特纳把仪式过程的这一阶段称作"阈限期"。处于这个暂时阶段的人是一个属于"暧昧状态"的人，无视所有世俗生活的各种分类，无规范和义务，进入一种神圣的时空状态。由此，特纳认为，围绕着仪式而展开的日常状态—仪式状态—日常状态这一过程，是一个"结构—反结构—结构"的过程，它通过仪式过程中不平等的暂时消除，来重新构筑和强化社会地位的差异结构。同时，仪式行为也与空间组织密切相关。一方面，这些行为需要相应的空间组织加以依托和表演展示；另一方面，空间组织反映着从事这种行为的个人和群体的活动、价值观及意图，也反映人们的观念意象，代表了物质空间和社会空间的一致性[1]。

以托马森、绍科尔采等为代表的学者从多个方面发展了阈限理论，认为阈限可以比拟人们熟知的机制、结构、秩序、话语等术语，此外，诸多学者也将阈限运用于管理学、教育学、跨国主义等学科中。国内学者的学术回应，有夏建中、彭兆荣、薛艺兵等的研究[2]。阈限理论被学者们扩展至诸种非仪式性文化研究中，具有广泛的象征意义，逐渐超越了人类学的研究范畴，被应用于国内外人文社会科学领域[3]。

在实践领域，民间信仰宫庙建筑仪式空间，除了包括各种民间信仰宫庙建筑仪式场所，还有节日流动场所、个体家庭神圣微空间等，限于篇幅，不再赘述。

---

[1] 特纳. 象征之林：恩登布人仪式散论 [M]. 赵玉燕，欧阳敏，徐洪峰，译. 北京：商务印书馆，2012.
[2] 夏建中. 文化人类学理论学派：文化研究的历史 [M]. 北京：中国人民大学出版社，1997：314-319；彭兆荣. 人类学仪式研究评述 [J]. 民族研究，2002（2）：88-96；薛艺兵. 对仪式现象的人类学解释 [J]. 广西民族研究，2003（2）：26-33；刘锦春. 仪式、象征与秩序：对民俗活动"旺火"的研究 [D]. 天津：南开大学，2005；梁宏信. 范热内普"过渡仪式"理论述评 [J]. 重庆邮电大学学报（社会科学版），2014，26（4）：98-103；宋红娟. 论作为社会状态的"门槛"概念：对范热内普、特纳与柏格森的考察 [J]. 民俗研究，2019（6）：16-26，157；张峰峰. 从礼仪到象征：阈限理论在西方学界的学术发展路径 [J]. 北方民族大学学报（哲学社会科学版），2021（1）：80-87.
[3] 林志森，张玉坤. 基于社区再造的仪式空间研究 [J]. 建筑学报，2011（2）：1-4.

## 4.3 民间信仰宫庙建筑空间作为文化传播媒介符号

### 4.3.1 民间信仰宫庙建筑的社会文化功能

民间信仰宫庙建筑作为民间信仰活动的建筑载体，是民间信仰文化的重要组成部分。潘谷西老师在《中国建筑史》一书中又称其为坛庙建筑[①]，宫庙与祠堂合在一起统称祠庙。事实上，多数情况下祠堂在乡村的重要性不亚于宫庙，因其具有"为子孙者，睹规制之伟宏，则思祖德之宽远；见栋宇之巍焕，则思祖业之崇深"血脉与财富世袭传承的宗法意义而显得很重要。例如，前述福建夏坊村的"游傩"民俗就必须在村中第一大姓吴姓的吴家公祠和七圣庙（主祀"梅山七圣"）开启傩面巡游的序幕，其文化内涵的魅力主要体现在傩神崇拜与祖先崇拜相结合等[②]。笔者对福建乡村祠堂的研究已有相关著述[③]，本书关注宫庙建筑。民间信仰宫庙建筑是中国传统建筑中较普遍的一类乡土建筑，属于民居建筑范畴。民间信仰宫庙建筑，既受到社会主导的宗教建筑（神圣建筑）设计思想的影响，也具有地方民居建筑的特性，成为极具地方特色的乡土景观标志物。

当代建筑空间概念和理论源于地理学、艺术哲学、建筑技术科学等的融合发展。建筑理论和论述，往往以人的活动与生活世界作为讨论的对象。值得关注的是 20 世纪的建筑学理论发展出后现代建筑空间、场所空间理论等。

德国存在主义哲学家海德格尔（Heidegger）把建筑理解为人存在的立足点，其基本精神是要回归"此在"——生活世界，回到建筑本身。建筑始于人的基本生活需求，建筑的价值与其他艺术形式不同，要有人的存在才能彰显。张文涛、

---

[①] 潘谷西. 中国建筑史 [M]. 4 版. 北京：中国建筑工业出版社，2001.
[②] 张桃. 福建宁化夏坊"游傩"研究：一项客家非物质文化遗产的调查 [J]. 中南民族大学学报（人文社会科学版），2011，31（2）：74-78；周云水. 洁净仪式与秩序重构：三明客家"游傩"的人类学思考 [J]. 福建省社会主义学院学报，2012（5）：106-111.
[③] 张杰，庞骏. 宗族、祠堂变迁视野下传统聚落空间解析：以福建省石狮市永宁古卫城为例 [C]// 中国建筑史学会. 中国建筑史学会年会暨学术研讨会论文集，2015；张杰. 移民文化视野下闽海祠堂建筑空间解析 [M]. 南京：东南大学出版社，2020.

孙周兴指出，海德格尔的时空观与生存的意义密切相关，特别是"此在"的空间性与时间性都是作为一种阐释学的原则而存在的。他的"在场"理论就是"此在"的空间性。他的"向死而在"就是"此在"的时间性。"此在"的时空所显现的是生活世界的意义和价值。但是，这种阐释学的时空观由其现实的社会形式作为基础，对隐含在海德格尔时空理论背后的社会存在进行分析，将有助于我们更好地理解唯物史观的深刻内涵[①]。

美籍奥地利裔哲学家、社会学家阿尔弗雷德·舒茨（Alfred Schutz）和他的学生、德国当代社会学家托马斯·卢克曼（Thomas Luckmann）在《生活世界的结构》一书中强调日常世界的主体间性特点，世界是"我们的"而非"我的"；社会世界不是一种客观意义上的系统，而是充满了能动性主体所享的意义[②]。此种对常识性知识的"意义结构"的关注，在舒茨的学生加芬克尔那里进一步发展出了常人方法学理论。舒茨关注社会学研究中的主观因素，社会学研究的出发点不是实证主义所说的"社会事实"，而是社会事实的意义。他主张社会学应置身于生活世界中，对互为主体性的人们的微观互动过程进行研究，认识社会的结构、变化和性质。舒茨的思想反映了人们对当代社会学中自然主义和实证主义方法肤浅判断的不满，要求关注人们的精神世界，在对传统社会学进行彻底反思的基础上建立起与研究人类行为相适应的方法，他的观点对民俗学方法论有重要影响。

美国当代著名的建筑师斯蒂文·霍尔（Steven Holl）的现象学思想与类型学方法在国际建筑领域独树一帜。国内学者也有积极的回应，陈洁萍、刘全探讨了霍尔建筑中的叙事性对联系建筑与个体意识的帮助，从而使建筑现象学走向生活世界[③]。霍方方分析霍尔运用"悬置"观念和"综合知觉体验"的建筑实践作品，通过结合霍尔建筑现象学对其建筑作品进行阐述和解读，找寻霍尔关于建筑的

---

[①] 张文涛.关于海德格尔时空观的一种唯物主义审视[J].重庆科技学院学报（社会科学版），2017（4）：5-8；孙周兴.作品·存在·空间 海德格尔与建筑现象学[J].时代建筑，2008（6）：10-13.
[②] Schutz A, Luckmann T. The structures of the life-world [M]. Evanston：Northwestern University Press, 1973.
[③] 陈洁萍.一种叙事的建筑：斯蒂文·霍尔研究系列[J].建筑师，2004（5）：90-97；刘全.斯蒂文·霍尔与建筑现象学[J].中外建筑，2007（6）：38-41.

本质认识[①]。

　　建筑现象学的核心是"直接面向并认知建筑"，建筑与人和环境的关系经历从依附、改造到伙伴关系等发展阶段。人对于建筑的身心体验构成其日常生活的基本认知，人只有对建筑产生归属感与认同感，才可能将全部身心定居于此。人对建筑形成的认知是一种纯粹的意识状态，通过对意识的自我观照把握建筑的精神内涵与本质，并确立体验者经由对建筑的切身感受与反思而获得"确定的真实性"。空间的基本意义在于它使一个具象的结构作为空间的支持物和实体平台成为可能，场所的主要意义在于可为人们体验此环境"是否有意义"提供所需的经验度量。生活世界的构建与发展离不开建筑，通过筑居与栖居这两类具有某种递进关系的居住方式分析建筑与生活世界的内在关联，提出人对于建筑的深刻认知根植于生活积累[②]。场所符号和场所精神的塑造，借鉴符号学理论来阐释和探讨民间文化吸引物及其吸引力的形成问题，力求对我国区域民间信仰宫庙建筑现象研究有所启示。

　　巴特认为符号的诞生依赖于人类对信息的赋予，不存在无承载意义、无信息的符号，因为这种"符号"将不能被称为符号，符号和信息两者是相辅相成，缺一不可的。若在社会的约定俗成之下，一种事物可以让人很快地联想到另一种事物，那么前面的事物就成为一种符号，具有代表、替代等功能[③]。情感和文化凝聚成信息，成为符号的组成部分，关注事物的象征性。以建筑装饰艺术为例，佛教建筑多以菩提树、莲花、如意、法轮等为题材。道教建筑则多以八卦符箓，四神兽即青龙、朱雀、玄武、白虎等为题材[④]。中国民间家庭经常把木质鱼雕摆放在家中显眼的地方，象征年年有余[⑤]。

　　美国符号学创始人查尔斯·皮尔士（Charles Peirce）认为，符号是指特定

---

[①] 霍方方. 悬置与知觉体验：斯蒂文·霍尔建筑现象学研究的观念与实践 [D]. 徐州：中国矿业大学，2016.
[②] 漆捷. 空间、场所与生活世界：建筑现象学的哲学解读 [J]. 学术研究，2018（11）：35-40.
[③] 罗兰·巴特. 符号学原理：结构主义文学理论文选 [M]. 李幼蒸，译. 北京：生活·读书·新知三联书店，1988.
[④] 张金伟，李骁晔，常江. 建筑领域中的符号学 [J]. 山西建筑，2006，32（19）：12-14.
[⑤] 例如，悬挂鱼雕是福建省宁德市"福建最美乡村"之一浦源村的渔文化奇观表现。这里的民风习俗是不吃鲤鱼，鲤鱼死了还要为鲤鱼举行葬礼，建立鱼冢，并配以祭文等。浦源村是世界上唯一的一个有鱼冢、鱼葬、鱼祭文化的古村落。

的人在特定的时间、地点，从自身的角度出发，能代替此人眼中特定事物的某种抽象东西。这种见解可以说是第一次对符号的科学定义。他根据索绪尔语言符号学的能指（符号的语音概念）和所指（符号的语义概念）的关系将建筑符号分为以下三类：图像符号、指示符号以及象征符号。皮尔士一直试图为他的实效主义提供一个有效证明。他为了向这个证明提供基础而作出的初步努力表明，实效主义是何等深入地嵌入了他的哲学系统当中的。皮尔士在此研讨的实效主义的基础是他的现象学以及来源于他的现象学的概念配价学说。他解释了为什么符号仅仅展示三个"不可分解的元素"，并且给出了对自己的归约论题的一个简略证明。另外，皮尔士试图使得哲学成为科学，而为此目的就必须"摒弃所有使得哲学成为文学的努力"[①]。

建筑的符号性首先表现为建筑作为一种信息符号，由设计师创造，传播给受众，设计师作为知识生产者，充当最直接的传播主体。明晰的符号传播过程昭示了建筑的符号特性，当然在社会传播活动中建筑符号要复杂得多。其传播主体的多元就在传播活动的交互性与循环性中体现出来，受众的社会认知和文化经验就深刻影响着建筑符号的构建，社会公众亦是传播主体。建筑符号的内涵复杂，建筑的形式——能指信息，与建筑的内涵意义——所指信息，以社会约定为媒介构建为社会符号，但文化象征的纷繁和社会思潮的多变使得建筑符号内涵复杂多变。人类文化学将民族文化定义为群族社会环境符号化的产物，建筑元素在此过程中承担了重要作用，建筑元素的丰富文化内涵及符号特性，奠定了建筑符号传承民族文化、促进文化交流与文化融合的地位。梁思成在1953年中国建筑学会成立大会上指出，一个民族的建筑同一个民族的语言文字一样，也有一套全民族共同引用、共同遵守的形式与规则[②]。因此，建筑符号的构建关系着民族文化、社会政治、经济进程和发展。

---

① 皮尔士. 现象学中实效主义的基础 [J]. 胡义昭，译. 哲学分析，2014，5（1）：4-14，197.
② 梁思成. 梁思成文集 [M]. 北京：中国建筑工业出版社，1982.

## 4.3.2 民间信仰宫庙建筑空间的象征符号建构

民间信仰仪式空间具有丰富的文化象征意义。文化概念本有养成、化育、成长、栽培等义，人类文化，小至个体，大至民族、国家，甚至整个人类，文化是其特定的生活方式和生产方式，以及它们产生的影响和结果。文化学就是研究文化的起源、演变、传播、功效及本质，总结文化的个性与共性、特殊规律与普遍规律的科学。由内而外分析，文化包含三个层次：一是文化的精神内核，即文化的价值观，也称为文化的核心理念；二是文化的制度层，也称为文化的结构框架，其作用是规范文化体成员的活动，循其核心理念要求的轨道运行，实现文化的价值追求；三是文化的器物层，即实现文化价值所必需的各种工具，是文化的物化体现[①]。精神是文化的灵魂和心志，制度是文化的管理和制约，物质是文化的载体和表象，行为是文化的礼俗和规范。

雷德菲尔德（又译为芮德菲尔德）在《农民社会与文化：人类学对文明的一种诠释》一书中提到，"大传统"是指一个社会里上层的士绅、知识分子所代表的文化，这多半是经由学者、思想家、宗教家反省深思所产生的精英文化；与之相对的"小传统"则是指一般社会大众，特别是"农民""乡民"所代表的生活文化。这两个不同层次的传统虽然各有不同，却是共同存在且相互影响的。简言之，"小传统"指乡民社会中一般的民众尤其是农民的文化，"大传统"则指以城市为中心、以绅士阶层和政府为发明者和支撑力量的文化[②]。据此理论，我们认为中国儒家应是中国文化与社会建构中的"大传统"之一，也是作为世界上唯一未曾中断的古老国度的文化核心基因之一。儒家的形成时期是世界文明"轴心时代"的东方系列重要组成部分。

中国学者叶舒宪提出"玉成中国论"，运用四重证据法，开启了文学人类学系列探索。他对中国文化传统的认识更深远，他把中国文化基因追溯到万年前神话时代，认为：以符号媒介产生的年代为尺度，重新看待中国文化传统，应

---

① 周大鸣.文化人类学概论[M].广州：中山大学出版社，2009.
② 芮德菲尔德.农民社会与文化：人类学对文明的一种诠释[M].王莹，译.北京：中国社会科学出版社，2013.

把由汉字编码的文化传统视为小传统，把前文字时代，包含神话、考古成果的文化传统视为大传统。他对文化传统的重新界定，有助于学者走出几千年来形成的文本中心主义束缚，打破"文明/原始"的二元对立，充分利用人类学和考古学的新知识成果来重建具有深度的中国整体文化观。他主要通过中国神话大传统的再发现，去认识文字文本小传统的所以然[①]。叶舒宪的《探寻中国文化的大传统——四重证据法与人文创新》一文提出，改造人类学家雷德菲尔德的"大传统和小传统"概念，按照符号学分类指标重审中国文化传统，把汉字编码的书面传统作为小传统，把前文字时代以来的神话思维视为大传统[②]。提示生活在文字编码小传统中的当代人，如何利用现代新知识所提供的多重证据，如先于汉字出现的玉器符号，超越文字符号的遮蔽和局限，洞悉大传统的奥妙。新兴的文化人类学和民俗学倡导实地考察田野作业，打开突破小传统拘限的知识新格局。从方法论上归纳，将传世文献资料作为一重证据，可将新出土的文字作为二重证据，将文献之外的传话作为三重证据，将出土的实物和图像等非文字符号视为四重证据。以四重证据法重新探寻文化大传统，获得超越前代的人文创新方法和认识境界。他也指出，雷德菲尔德的概念带有明显的现代性和精英主义价值色彩，需要给予批判和改造。

符号是人类的伟大创造，广义地说，符号是一定的可感知的物质对象，它在贮存传递某一对象的信息方面充当另一对象的代替物，任何符号都是物质形式和含义的统一。人类的语言与文字是被最普遍地使用着的符号系统，其中最基本的形式是自然语言符号系统，它是人类在一切活动中交流思想与认识所必需的，当然也是保存和传播知识的通用工具。

空间形式语言系统是关于空间的科学语言系统在空间形式语言系统中，空间元（保持空间属性的最小单位）、空间结构（空间单位与空间向量的关系）、空间路径（空间结构在空间单位中，人的运动轨迹与空间向量的关联）共同构

---

① 叶舒宪. 中华文明探源的神话学研究[M]. 北京：社会科学文献出版社，2015；叶舒宪. 原型与跨文化阐释[M]. 西安：陕西师范大学出版总社，2018；叶舒宪. 玉石神话信仰与华夏精神[M]. 上海：复旦大学出版社，2019；叶舒宪. 玄玉时代：五千年中国的新求证[M]. 上海：上海人民出版社，2020.
② 叶舒宪. 探寻中国文化的大传统：四重证据法与人文创新[J]. 社会科学家，2011（11）：8-14；叶舒宪. 物证优先：四重证据法与"玉成中国三部曲"[J]. 国际比较文学（中英文），2020（3）：415-437.

成解释或定性描述建筑空间现象的三个基本考量。该系统对建筑的空间形式可以进行客观且完备的描述，例如，按照西方建筑文献记载，最早的十字式建筑出现于拜占庭早期，为君士坦丁堡的圣徒教堂，由君士坦丁大帝和他的继承人君士坦提乌斯下令建造[①]。在其后的建筑发展过程中，十字式在西方建筑中得到了愈加广泛的应用和长期的建筑实践活动。到拜占庭建筑的中晚期，"希腊十字"开始成为这一时期教堂的标准形制。而在西欧，最迟到了罗马风的晚期与哥特时期，"拉丁十字"也在教堂建筑中被广泛应用，为什么十字式在西方建筑中得到如此的普及，下文将从空间形式的角度出发尝试分析其背后的原因。十字式建筑的空间既可以满足增加的空间规模的实用需求，又提供了对空间的全新体验。从建筑空间结构上看，十字式建筑中的空间由两个矩形空间垂直相交而成；从空间路径上看，进入十字式建筑，从纵向进入单个矩形空间开始，在十字式建筑的空间中，十字交叉处的复合空间成为十字结构中的重要节点（图4-1）。十字式教堂产生的原因和意义的文化解释：它是基督教的符号象征物。

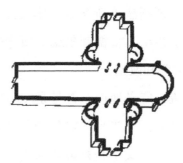

图 4-1 米兰的圣使徒教堂（S. Holy Apostles）平面图（根据图 293G 右旋转 90 度[②]）

民间信仰宫庙建筑是民间信众安置、存放神明偶像和神器等的特殊空间，即"神居"和"神所"。由于人神关系主要通过人的崇拜祭祀体现，民间信仰宫庙建筑又是神明祭祀仪式的核心场所。神明祭祀仪式是民间信仰的行为实践，仪式表征离不开各种身体象征和行为隐喻。仪式表征指信众注重神明崇拜的神圣意味，将朝拜神明行为和一些日常行为赋予象征意义，从而获得其中的仪式感，

---

① 曼戈. 拜占庭建筑 [M]. 张本慎，等译. 北京：中国建筑工业出版社，1999.
② 克鲁克香克. 弗莱彻建筑史 [M]. 20版. 郑时龄，译. 北京：知识产权出版社，2001.

具体包括空间节点表征、线性表征、在途隐喻和行为隐喻等。它既有个体性（独立的自我），又有社会性（共性存在中的身体）；既被表征和隐喻（仪式表征），也通过主观去建构（内省、反身观照）；既是肉体身体（肉体快感或痛感体验），也是现象身体（审美、崇拜快感体验）。基于这种身体的多维面向，信众日常被规训或遮蔽的主体性得以凸显，并在信仰世界中获得新的时间和空间向度，从而迈向个体心智成长持续的生成之域。如具身认知理论认为，身体是人类认知的主要参与者，身体作为一个主要的因素塑造人的认知过程。美国学者莱考夫（Lakoff）和约翰逊（Johnson）基于大量隐喻的分析和研究，认为"隐喻是人们借助有形的、具体的、简单的始源域概念（如空间、温度、动作等）来表达和理解无形的、抽象的、复杂的目标域概念（如道德、心理感受、社会关系等），从而实现抽象思维"[1]。施耐德（Schneider）、鲁伊斯（Rutjens）等认为"仅仅以语义连接，而没有实物感受和体验，不能产生具身效应"[2]。梅洛－庞蒂的知觉现象学认为具身认知并非纯粹是精神的，而是与身体密切相关，以及通过身体及其活动方式实现对环境适应的活动。不同知识图式建构，可以形成不同的文化隐喻[3]。梅洛－庞蒂的思想直接影响了美国建筑师斯蒂文·霍尔的建筑现象学思想的形成。

我国民间信仰具有较明显的水文化性，在古代神话传说中，水被赋予神圣的生殖能力，因此水性与女性是一致的。水不仅能给大地带来生殖能力，还能给人增加生育能力。在中国神话中，水神多半是女性神。最著名的造人女神女娲，其原型就是水生动物——蛙。她成为人类的创造者和保护者，而其神力就是源于水的伟大生殖功能。例如，东部沿海自唐宋以后盛行妈祖信仰，闽南盛行保生大帝、临水夫人信仰，福建林兆恩创立的用"艮背法"为人治病的三一

---

[1] Lakoff G. Women, fire, and dangerous things: what categories reveal about the mind[M]. Chicago: The University of Chicago Press, 1980; Lakoff G, Johnson M. Philosophy in the flesh the embodied mind and its challenge to western thought[M]. New York: Basic Books, 1999.

[2] Schneider I K, Rutjens B T, Jostmann N B, et al. Weighty matters: importance literally feels heavy[J]. Social Psychological and Personality Science, 2011(2): 474-478.

[3] 梅洛－庞蒂. 知觉现象学[M]. 姜志辉, 译. 北京: 商务印书馆, 2001.

教等[①]。民间信仰宫庙建筑空间是一种特殊的敬神、存神、拜神仪式空间，民间信仰宫庙建筑空间兼具文化性、整体性、活态性等属性。

---

① 陈支平. 福建宗教史[M]. 福州：福建教育出版社，1996.

# 5

## 民间信仰宫庙建筑文化空间旅游创新

民间信仰宫庙建筑作为民间信仰的实践场所，它承载着人们的精神寄托和对美好生活的希望。宫庙普遍存在的根本原因就在于人民有信仰，有信仰才会有与信仰相关的各种祭祀神明的宫庙建筑。在中国乡村民间信仰文化生态系统中，留存着大量民间信仰宫庙建筑，如妈祖庙、土地公、关帝庙、城隍庙及铺境等，而且至今还以多种形式发挥作用；它们有的还成为国家级、世界级文化遗产，成为展示中国传统文化的重要物质遗产。这些民间信仰宫庙建筑是民间信仰文化的重要物质载体，也是中国民间建筑文化的重要组成部分，民间信仰宫庙建筑承载的活动和文化共同营造了一个血缘、地缘、神缘交织下的富有人情和人伦精神的中国社会。

## 5.1 旅游创新模式一：民间信仰宫庙建筑空间场所精神建构与旅游符号塑造

### 5.1.1 场景旅游开发

宫庙建筑空间场所精神建构与旅游符号塑造。建筑场所精神分析是建筑现象学的一个新亮点，可以用来分析民间信仰宫庙建筑微观和中观空间。民间信仰人神祠庙中的神明始于民众的英雄崇拜文化[①]。英雄叙事是所有神话形式中保留的固定要素。人类文化心理结构中蕴藏着英雄情结，人们歌颂英雄的事迹，而英雄崇拜自然成了古往今来的神话接受者的价值准则。英雄的出现是源于人们对部分杰出人物的正面评价，英雄本身是一个时代的映照，英雄所处的时代以及所作所为都具有唯一性而不可复制，其又反映了一个时代社会的写照以及民众、民风的状况。

---

① 我国乡村传统社区多以宗祠（含先贤祠）或宫庙为中心，二者合为祠庙景观空间。例如，福建临水夫人历经从人到巫、由巫为神的造神过程，其信仰文化随着临水宫祠庙景观的构建而不断传播。又如，广州南海神庙、佛山祖庙和肇庆龙母祖庙三座水神祠庙构成了水神信仰祠庙。

在大旅游时代的背景下，红色研学旅游顺势而生。突出教育功能的红色旅游无疑在拓展研学产品、培养青少年的思想政治素质以及传承红色基因方面，有着不可替代的作用。我国红色研学旅游产品数量多，品位高，但是对于青少年群体的吸引力较弱，因此提升红色研学旅游产品的旅游吸引力，对于促进我国旅游业的发展和提高旅游综合竞争力有着非常重要的意义。随着人类文明的不断进步，英雄主义的理解也从两个方面发展：一方面是代表全人类具有人道主义的精神价值观逐渐代替了过去狭隘的民族主义、国家主义和种族主义的价值观，英雄主义越来越具有全人类的广泛的精神意义。另一方面是代表各种文化和各种不同民族的价值观的英雄主义在相互碰撞中不断地相互理解、相互学习，形成一种具有多元色彩和民族个性的并能相互尊重的英雄主义价值观[①]。

乡村振兴视角的当代英雄崇拜聚焦于乡村红色纪念地与乡村红色旅游开发，宗旨是传承红色基因、赓续红色血脉。党的十九大提出乡村振兴战略以来，根据我国相关政策，各地都掀起了大力开展红色旅游的浪潮，积极发展红色文化旅游。闽粤赣地区一直都是中国共产党非常重视的红色革命发源地，有着十分丰富且具有特色的红色文化旅游资源。近年来，闽粤赣三省也积极响应国家方针政策，以加快经济发展、促进产业升级、助力革命老区脱贫为目标，采取各种新形式、新手段发展红色文化旅游。2011年，福建龙岩、三明、漳州、南平，广东梅州，江西赣州、抚州等闽粤赣三省七市34个中央苏区县（市）在江西瑞金召开红色旅游联盟第二次联席会。与会代表就共同拓展客源市场、推进无障碍旅游、建立区域合作长效机制、共同打造"中央苏区红色旅游品牌"等进行广泛交流并达成共识[②]。

当代的红色旅游主要是以中国共产党领导人民在革命和战争时期建树丰功伟绩所形成的纪念地、标志物为载体，以其所承载的革命历史、革命事迹和革命精神为内涵，组织接待游客开展缅怀学习、参观游览的主题性旅游活动。发展红色旅游是中国文化不可缺少的一部分,是践行"三个代表"重要思想的体现。

---

① 潘天强.论英雄主义：历史观中的光环和阴影[J].人文杂志，2007（3）：20-25.
② 刘联华.闽粤赣三省七市联合打造"中央苏区"红色旅游品牌[J].红土地，2011（2）：55.

红色旅游具有不可比拟的教育宣传功能，可以担负弘扬和培育民族精神的使命，可以保护文化遗产，还是一条将精神财富转化为社会财富，推动和促进经济发展的良性循环道路。在文旅融合背景下，红色旅游受到各地政府和社会的高度重视，被当做倡导社会主义核心价值观和红色文化传承的重要方式。

2022年中国红色旅游推广联盟年会在湖南韶山举行，湖南韶山分享了依托红色旅游资源探索红色教育培训模式，推动红色旅游高质量发展的经验和做法；广西百色分享了实施"古城恢复、红城提升"工程，提升红色旅游核心竞争力的做法经验。2022年9月，湖南省委、省政府出台《关于加快建设世界旅游目的地的意见》，明确提出打造五张湖南名片。其中，将重点打造以韶山为代表的"经典红色"名片，通过挖掘韶山红色文化内涵，以党性教育、红色培训、研学旅行为重点，延伸红色旅游精品线路，为把韶山打造成具有国际影响力的红色旅游目的地注入强劲的动力。①

闽粤赣三省红色文化旅游的传播者们也积极利用各种传播媒介大力传播红色文化旅游资源，使其发挥好应有的经济价值和文化价值。

一些传统的红色信仰仪式活动在新的时代背景下增加了新的内容。例如，1995年，福建晋江市宝泉庵借抗日战争胜利50周年之机，以"悼念、祭奠抗战中为国捐躯的将士及死难同胞"的名义，向泉州市宗教管理部门申请举办"太平清醮法会"。得到宗教管理部门的批准后，宝泉庵聘请武当山道教协会会长王光德率领经乐团和永春县道教协会经乐团，于5月18日至24日举行为期7天的"太平清醮法会"②。醮会中增加悼念、祭奠抗战中为国捐躯的将士及死难同胞的内容，使得传统仪式活动与时代需要结合起来。参加悼念、祭奠死难者的仪式，有助于激发广大信众对那些为保护祖国献出生命的人的敬仰与缅怀，培养他们对祖国的热爱之情③。

福建有两个红色旅游资源集中地区，一个是位于闽西龙岩市西北部上杭县

---

① 中国红色旅游推广联盟会韶山举行[EB/OL]（2022-11-28）[2023-10-23].http:hn.people.com.cn/n2/2022/1128/c195194-40211852.html/.
② 周仪扬.沪江宝泉庵[M].上海：沪江宝泉庵董事会印行，2005.
③ 范正义.福建民间信仰的道德教育意义[J].海峡教育研究，2016（4）：36-43.

古田镇,它是红色旅游示范区①,以长汀县为中心,辐射范围包含上杭县和连城县;长汀县是革命老区、红色圣地、客家首府,拥有悠久的历史和特色鲜明的红色文化。另一个是位于闽东沿海福州市的东部,它辐射范围包含仓山区、长乐区和闽侯县。长汀县、福州市均为国家历史文化名城,文化遗产保护意识浓厚。

### 5.1.2 案例一:人神祠庙董云阁烈士故居红色场景旅游开发

永宁董氏始于前唐五代董思安由河南光州固始县随王审知入闽,后晋开运二年(945年)建州勤王,封镇国将、漳州刺史。其子董兴,北宋庆历年间因战功,封银青光禄大夫上柱国太尉,分镇于闽,立籍泉南登贤里,为闽南董氏肇基祖。后子道公因战功奏补三班殿直,晋封平凉郡开国伯,世袭至八世。此后二百余年,多人入仕封侯,时乃泉郡名门,在青阳有尚书府,皇帝赐府前"下马碑",文官路过下轿,武官下马,鞠躬而行。及至元初至元十一年(1274年),传至十二世,据《永宁董氏宗谱》记载:"有武营(泉州)知州骑马过家庙门,不下轿,杀之。"此事奏报朝廷,乃下旨泉州府派兵于七月十五日围剿,幸亏朝中有人暗中报讯,董氏族人即提前祭祀祖先,连夜逃奔至福州、浙江、漳州、金门或沿海、山区等处。图5-1为永宁董氏家庙部分建筑场景。

支系先祖明保公避难于德化县。直至明初,董耳公中进士,返泉州奉职。后十四世祖善顺公,号倚鹿,始迁居永宁沙堤。善顺公生有三子,传五房,即长盛房、东城房、祥芝房、中璜房、西轩房。及至嘉靖中叶,永宁倭患陷城之后,原有城中居民纷纷逃遁,沙堤董氏则相继移居永宁。在永宁,仍延续沙堤董氏五个房份。其谱牒《温陵董氏沙堤分派永宁宗谱》始修于明崇祯十四年(1641年)桂月(农历八月),清咸丰六年(1856年)仲冬修谱,1984年重修,至2004年再修。董氏郡望有:陇西衍派、广川衍派等,分堂号:沙堤衍派、玉笋传芳等,永宁董氏属于沙堤分派。

---

① 中国红色旅游示范区:山西省长治市武乡县、江苏省淮安市淮安区、福建省龙岩市上杭县古田镇、江西省吉安市井冈山市、广西壮族自治区桂林市全州县、湖北省黄冈市红安县、湖南省湘潭市韶山市、山东省临沂市、河南省信阳市新县、陕西省延安市宝塔区等10家红色旅游融合发展试点单位。

图 5-1　永宁董氏家庙部分建筑场景

董氏家族中有记载的有：董肖飞，明永历朝藩前将军（郑成功部将）；董肖英，清康熙年间延平总兵；董行，清雍正八年（1730 年）进士；等等。

永宁董氏家庙始建于清康熙年间，道光十八年（1838 年）重修，光绪十一年（1885 年）重修护廊，1982 年再修，2002 年重新拓建，其平面为二进五间张双护厝，建筑面积为 275 平方米。祠堂大门联（为明朝进士董扬先题）："八世袭封光祖德，五庚科甲振宗风。"步口有柱联（明朝进士国子监博士董养河题）："帝世豢龙氏，江都旋马家。"正厅中有脊柱联（董扬先题）："南闽甲第家，西汉贤良裔。"

烈士董云阁又名董光泰，永宁人，1920 年随父到菲律宾，1925 年回国就读于集美学校，1926 年参加革命，1929 年任共青团福建省委书记，是当年中国共产党福建省领导核心 13 人之一。1931 年被捕，英勇不屈，慷慨就义。董云阁烈士故居位于永宁古城后山境，建于 1932 年，洋楼主体坐北朝南，占地面积为 334 平方米，是一座水泥框架结构、高两层的洋楼。最上层还有一座仿古风楼。其内部布局类似于完整的传统三间张两落大厝，进入大楼厅后，有一座回廊式楼梯通往二楼。传统天井处设置楼梯，上部为中空结构，并于屋顶处建有一座山式红砖小阁楼，十分精巧。

故居为水泥框架结构，楼板先铺设杉木，再盖上水泥，最后铺上红砖，隔音耐用，与众不同。洋楼两侧突出的部分封闭做独立的居室，一层拱券式外廊设置成中间大弧拱券，两侧小尖券；二楼外廊半月形突出，绿釉栏杆。

洋楼内部用杉木隔墙、"双塌岫"作外门，开窗方式有传统石窗与南洋铁枝百叶窗，外墙采用钢筋混凝土，楼房整体深受南洋建筑风格的影响。如一、二楼大门与骑楼的建造特点，尤其是拱门及半月形门窗、细部装饰更带有明显的南洋建筑特征，而洋楼内部结构及布局却充满闽南传统文化气息，一些细部装饰，采用凤凰、牡丹、蝙蝠、麒麟、福寿纹、古钱纹、祥云纹等，题材广泛，风格迥异，精美异常。券柱式的外廊顶部中央有狭长的券心石，分层处、顶部檐口以及券底处均有石砌线脚，立面柱廊采用古希腊柱式，外廊为半开敞式的空间，将内部家庭生活、家务劳动与室外劳作空间相对应，是内外两种不同伦理属性的生活空间的并置与拼贴，体现了侨乡近代居住生活形态的特点。（图 5-2、图 5-3）

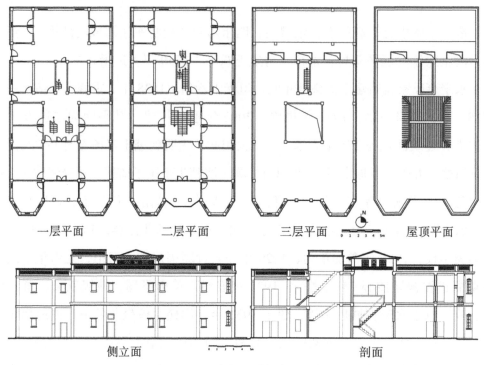

图 5-2　永宁卫董云阁故居建筑平面、侧立面与剖面

图 5-3　永宁卫董云阁故居建筑场景建构与改造

根据永宁卫城的街巷及其传统建筑的分布情况，划定永宁老街、观音街及其周边地段为历史文化街区，历史文化街区的保护依据为：拥有比较完整的历史风貌，构成其历史风貌的历史建筑和历史环境要素基本上是历史遗留的原物，并且街区内拥有一处省级文物保护单位——城隍庙，两处市级文物保护单位即慈航庙和董云阁烈士故居。

### 5.1.3 案例二：广州南海神庙场景

广州南海神庙又称波罗庙，位于黄埔区庙头村扶胥港口，是全国重点文物保护单位，创建于隋开皇十四年（594年），距今已有1 400多年历史。它不仅是古代中国祭祀海神的场所，也是岳镇海渎国家祭祀的组成部分。

南海神庙作为"海丝"的见证文物，基本保留了明清时期的建筑格局，现存南海神庙建筑多为明清及近代修复的建筑，现存庙内建筑多为1984年后陆续重建[1]。前人对南海神庙建筑修复和文史整理的研究已有较丰富的成果[2]。南海神庙作为岳镇海渎国家祭祀的组成部分，供奉的南海神也是南方民间水神信仰中最重要的主神之一，明确南海神庙建筑的当代文化价值所在，从而引导南海神庙的可持续利用。南海神庙文化景观的四个特色为：多元融合的地域文化特色；浑然一体的景观环境特色；精美通透的宗教建筑特色为；人神同乐的民俗文化特色[3]。

2016年为配合广州海上丝绸之路申遗准备，南海神庙进行文物修复。建筑本体主要包括大殿、礼亭、仪门复廊、东西廊庑、礼亭与碑亭、浴日亭等，其保存情况如下：

---

[1] 程建军. 南海神庙大殿复原研究（二）：南北古建筑木构架技术异同初论 [J]. 古建园林技术, 1989（3）：33-37；程建军. 广州南海神庙 [M]. 北京：中国建筑工业出版社, 2015.
[2]《南海神庙历史文化丛书》编委会. 南海神庙古建筑文化 [M]. 广州：广州出版社, 2007；杨宏烈, 李力. 广州南海神庙旅游景观规划构想 [J]. 华中建筑, 2006, 24（12）：156-159；陈周起. 祭海古坛：广州南海神诞 [M]. 广州：广东教育出版社, 2013；周晓琳. 南海神庙建筑演变 [D]. 广州：华南理工大学, 2016；肖汉江, 雷莹. 非物质文化视角下的南海神庙历史建筑保护 [J]. 华中建筑, 2012, 30（2）：159-161.
[3] 赵鑫, 王明星, 郭丽冰. 南海神庙文化景观的构成与景观特色研究 [J]. 广东农工商职业技术学院学报, 2020, 36（1）：65-69.

①大殿。原大殿为明代建筑,后被毁,现存大殿为1989年仿明代风格重建。宽五间,进深三间,单檐歇山顶,绿色琉璃瓦屋面,饰以双龙戏珠造型琉璃脊。由于自然风化等原因,大殿现存问题主要有如下几点:一是屋面局部漏雨,底瓦碎裂;二是青砖屏风墙体向北倾斜约1.5度;三是殿内的8根内柱,出现了不同程度的劈裂和柱脚胀开情况,原有加固用的铁箍也出现了松脱;四是部分外檐斗栱歪斜;五是个别区域油漆色彩过于鲜艳。

②仪门复廊。仪门与复廊均为清代建筑,仪门面宽三间,进深四间,悬山顶;复廊于仪门左右两侧,各有六开间,进深四间,硬山顶。由于自然与历史等因素,仪门复廊存在的问题有:一是条石地面局部沉降;二是仪门东次间大门的石门枕倾斜,导致大门开合不便;三是墙体局部风化,表面受潮起碱生苔;四是构架中有部分梁或瓜柱糟朽、开裂、油漆脱落,局部构件脱榫或缺失;五是屋面部分区域有渗水,部分檐口的檩条、桷板等构件糟朽、开裂,局部檐口屋面下沉变形。

③东西廊庑。原东西廊庑已毁,现存廊庑为1990年仿明清风格重建。两庑均为"L"形平面,面阔共十三间,进深二间,北端向大殿方向延伸二间。廊庑向内空阔开敞,外侧砌墙,两山为硬山搁檩结构。廊庑存在的主要问题有:一是屋面瓦片底瓦酥化,屋顶多处出现严重漏雨;二是檩条受雨水侵蚀糟朽,个别檩条弯曲。

④礼亭与碑亭。礼亭原建于明代,1990年仿明代风格重建。面阔、进深均为三间,单檐歇山顶。碑亭现存4座,即唐韩愈碑亭、宋开宝碑亭、明洪武碑亭、清万里波澄碑亭,均为20世纪八九十年代初重建。礼亭存在问题主要是局部屋顶长有杂草。四座碑亭的现存问题各不相同:一是唐韩愈碑亭屋面瓦片酥化、部分破损,青苔滋生;二是宋开宝碑亭瓦面大面积凹陷,瓦片酥化、碌筒开裂;三是明洪武碑亭东北部挑檐檩十字交叉处发霉、褪色,油漆脱落;四是清万里波澄碑亭瓦面风化,局部发霉及长有杂草,部分地方出现渗漏。

⑤浴日亭。浴日亭位于庙西侧的章丘上,于清道光年间重修,单檐歇山顶,梁架简洁。存在问题有:一是屋面自然风化,雨水侵蚀,长有杂草;二是铺地局部磨损,台基、铺地缝隙使用水泥砂浆涂抹填补,造成二次损坏;三是浴日

亭北侧玻璃罩下的地面通风不畅，杂草丛生。

2016年结合广州海上丝绸之路申遗需求，按照不改变文物原貌、安全性和最少干预原则，采用多项综合性专业技术措施，成功地对大殿、礼亭、仪门复廊、东西廊庑、礼亭与碑亭、浴日亭等文物建筑本体进行修缮与养护[①]。南海神庙作为重要的岭南文化资源开发对象，在弘扬中国的海文化，促进广州经济地位的提升上发挥着很重要的作用，并已被各种社会力量共同打造成具有独特的千年海洋文化内涵的文化产品，成为广州市旅游资源开发的重要品牌。

南海神庙及诸神灵性的重塑：首先，南海神从始建时单一的海祭功能，逐渐衍生出今天求平安、求财、求官、求子等的多功能神祇信仰，使南海神庙从过去相对单一的供奉海事保护神，发展成集多元信仰于一体的祭祀场所。其次，作为诸神灵性表征形式的神像，在实现从一般塑像到神像的转变过程中，其形态受塑造材料、工艺流程、设计师主观意识、民众的祈福愿望以及群体关系等诸多因素的重大影响。神像作为各类社会群体共同建构的视觉作品，其从塑像转化成神像的具体途径（如开光仪式等），受各群体关于神像与灵性能量不同版本解释的制约，从而也就能够反映不同群体的解释及实践行动的博弈状况。再者，南海神庙场域中存在着官方与民间两种祭祀形式，它们之间关系错综复杂，相互交融；在南海神庙从官方祭祀到民间祭祀的互嵌过程中，以波罗命名的"波罗鸡""波罗粽""波罗符"等独特祭品的象征意义也随之发生着改变。最后，南海神信仰历经重塑，神庙内的六侯、明顺夫人、关帝、观音娘娘、金花娘娘等神祇各具特定的社会文化功能，其"灵验"的特质使各种社会群体对其视觉形态争相做出不同解释，在信仰祈福实践中互动、博弈、交融，最终妥协而形成当地居民相对统一的文化认同。因此，南海神庙诸神灵性的重塑，是当地各社会群体通过神庙空间、神像重塑、仪式展演等视觉表达形式，共同建构宗教文化传统的社会过程[②]（图5-4）。

---

[①] 缪培添. 试论南海神庙文物建筑本体的修缮与养护 [J]. 文物鉴定与鉴赏，2021（11）：55-57.
[②] 王晓青. 灵性的重塑：广州南海神庙的视觉建构 [D]. 广州：中山大学，2017.

图 5-4　广州南海神庙

## 5.1.4　案例三：蓝色和美海岛旅游场景开发

历经亿万年的地质变迁，赋予了中国海岛海岸独特的自然地理风貌，历史上盛极一时的制度和文化促进了海上贸易，塑造了向海而生的滨海地区民众敢闯敢拼的性格特征，滨海民间信仰宫庙建筑文化大多呈现南北交融、中外合璧的独特韵味。

海岛海岸旅游在当代世界旅游业发展中起到了不可磨灭的作用，并且成为"80 后""90 后"游客的休闲度假首选。21 世纪是海洋世纪，海洋旅游作为世界重要旅游形式之一，是沿海地区经济社会发展的重要驱动因素。中国旅游研究院发布的《全球海岛旅游目的地竞争排名研究报告（2019）》显示，在全球旅游 GDP 比重超过 20% 的 31 个国家和地区中，有 27 个为岛屿国家和地区。由此可见，海岛海岸旅游已经成为推动世界旅游业发展的重要力量。同时，在旅游需求推动下，海岛旅游产品正在向休闲化、多元化方向发展，旅游新业态不断涌现[①]。据测算，在全球 11.8 亿国际旅游人次（过夜游客）中，有超过 2 亿人次选择海岛旅游。2017 年、2018 年、2019 中国公民出境旅游突破 1.3 亿、1.5 亿、1.55 亿人次，持续保持世界第一大出境旅游客源国地位。出境旅游已成为衡量中国城市家庭和年轻人幸福度的一大标准。其中赴海岛旅游的游客约占到出国

---

① 杨丽琼. 海岛旅游前景广阔　诸多挑战不容忽视 [N]. 中国旅游报，2019-10-21（3）.

总人数的1/3。与国外海岛旅游市场的火热形成对比，我国海岛旅游市场还处于开发期。我国虽然具备丰富的岛屿、海岸旅游资源，但仍处于海岛旅游市场开发的起步阶段。目前，我国沿海不少海岛大省已经把海岛旅游列为未来旅游发展的重中之重，并制定了中长期的开发规划。

根据我们的实地调查研究，我国很多海岛虽然非常适宜旅游开发，但是由于开发视角、板块或领域的情况不同，海岛旅游开发策略的拟定需要格外重视科学性和可行性。我国已经成功建设了海南岛、厦门鼓浪屿、舟山岛等海岛旅游目的地，实现了海岛旅游业的快速发展。随着游客对一些特色海岛的需求增加，中国的小众海岛旅游也受到关注。较成功的文化型海岛开发，如广西北海涠洲岛、山东威海刘公岛、浙江的普陀岛等。王琦、吴自涛、董厚保等认为，文化型海岛是以特定的海岛地域空间为依托，具有自然、文化、旅游的共同特征符号并以海岛人文特色为主要旅游资源的海岛类型[1]。文化型海岛建设是将海岛自然资源和历史文化资源紧密融合的一种开发模式，是现代海岛经济开发的大趋势。

在国家制度供给层面，2023年5月自然资源部发布"和美海岛"候选名单。"和美海岛"创建示范工作是经全国评比达标表彰工作协调小组办公室批准，由自然资源部组织开展的一项国家级创建示范活动。经县级申报、省级推荐、资格审查、现场核查、专家评审等程序，并经和美海岛创建示范工作领导小组审议，形成和美海岛候选名单。例如，福建省有湄洲岛、鼓浪屿、惠屿岛、海坛岛、大嵛山、南日岛等6座海岛入选。广东省有东澳岛、海陵岛、南澳岛、上川岛、外伶仃岛、桂山岛、三角岛等7座海岛入选。广西壮族自治区仅仅有涠洲岛1座海岛入选。海南省有东屿岛、分界洲、赵述岛等3座海岛入选。和美海岛创建是文化型海岛的国家层面建设，民间信仰宫庙空间创新与和美海岛结合，在新的海洋开发时代，既能诠释"和"，也能催生"美"。

下面以广西东兴海岛与京族哈节非遗场景旅游开发为例，简介说明。

---

[1] 王琦，李悦铮.文化型海岛的旅游开发与研究：以刘公岛为例[J].海洋开发与管理，2010，27（1）：12-15；吴自涛.文化型海岛建设的思考与对策：基于外伶仃岛的分析[J].中共珠海市委党校珠海市行政学院学报，2013（5）：77-80；董厚保，洪文艺.文化型海岛善行旅游发展的战略路径选择：以福建湄洲岛为例[J].资源开发与市场，2014，30（12）：1529-1532.

京族三岛是中国与越南交界处的巫头、潭尾、山心三个小岛，现属于广西壮族自治区防城港市下辖的东兴市江平镇。因该三岛是我国56个民族之一的京族唯一聚居地，故习惯称"京族三岛"，总面积为20.8平方公里，总人口2.33万人，京族人自16世纪从越南海防等地迁居于三岛，保留并延续了海神信仰和祭祀仪式。京族是我国唯一以海洋为生的少数民族，同时拥有海洋文化与边疆文化，形成了丰富的边疆民族文化特色。

自2019年5月1日休渔期起，当地京族群众借助海岛、海滩、海洋的风光优势发展旅游业，开辟新的经济增收途径。

京族三岛是民族风光旅游点，潭尾13公里长的金滩和巫头的原始森林，万鹤山是旅游胜地。京族的服饰朴素美观，独具风格。京族的主要节日有"唱哈节"，每到节日，男女老少穿着盛装，云集传统歌亭——哈亭，弹起独弦琴，跳起竹杠舞等，举行"唱哈"活动，祈求渔业丰收，人畜兴旺。

广西京族哈节于2006年5月列入第一批国家非遗，是京族最隆重的传统节日。"哈"在京语中是"歌唱"的意思，哈节，即唱歌的节日。因地区不同，举行的日期也不一致，除了每年的正月十五外，潭尾在六月初九至十五、巫头在八月初一、山心岛在八月初十，节期以3天或7天居多。

关于京族哈节的由来有多种传说，现在最流行的是镇海大王铲除蜈蚣精的传说。相传京族三岛一带原是一望无际的大海，海中的白龙岛上住着一只蜈蚣精，凡是经过白龙岛的船只，必须献一个人给蜈蚣精吃，否则它便会兴风作浪，打翻船只，吞食渔民。智勇双全的神仙镇海大王为了京族渔民的安全，设计杀死了蜈蚣精，将它斩成三节，头变巫头岛，身变山心岛，尾变潭尾岛，就是现在的"京族三岛"。京族群众为了感谢镇海大王除妖大德，便尊奉他为护岛神，并为之立哈亭供奉，每年都到海边将其迎回哈亭来享祭，于是形成了京族人一年一度的传统节日哈节。

另一种传说版本是，七八百年前，有位歌仙来到京族地区用优美的含义深刻的歌来反抗封建财主，深受京族人民的欢迎。为了纪念这位歌仙，人们建立了哈亭。节日期间，全村欢聚一起，通宵歌舞，并在哈亭举行迎神、祭祖、比武、角力等活动。

澫尾岛的哈节庆典活动一般持续一周，大体分为迎神、祭祖神、坐蒙、送神等四个部分。

迎神：在哈节的第一天，村民齐集哈亭，等到吉时便集队举旗擎伞，抬着神架到海边迎神，把神仙迎回哈亭供奉。

祭祖神：分为大祭和小祭，哈节第二天是大祭，随后几天都是小祭，祭神仪式一般从上午 11 点开始，约持续两个小时。先由正祭人员读迎神祝词，接着遵循哈节传统的祭祀程序，奏乐，摆放祭品，祭祀人员用桃叶洗净双手后，给神灵进献香烛烧酒，同时哈妹们伴以"进香舞""进酒舞"，然后由翁祝用京语诵读字喃写成的祭文，表达对神灵的崇敬和感激之情，最后将纸宝、祭文在灵位前焚烧。

坐蒙（即入席、乡饮）：祭神完毕后，村民聚集在哈亭内设席饮宴和听哈，宴席中盛放菜肴的长方形木托盘在京族中称为"蒙"，所以"乡饮""听哈"又称为"坐蒙"。按京族传统习俗，凡本地京族男子，到了 18 岁便有资格坐蒙。宴席中有哈妹"唱哈"、独弦琴表演等独具京族特色的文娱表演。

送神：哈节最后一天的吉时，香公在神位前念颂《送神词》，然后卜"杯珓"，得"胜珓"后，撤下"封庭杆"，哈妹们跳起"花灯舞"，将神灵平安送走（图 5-5）。

图 5-5　东兴市京族哈节文化场景
（来源：毕荣星拍摄）

乡村宫庙文化场景旅游实验地还有很多，杜树海考察了广西中越边境壮族地区 J 县"念经"、扶乩活动的概况及劝善经文，并梳理了其历史源流；记录了祭拜祖宗的扶乩活动，分析其与当地人群祖先记忆建构之间的关系；还考察了扶乩祭拜活动与当地村落权力、村落精英之间的关系。他认为对于民间信仰的理解应置于区域社会的历史进程之中①。广西百色市靖西市旧州街平安清醮是一种由民众集资，邀请巫、麽、道神职人员主持，由道公主导的大型社区斋醮活动，旨在祈求地方平安、生产丰收、民众生活幸福，成为当地民众生活中重要的祭祀仪式和宗教活动②。

## 5.2　旅游创新模式二：社区参与的文化景观旅游开发

### 5.2.1　运用文化地理学打造社区参与的民间信仰文化景观

中国自古以来的宗教景观是道教的洞天福地，以道教神仙思想和古人对理想聚居环境的构想为基础，融合地区特有的社会政治、思想文化环境，成为独具区域特色的景观。

当代景观人类学的研究主要有两个观点：一是以"空间"概念为基础的"生产论"，以勒·柯布西耶、福柯、雷比诺、河合洋尚等为代表；二是以微观建筑的"场所"概念为基础的"建构论"，以建筑学家舒尔茨、隈研吾、王澍等为代表。

"生产论"的代表之一法国建筑师勒·柯布西耶（Le Corbusier）在1922年提出多米诺住宅生产体系③，设计了批量的"居住机器"，水平结构的混凝土楼板取代了厚重的砖墙，在世界各地密密实实、层层叠叠地竞相攀上天空。它采用钢筋混凝土柱板结构，墙体从建筑结构体系中释放出来，构建了自由的平面形态和空间流动性。在工业化大生产的背景下，多米诺体系是高效生成更大系统的一个可复制片段，并具备了惊人的灵活性，它是一种典型的空间模块原型④。从景观生产论的视角来看，福柯、雷比诺等指出，空间是任何权力运作的基础。

---

① 杜树海.民间信仰的社会功能：广西壮族地区J县扶乩活动的文献和田野考察[J].宗教学研究，2013（3）：207-214.
② 郑直.广西靖西县（市）旧州街平安清醮研究[D].南宁：广西师范学院，2015.
③ 柯布西耶.走向新建筑[M].2版.陈志华，译.西安：陕西师范大学出版社，2004.
④ 曾凡博.多米诺展馆改造的模块化思维[J].建筑实践，2019（11）：172-173.

福柯通过谱系学方法考察了权力和空间的关系。权力和空间的关系主要有三种不同的形态：在君主权力阶段，领土是国家空间的界线，是表达主权的空间坐标。在资本主义规训权力阶段，权力作用的空间是个体的身体。在安全配置阶段，人口成为空间治理的主要目标。这三种形式在历史图谱发展中并没有明确清晰的边界，尽管空间的表现形态一直处于变化中，但是权力一直存在外部空间中，而不是内部空间。河合洋尚、周星指出，空间是学者、艺术家、媒体、地方政府等外部他者在特定的行政境界内描述和塑造的景观意象[1]。学者黄应贵在《文明之路》一书中，以台湾南投东埔社布农人为中心，探讨1895年到2010年间台湾东埔社布农人超过100年的历史发展过程，来了解当地文化传统如何被塑造及演变。黄应贵指出，空间不只是生活的舞台，是充盈着政治、经济利润和意识形态的象征的领域[2]。该书也是文化景观生产论的一次有益的实证。

"场所派"的代表阵营也颇为强大，日本建筑师隈研吾在《场所原论Ⅱ：建筑如何与城市融为一体》一书中提出了"场所派"的概念，指出"建筑必须与场所相连"。这一新建筑流派不再将建筑作为单纯的物体考虑，而是从外部构造和建筑内部的空间进行统筹考虑，把"场所精神"作为建筑的核心和第一要义，他用自己的十多个代表作品和三个实验案例进行分析，正如他在绪论中说："我相信，再次将人类与大地联系是后工业化社会建筑的一个最大主题。怀着这种心情，我开始写《场所原论》。"[3] 建筑的发展史就是人们对于理想家园的不断追寻，安全、宜居是人类对于建筑的基本要求，更是对于建筑最基本的精神寄托。

在乡村民间信仰宫庙开展的神明祭祀道场仪式是具有社会性、象征性、表演性的行为，是特定地区人们文化观念和实践的结合体，也是祭祀仪式功能的核心节点。神明祭祀活动一般包括祭祀仪式空间、戏剧场所、表演者、信众社区等，且与民间节日、民间戏曲等结合，探讨仪式空间的结构和功能可促进地

---

[1] 河合洋尚，周星.景观人类学的动向和视野[J].广西民族大学学报（哲学社会科学版），2015，37（4）：44-59.
[2] 黄应贵.文明之路[M].台北：台湾"中央研究院"民族学研究所，2012.
[3] 隈研吾.场所原论Ⅱ：建筑如何与城市融为一体[M].张烨，张锐逸，译.武汉：华中科技大学出版社，2019.

方信仰文化遗产的保护与开发,治愈现代人的心灵。因为表演本身作为一种言说形式,体现的是"元交流"所规定的各类文化信息。现代神学以隐秘的方式对应着传统文化符码,人神之间所进行的是有限定的、协商性的表演。

宫庙建筑的神明祭祀道场仪式是我们关注的重点。在微观层面,本书主要借鉴台湾著名人类学家李亦园提出的中国民间文化三层次和谐均衡观念的模型和其他学者的后续跟进研究的研究方法。李亦园通过仪式中的符号以及村民信仰生活实践的分析,探究其展现出的当地信众日常生活的逻辑、信仰与观念以及人际交往方式,即人与自然、人与神、人与社会三层次的秩序。根据神明建构、参与主体、组织力量三方面的变化,分析宫庙祭祀仪式展现的秩序变化。"秩序"究竟是什么?李亦园好像没有明言,推测它应是中国文化宇宙观、儒家文化规定的人和社会的关系和秩序。李亦园也指出当代民间信仰日趋兴盛的原因有二:一是功利主义,民间信仰的社群意义减弱,满足个人现实需求的意义相应增强,神明数目无限扩大;二是传统儒家道德复兴,以恢复传统美好的伦理秩序[①]。徐义强、李亦园的中国传统宗教信仰的形态研究有两项重要特色:一是中国传统宗教信仰表现出来的形态乃是一种普化的宗教形态;二是中国传统宗教信仰中超自然因素与伦理道德因素相脱离的特点[②]。闽籍学者郑振满、林志森等也围绕李亦园的观点开展相关研究[③],他们也是历史人类学本土化的"华南学派"重要代表学者。

由于不同神明类型的宫庙建筑空间的结构与功能不同,需要进行具体分析、评价,才能为民间信仰文化空间再生产提供思路和策略。

当代文化遗产领域的文化景观是指自然与人类的共同作品,反映人类社会和聚落在自然环境、社会、经济和文化共同影响下的演变过程(图5-6)。世界遗产委员会在1992年首次使用"文化景观"的概念,文化景观根据其表现形式的不同可分为"静态文化景观"和"动态文化景观",其中静态文化景观是有形的,

---

① 李亦园.新兴宗教与传统仪式:一个人类学的考察[J].思想战线,1997(3):43-48;李亦园.台湾民间宗教的现代化趋势[M]//李亦园.李亦园自选集.上海:上海教育出版社,2002.
② 徐义强,李亦园.宗教文化观述评[J].世界宗教文化,2011(3):44-47.
③ 郑振满,陈春声.民间信仰与社会空间[M].福州:福建人民出版社,2003;林志森.铺境空间与城市居住社区:以泉州旧城区传统铺境空间为例[D].泉州:华侨大学,2005.

包括现实中存在的具有一定价值的具体事务；动态文化景观是无形的，包括民俗、传说等非物质的文化遗产，给人以抽象的感觉①。

文化景观开发与社区参与密切结合，也是当代文化空间旅游创新的一个大趋势。社区参与旅游发展是指在旅游的决策、开发、规划、管理、监督等发展过程中，充分考虑社区的意见和需要，并将其作为旅游开发主体和参与主体，以保证旅游可持续发展和社区发展②。早在1985年，西方学者墨菲（Murphy）指出"要在社区开展旅游业，传统产业的东道主必须成为自愿的合作者"③。1997年世界旅游组织（WTO）、世界旅游业理事会（WTTC）与地球理事会（Earth Council）联合发布的《关于旅游业的21世纪议程——实现与环境相适应的可持续发展》把维护社区利益和重视社区参与作为实现旅游可持续发展的重要环节。

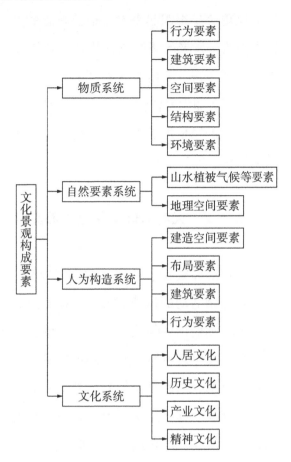

图 5-6　文化景观的构成要素示意图

旅游开发对传统乡村社区发展具有"嵌入"性的刺激作用。孙九霞在《社区参与旅游对民族传统文化保护的正效应》一文中指出，旅游开发可以作为激活民间传统文化的"偶然的因素"，许多被遗忘的、消失了的传统习俗在旅游开

---

① 杨宏烈. 南粤文化景观透视 [M]. 北京：社会科学文献出版社，2013.
② 保继刚，孙九霞. 社区参与旅游发展中的中西差异 [J]. 地理学报，2006，61（4）：401-413.
③ Murphy. Tourism：a community approach[M]. London：Methuen，1985.

发的过程中得以再生①。由于参与旅游发展的社区居民具有三种身份，即旅游接待东道主（主人）、旅游吸引物的一部分、人力资源的提供者，神缘纽带下的社区居民更容易组织起来参与他们熟悉的文化节事活动。吴应其的《金门陈坑社区参与旅游发展的调查与思考》一文揭示了这一现象②，他通过金门陈坑传统渔业民俗"牵罟"旅游开发的个案研究，建议加强民俗展演技能培训、鼓励村民参与经营、加大宣传营销力度、突出特色办好渔村节庆③。文章指出的陈坑社区参与存在的民俗展演不地道、配套项目不完善、营销推广不到位、民俗节庆中被边缘化等问题也具有一定共性。

### 5.2.2 民间信仰文化景观旅游开发

民间信仰文化景观旅游的界定应从以下四方面去理解：①满足人类游憩、旅游等休闲活动的精神需要，包括美感、好奇、陶冶情操等；②是在利用自然物质加以创造出的物质景观（文化景观的躯干，是形）基础上提升出来的精神与意念（文化景观的血肉，是神），是与满足人们物质生活基本需求的物质生产相对而言的，以满足人们的精神生活需求为目的的精神生产；③是高层次的人类精神活动，其所反映的价值趋向、折射的追求等内在含义与意义是文化景观的神、气所在；④物质性。在此基础上进一步提出文化景观的结构、层次与分类体系。非物质文化根源于人类社会生活，表现为民俗文化，民俗是人类社会其他非物质文化产生或发源的母体与基础。而随着社会的发展与进步，人类社会创造并分化出更高层次的非物质文化形式：艺术、宗教与制度等。从统治与被统治的角度，分化出与民间对应的制度文化；从世俗生活与精神信仰的角度，分化出与俗人对应的宗教文化；从粗俗与高雅的角度，分化出与低俗对应的高雅艺术。艺术、宗教与制度共同构成了非物质文化的上层建筑，并主导着人类

---

① 孙九霞.社区参与旅游对民族传统文化保护的正效应[J].广西民族学院学报（哲学社会科学版），2005，27（4）：35-39.
② 吴应其.金门陈坑社区参与旅游发展的调查与思考[J].厦门理工学院学报，2014，22（4）：20-25.
③ 吴应其.传统渔业民俗的旅游开发初探：以金门陈坑"牵罟"旅游开发为例[J].厦门理工学院学报，2012，20（3）：11-14.

社会文化的"大雅之堂",成为张显的主流文化[①];民俗文化则作为上层建筑的基础而广泛地存在于社会生活的方方面面,处于默默无闻、自生自灭的弱势地位。

具体的文化景观旅游规划设计是针对游客和经营者不同利益主体的不同需要,在物质文化内容通过对象化与内化的过程,将其内容或精神加载到某一具体的载体之上,再通过科学规划,将这一文化景观加以强化与凸显,并集中地展现给游客,游客在对文化景观的旅游体验过程中感受到这种文化氛围,并从其载体中重新读取而获得其所承载的非物质文化的意义或精神,从而达到文化景观旅游的目的和意义。这一过程可以表达为:物质文化内容(精神与意义)—对象化与内化(内容加载)—文化景观(载体)—展现设计(读取)—游客(人)—感受(情感体验)—非物质的精神境界。如游客到广西桂林龙胜旅游,可以观赏壮族舞、品龙脊水酒、住麻栏木楼,还可一睹龙脊梯田的壮观景致。每到一处地方,旅游者都能欣赏到不同的景致,体验不同的生活。

通过对文化景观的传承机制与具体的传承手段和形式的研究,我们系统阐述文化景观资源的旅游开发与其保护、传承的协调发展的一致性。文化景观旅游开发要从人类的心理精神感受需求出发,在把握对人们的价值观、审美观、哲学取向等人类社会文化的理解基础上,利用心理、文化的引导,研究如何保护、延续人类珍贵的文化遗产,将精神转化到具体的物质载体中,进而为旅游开发提供资源。在旅游活动的过程中,借助艺术与科学化的景观规划设计,使游客重新体验赏心悦目、积极上进的精神环境。这一过程可概括为"从精神到物质",进而再"从物质到精神"的文化景观旅游开发模式,从而达到保护与开发的和谐统一。

从游客价值角度,开展文化景观体验旅游值得探索。关于旅游体验方面的相关研究可以追溯到19世纪中叶以后,在叔本华、尼采、狄尔泰、柏格森等哲学家那里,西方美学和哲学有关体验的论述进入了高峰期。早在20世纪60年代,布斯汀(Boostin)将旅游体验定义为一种流行的消费行为。特纳认为,旅游在

---

① 阿尔甘,法焦洛. 艺术史向导[M]. 谭彼得,译. 南京:南京大学出版社,2018.

本质上就是偏离常态的特殊行为①；相反，美国的人类学家麦克莱尔（MacCannel）认为，旅游体验是人们对现代生活困窘的一种积极回应，游客为了克服这些困窘而追求一种对"本真"的体验。麦克莱尔把美国社会学家欧文·戈夫曼（Erving Goffman）的"舞台真实性理论"②引入旅游研究中，他认为东道主为吸引游客对目的地文化（包括他们自己）的包装在某种程度上已经改变了文化的客观真实性，游客所追求的真实是目的地社区或经营者提供的一种"舞台真实"（stage authenticity）即建构性表演真实。"舞台真实"理论不仅仅表现旅游场景中游客与当地人的关系建构，还表达了麦克莱尔对游客与现代性的关系、旅游场景的特征等的看法。

杨振之借鉴"舞台真实"理论，将旅游目的地划分为"前台"与"后台"，并增加了"帷幕"区，形成"前台、帷幕、后台"旅游开发模式。"前台"是当地居民"展示、表演的空间"，通过"前台"商业化的接待，游客在短时间内了解当地文化的同时还能促进当地经济发展；"后台"是文化保护区，是"原生文化空间"，严格限制游客进入，在这里少数游客将以"凝视"的态度去审视民族文化。在"前台"与"后台"之间，通过设置一道"帷幕"来保护"后台"文化，作为文化的缓冲区，实行控制性的开发，文化商业性和真实性呈中等维度③。

人类学家科恩（R. Cohen）的《旅游体验的现象学》一文认为，不同的人需要不同的体验，不同的体验对不同的游客和不同的社会具有不同的意义。该文提出了族群性范畴化问题。他将旅游体验定义为个体与各种"中心"之间的关系，认为体验的意义来自个体的世界观，取决于个体是否依附于某个"中心"。科恩认为，随着现代性带来的异化越来越严重，个体对文化本真性的寻找欲望就越强。现代性的人与社会关系同时孕育了现代性中个人的双重趋势——社会角色理性化趋势与个人意志强化趋势。例如，民族地区旅游是观光旅游的延伸，民族旅

---

① Turner V, Turner E. 朝圣：一个"类中介性"的仪式现象 [J]. 刘肖洵，译. 大陆杂志，1983，66（2）：52-53，56.
② 欧文·戈夫曼，美国社会学家，也是符号互动论的代表人物，拟剧论的倡导人。他首创了"拟剧论"，认为人赋予社会秩序或特定行为以意义。社会行为就是社会表演，社会成员在社会舞台上扮演多种角色，使自己的形象服务于欲达到的目的。戈夫曼的著作和理论在美国社会学界得到广泛的赞同。他的主要著作有：《日常生活中的自我表现》《互动仪式》《框架分析》《交谈方式》等。
③ 杨振之. 前台、帷幕、后台：民族文化保护与旅游开发的新模式探索 [J]. 民族研究，2006（2）：39-46.

游地的民俗文化、政治形态与游客本身的生活有所差异。由于生活环境和文化习俗有其独特性，游客愿意选择到目的地进行旅行。游客旅游的主要内容便是体验不一样的"原生态"文化。民族地区居民亲自参与到旅游活动中来吸引游客，提供的旅游产品主要包括当地的生活、生产方式、手工艺品及文化产品等，每一种旅游产品都能代表这个民族的特征。游客在民族地区旅游过程中不仅仅享受当地所提供的服务，最重要的是体验不同于自身日常生活方式的地方风俗，寻求从未触摸的异域真实、本真的民族情调等。

麦克拉肯构建了消费社会中的意义转移模式，认为消费品之所以具有超越其使用功能和商业价值的意义，很大程度在于它能承载和传递文化意义。但是，商品的文化意义又不是凭空产生的，而是从文化世界里转移过来的。商品的文化意义保持着一种持续转移的状态，并辅以设计者、生产者、广告商和消费者的集体和个人努力，在社会世界的三个场域（文化世界、商品和个体消费者）间持续转移，然后遵循两个点的移动轨迹进行意义的转移（文化世界到商品和商品到个体）。建立品牌和广告是商品的文化意义，也是从文化世界转移到商品的主要手段。广告、品牌等成为符号消费的中介。霍尔布鲁克（Holbrook）等汇总了四项消费体验维度——体验（experience）、娱乐（entertainment）、表现欲（exhibitionism）、传递愉快（evangelizing），简称"4Es"理论[1]。

B.约瑟夫·派恩和詹姆斯·H.吉尔摩合著的《体验经济》一书，讨论了在体验经济时代如何来定制产品服务等问题，提出了关于旅游体验的另一种"4Es"理论，即娱乐（entertainment）、教育（education）、逃避（escape）和审美（estheticism）等。他们指出，体验是以服务为舞台、以产品为道具，围绕消费者创造出值得消费者回忆的活动。让人感觉最丰富的体验必须同时涵盖四个方面，即处于四个方面的交叉的"甜蜜地带"的体验。他们还提出了塑造体验的五种方法：体验主题化、以正面线索强化主题印象、淘汰消极印象、提供纪念品与重视对游

---

[1] Hirschman E C, Holbrook M B. Hedonic consumption: emerging concepts, methods and propositions[J]. Journal of Marketing, 1982 (46): 92-101; Holbrook M B. Romanticism, introspection, and the roots of experiential consumption: morris the epicurean[J].Consumption Markets & Culture, 1997, 1 (2): 97-163; Havlena W J, Holbrook M B. The varieties of consumption experience: comparing two typologies of emotion in consumer behavior [J]. Journal of Consumer Research, 1986, 13 (3): 394-404.

客的感官刺激等。

国内学者也有不少这方面研究的成果。谢彦君在国内较早研究旅游体验问题。他指出，旅游体验是以追求旅游愉悦为目标，游客在欣赏美的世界、享受美的人生时所产生的一种愉快的心理体验[①]。邹统钎、吴丽云认为，旅游体验的类型还应该包括移情（empathy），形成旅游体验的"5Es"理论。庄志民关注旅游注意力和体验的结合问题，认为旅游作为"体验"就是一个通过五官去综合感受外部世界形象，进而由表及里地洞悉体悟内在意蕴的过程。旅游体验的重要来源在于，旅游是一种有清晰目的和明确意义的个体活动，这种目的和意义是由游客（包括潜在的游客）的需要和动机所决定的，而这种目的和意义的实现，需要旅游吸引物系统作为旅游发生的外部动因。在这个系统中，各种要素外在地服务于游客，旅游吸引物成为游客获得旅游体验的最重要的来源。

### 5.2.3　案例一：南京市江宁区七仙大福村美丽乡村规划

#### 5.2.3.1　七仙大福村简介

七仙大福村位于南京市江宁区横溪街道西岗社区，紧邻禄口国际机场，处于苏皖行政分界处，距离南京市区约60公里。南与丹阳新市镇毗邻，西接安徽马鞍山，为南京通往皖南的重要通道。本次规划以大福村生态旅游特色村的打造为契机，带动规划范围内3.27平方公里的旅游开发建设。规划场地内外交通便捷，连接外围交通的有S313、X104。东部有丹向公路、幸福大道，与南京主城连接的有宁丹公路，西北部有规划在建的常马高速公路，交通优势明显。

（1）历史及旅游资源

七仙大福村具有深厚的七仙历史文化资源，相传村内的七仙山即是民间传说中七仙女下凡的地方。七仙女下凡的古迹还有七仙女庙、七仙女脚印、古槐树等，当地还流传着这样的故事：从前，乡民们如果有脚病，只要到七

---

① 谢彦君. 旅游体验研究：一种现象学的视角[M]. 天津：南开大学出版社，2005；谢彦君. 旅游体验的情境模型：旅游场[J]. 财经问题研究，2005（12）：64-69.

仙女脚印上踩踩，就会祛病消灾。"七仙山"这个地名永远留存了下来，成为黄梅戏《董永遇仙记》故事发生地。因此，爱情神话与民间传说成为该村的主要文化名片[①]。

观音寺：方山定林寺下属的观音寺，其寺庙及其佛教文化成为重要的旅游资源，同时也是融洽乡村居民的纽带，是居民交流的一种方式和精神寄托。

传统手工作坊：丹阳及江南古镇特色传统手工作坊，正积极申报江苏省市级非遗。

商业街：正在规划建设的铜钱广场及一条以徽派四合院为特色的商业街，发展"七仙"特色文化产业。

农耕旅游：农耕文化历史悠久，新规划的万顷良田也能够促进农耕旅游。畜禽养殖场：孔雀等禽类的养殖场。茶果园：村内已扩大茶叶、葡萄、草莓种植面积，提供农业文化体验的场所。利用丘陵山地开发建设白茶基地、苗圃基地园艺区。

（2）景观质量现状

地形地貌：地势西北、西南高，丘陵起伏，高差不大，景观视野开阔；东南部地势平坦，水面较多。

农田景观：万顷良田进行场地整理后，除杂草外无任何作物，增加后期规划的灵活性。现状农田大多种植油菜花，部分以松林、竹林为背景，金黄色与墨绿、翠绿形成强烈对比，丰富了景观层次。从观音阁上遥望，农田上黄绿相间的植物景观如精心编织的绶带，别具风味。

水体景观：园内有三处较大的水面，仙女亭处为硬质驳岸，另两处为自然驳岸，自然驳岸以草皮覆盖。另有一处长方形水面正在开挖，位于十二坊南侧。

山林景观：植被资源丰富，松林、竹园、茶园等依托低丘起伏的地形地貌，层次丰富，成为景观打造的良好绿色基底。

道路景观：场地内主要道路仅在一侧有落叶乔木和色叶灌木球相间。村庄入口道路搭配形式为常绿灌木+色叶灌木球，并且都是新近种植，甚至有部分

---

① 高鹏程.民俗主义视角下的南京大福村七仙女传说[J].节日研究，2020（2）：254-265.

道路未实施种植。道路景观比较单调,有待改进和完善。

居住区景观:吴峰新社区房前屋后绿化中有较多村民自行种植的菜地,景观效果较好。朱高村被农田和低丘环绕,在油菜花和松林的映衬下,呈现恬静自然的乡村风貌。

5.2.3.2 七仙大福村景观规划

(1)景观规划总体定位

依托江宁区以及横溪街道城乡统筹和片区联动的发展战略,秉承大福村现有产业及旅游基础,深度挖掘当地自然、文化和产业资源特色,集成区位、资源、政策等优势,美化农村、优化农业,将规划片区打造成为集甜蜜浪漫爱情体验、清雅脱俗佛教感悟、美丽乡村休闲度假为一体的乡村游览综合体(图5-7)。

(2)规划投资

七仙大福村总投资3.6亿元,占地3 500亩(1亩≈666.7平方米),整个工程规划为建设仙女湖、元宝湖、傅员外府、七仙四合院、小丹阳观音寺、万年台、天仙亭、七仙书院、孔雀园、老槐树、木榨博物馆、阳光沙滩、十二坊传统作坊街等景点。七仙大福村整体风格定位为汉唐风,围绕农耕文化和爱情传说两大主题,充分挖掘江宁横溪小丹阳的历史文化渊源,努力彰显七仙古镇的地方情怀。

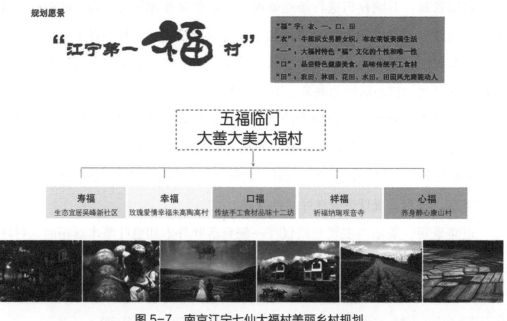

图5-7 南京江宁七仙大福村美丽乡村规划

(3) 主要规划

蔬菲镶玉万顷田：通过蔬菜种植展现大规模农田壮观景象（田成方，树成行），突出以农业生产景观为载体的农业旅游景点开发。

祈福纳瑞吉祥地：对观音寺、铜钱广场、莲花大道等旅游资源进行整合，突出佛教文化的传承和寺庙园林的营造，使其成为人们拜佛许愿的好去处。

生态宜居仙居乡：通过对村落建筑及软质环境的综合整治，提升整体环境质量，带动旅游服务业发展，打造有山、有水、有绿的宜居之所，使居民及游客受益。

(4) 规划原则

尊重现状，特色突出：在解读相关规划基础上，以朱高村、陶高村现状资源为出发点，综合考虑，以"七仙传说""观音祈福""欢乐十二坊"为特色关键词，强调旅游项目策划、景观规划设计，重点打造生态旅游特色村品牌，最大限度提高朱高村、陶高村及其周围片区的综合效益。

建筑为基，环境为重：以建筑改造为基础，以环境整治为重点，对大福村内大部分建筑外立面进行粉刷装饰出新，拆除违规、废弃建筑，统一建筑形象，同时通过绿化手法对庭院道路街巷等附属空间进行优化美化。

生态优先，游赏结合：注重植物造景，强化生态村旅游主题，提升景观品质。通过参与使人融入环境，根据季节特点挖掘游乐资源，使得四季皆有景、有乐。

美丽同行，促进建设：通过乡村特色旅游的开发、文化及自然资源的利用整合，将景观规划内容融入乡村旅游开发中去，带动区域经济发展，为农民创收，促进乡村建设。

5.2.3.3　七仙大福村景观建筑改造及设计

(1) 根据外立面材质不同将建筑分类

主要为红砖房、青砖房、水泥及瓷砖贴面房。其建筑改造可挖掘当地文化传统、建筑材质，将当地历史文脉融入有形的建筑实体中，合理组织其与附属空间及景观的关系。保留原建筑结构，对建筑表面进行修缮改造，粉刷出新。与村落街坊的整体环境风貌存有冲突的建筑，应从融合的大环境角度对建筑进行改造。现状建筑质量较差的建筑，如村民住宅附属用房、临时用房、村民猪

红砖墙建筑外立面改造
（1）建筑立面改造方式图

（2）居住建筑单体效果图

青砖墙建筑外立面改造
（1）建筑立面改造方式图

（2）居住建筑单体效果图

图 5-8　南京江宁区七仙大福村景观建筑改造

圈及厕所等，此类可考虑改造或重建。图 5-8 为红砖墙、青砖墙建筑外立面改造示意图。

（2）建筑风格

以当地简洁民居风格为主，采用檐部、墙身、勒脚"三段式"结构，材料以砖、瓦、仿木、玻璃、石灰粉刷为主。

（3）建筑外观

采用灰色坡屋顶，形式统一，色彩和谐；对建筑外立面进行粉刷清理，砌筑勒脚，门头、窗户等处增加细节装饰。

成功的景观规划和创新旅游开发，使大福村入选 2017 年南京市省四星级以上乡村旅游区。

2017 年 12 月，在首届"水韵江苏"旅游产品交易博览会开幕式上，全省命名 13 条"首批江苏省旅游风景道"，其中，江宁西部生态环线榜上有名，成为全市 4 条入选的旅游风景道之一[①]。江宁西部生态环线主要以 2013 年建成的西部生态联一线、联二线等线路为主，加上之后建成的西部生态环线北延、南延线，形成了一条长约 60 公里的江宁西部特色田园乡村快速通道。这条道路从牛首山脚下一直延伸至横溪街道七仙大福村，不仅连通了江宁西部 430 平方公里田园山水，而且依次衔接起牛首山、云水涧文化展示中心、龙乡双范精品民宿村等乡村旅游景点景区。

---

① 中共南京市江宁区委党史工作办公室，南京市江宁区地方志编纂委员会办公室. 江宁西部生态环线入选全省首批旅游风景道 [M]. 江宁年鉴，2018.

## 5.2.4 案例二：金门东林、陈坑古村民间信仰文化景观空间旅游创新

### 5.2.4.1 金门烈屿东林古村聚落简介

金门，旧名浯洲、浯江，由金门岛、烈屿、大担、小担等岛群所组成。其中金门岛西南侧之烈屿岛，为泉州市金门县管辖下的最大岛屿，故又称小金门。在古代，烈屿岛属百越文化之地，《方屿纪要》载："屿周二十里，大小山数十，唐时尝置牧马监于此"[①]。由于其地处大陆东南海岸边陲，孤悬于闽南外海，具有与大陆隔海阻绝的天然屏障作用，明清及近代成为逃避战乱的移民迁入地。林志斌、江柏炜的文章以烈屿岛上烈屿乡的东林村为田野调查地，探讨了汉人社会民间信仰中"人、鬼、神"空间共处的关系结构，并从民间信仰中神灵信仰、禁忌面与神圣面、宗教仪式等层面来建构传统信仰的鬼神观；并借由仪式的参与，了解当代汉人社会中无形的祭祀空间范围与有形的社会生活领域的关联性[②]。

由于金门烈屿岛独特的历史、地理环境，聚落传统文化保存较好，各姓氏依其需求选择适合的场址，历经不同时期的开发，形成现今岛上聚落形态，包含西路、西宅、东林、湖下、罗厝、青岐、上库、杨厝、上林、中墩、南塘、后井、前埔、湖井头、东坑、双口、下田、西吴、西方、后宅、黄厝、埔头、庵顶、庵下、后头、林边等26个聚落[③]（图5-9）。

在烈屿地区有所谓的"无庙不成村"俗谚，信奉妈祖、保生大帝、土地、关帝及各种王爷，但聚落里只有一间会被指定为"境庙"，境庙所奉祀的主祀神则被尊为"境主"，为聚落的守护神。宫庙作为村落的信仰中心，奉为"境主"的主祀神明保障村落安全，因此祭祀成了村落内最重要的活动；借由"镇符"仪式，以确认聚落领域范围；且通过"请火""刈香""作敬"等仪式，祈求神明的赐福与保庇，免于灾难及疾病的威胁，达到"合境平安"的理想境界。

---

① 林焜熿：金门志[M]. 南投：台湾省文献委员会，1993.
② 林志斌，江柏炜."合境平安"：金门烈屿东林聚落的民间信仰及空间防御[J]. 闽台文化研究，2014（3）：40-58.
③ 烈屿乡公所. 烈屿乡志[M]. 金门：烈屿乡公所，2002.

东林聚落民间信仰"境"的概念与运作简介如下。

（1）历史发展概况

东林聚落位于烈屿南方，东有大殷山，北接龙蟠山，西有阳山，南面临海，三面环山，一面临海。自元末，由林氏祖从福建泉州田中乡迁居于此地。1949年国民党军队进驻烈屿，同时引进新时期的移民；1964年，东林街道与东林市场完工，慢慢形成商业文化中心，有意经商者，纷纷集向东林移民，形成新的聚落形式。据2002年《烈屿乡志》统计，东林人口以林姓为大宗，其余有许、杨、石、方、洪、郑、施、陈、罗、冯、李、廖、应、徐、刘、庄等姓[①]。

东林村内主要信仰中心有灵忠庙、佛祖庙、万神爷宫及忠孝堂等。其中灵忠庙主祀洪府元帅，归属道教宫庙，民间筹资募集，位于东林街52号，主要负责人是林氏家族里的林登保。灵忠庙位于东林聚落内的中心，原称"厉王庙"，奉祀张巡，据传早期东林居民敬仰张巡死守睢阳城时，因贼众卒寡，战至粮尽援绝，最后不幸城破被俘，仍然宁死不屈、从容就义，后忠烈封神，因此乃自金门城分炉，且立庙祭祀。相传在清嘉庆年间，东林聚落先民出海捕鱼时，偶然网获神木一段，神木上有"洪府元帅"四字，梦托本境缙绅，并依其影像塑成元帅容貌，于清嘉庆十七年（1812年）集资修建庙宇，奉祀为庙主神。灵忠庙至今历经数度重建，现规模为2004年重建，为东林聚落内的主庙，其他陪祀神祇有朱王爷、邱王爷、苏王爷、中坛元帅、保生大帝、老祖、刘王爷及虎爷等。

佛祖庙原名为水尾宫，位于聚落内外侧与海相接之处。从访谈中得知，水尾宫有镇水尾神之功效，可守护村落内居民的财运，即所谓"把水财""收水尾"的功用。

万神爷宫主要供奉无主孤魂，聚落内居民立庙祭祀，并以万神爷统一尊称，居民供奉香火，期盼得到万神爷的庇佑。

忠孝堂为聚落内林姓村民之宗庙，供祀林姓先祖，其信仰活动范围只限于林姓村民。

---

① 林志斌，江柏炜."合境平安"：金门烈屿东林聚落的民间信仰及空间防御[J].闽台文化研究，2014（3）：40-58.

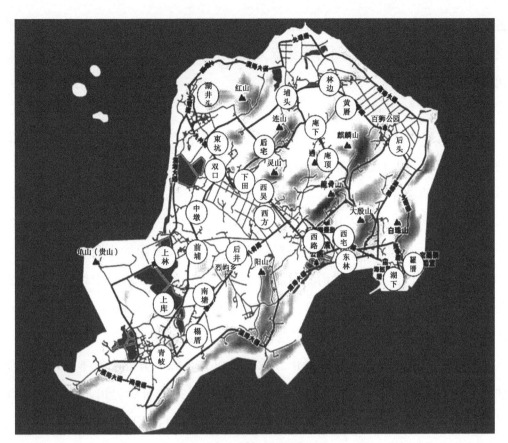

图 5-9　金门烈屿村落分布图
（来源：林志斌、江柏炜绘制）

（2）"境"的领域界定

东林聚落每年举行的"镇八营"镇符仪式分为"外五营"及"内三营"，"外五营"仪式又称"镇五营"，镇符主要分布在聚落外围，分为东、西、南、北、中五个方位，镇符仪式活动举行范围即为村域大致范围。以聚落宫庙主祀神为"境主"，所辖下的特定范围，以"境"来表达此一特定区域范围，居民以"本境弟子"自居。"本境"泛指在同一主祀神明的信仰基础架构下，所建构的特定神圣空间，用"社""社里""村""乡里"等名词称某一特定地域，但在宗教活动中，一般都以"境"称之。相较于地理环境或是国家力量所界定的有形领域，"境"的范围是属于"无形"的范围，"境"的领域完全取决于"境主"的"神力"范围，也就是聚落宫庙庇佑所涵盖的领域，并通过镇符仪式来界定"境"的领域范围。林会承认为传统汉人村庄领域界定常以镇符的仪式界定，"以图像来界定空间，意味着原图像上各元素之功能及意义被投射到土地的相对位置，透过信仰的力量，原本中性的空间被异化成许多具有不同功能及意义的次空间，这些次空间进一步地成为当地居民行为准则之一"①。

（3）"境"的信仰活动

东林聚落在每年正月十二，举办称为"镇八营"的镇符仪式，而镇符所需的构件、路线、营头的选择及仪式的过程，皆有一定的规则与特定仪式，简介如下：

① 镇符的构件

镇符所使用的构件依其材质来分，主要分为竹符、木符及令旗三种。竹符长一尺二寸，制作时是取用竹子一段剖半阴干，符头要用纱线捆绑，符的下半部削成尖状，上书主祀神洪府元帅各营番号；木符的长度略短于竹符，制作方法同竹符；令旗则制作成三角形，并以颜色来区分五个方位，即蓝色代表东方，红色代表南方，白色代表西方，黑色代表北方，黄色代表中央。

完成制作后的符令，必须经由"敕"的仪式步骤，方能由原本仅仅为物质性质实体的符令，转化成为含有神圣效力之象征物的符令。由道士先行施念咒语，象征召集兵将，类似于现今"阅兵"的概念，再用王爷的宝剑划破舌头，并以舌血沾于各类符令上，最后再喷洒符水并打上手印，即完成符令的构件，即符令之神圣化。

② 镇符的仪式及路线选择

"外五营"主要分布在聚落外围，它的五个方位分别代表各营的神兵、神将所驻守；"内三营"则位于聚落内，分别代表灵忠庙主祀神明洪府元帅、厉王爷及太子爷。镇符的仪式队伍是由代表神明力量的"香火担"领头，到达镇符的位置，拔除旧有符令，再插上新的符令，配合道士鸣"牛角"，抽打"法索"，居民由外而内挥动代表神明兵将的"五王旗"，象征天兵天将驻扎于此，再焚香祝祷燃放鞭炮后，完成镇符仪式。

③ 保境佑民的祈福仪式

传统民间信仰中，最常见的画面是居民手执香，向神明祝祷或许愿，并以

---

① 林会承.台湾传统汉人村庄的领域界定[C]//亚太传统艺术论坛学术研讨会论文集.台北：台湾传统艺术中心筹备处，2000.

火化金纸向神明表达谢意。关于"香""火"所代表的意义，黄美英在《台湾妈祖的香火与仪式》一书中谈到，香火仪式可分为两类：一类是人与神的仪式行为，信众向神明烧香，在神前许愿，把燃烧给神明的金纸作为献金，后取回代表神力的香火袋、符令、炉丹等，以保平安；另一类是神对人的庇佑与灵力的具体化，如上述香火袋、符令、炉丹等象征物，因此神明本身须具备赐福庇佑的灵力，才能得到信徒源源不断的"还愿"及"叩谢神恩"的实质回馈，两者的关系是相互依存，即神明的"香火"因信众的供养而维持不断，故"香火鼎盛"代表神明的力量更为强大[①]。郑志明则进一步指出，"香""火"都是神明灵力的外部象征，自祖庙分香而出的分灵庙借进香仪式来增进本庙的灵力[②]。

5.2.4.2　金门陈坑古村聚落旅游开发

金门陈坑古村的象德宫内主祀温王爷，还有王府千岁、蔡府按君、付府旗牌将军、中坛元帅、南府王爷、文武判官、下坛虎爷，以及福德正神与注生娘娘等众多神明，专神与泛神在同一空间中的共存现象明显。

吴应其的《金门陈坑社区参与旅游发展的调查与思考》一文指出，金门陈坑古村落融渔村、侨乡、作战阵地于一体，有发展旅游的特殊优势。村民多出于宗族情结和家乡认同，不计报酬、不遗余力地支持旅游开发，使社区文化得到一定的展示与传承；但因低估旅游收益预期，村民多不愿意专职经营旅游业，旅游开发带给陈坑社区的经济效益不大。为了提高陈坑社区参与旅游发展的含金量，使旅游业造福于这个典型闽南传统社区、非商业性旅游地，并更好展示和传承地方文化，陈坑应发挥地方力量，创造村民经营旅游业的条件，改进文化展示方式[③]。

金门红砖建筑群与南安蔡氏古民居建筑群等已经成功列入中国世界文化遗产预备名录。笔者于2015年在金门琼林古村落的调查研究报告中已论述福全古村一铺十三境景观规划[④]。

---

① 黄美英.台湾妈祖的香火与仪式[M].台北：自立晚报社文化出版部，1994.
② 郑志明.台湾传统信仰的鬼神崇拜[M].台北：大元书局，2005.
③ 吴应其.金门陈坑社区参与旅游发展的调查与思考[J].厦门理工学院学报，2014，22（4）：20-25.
④ 庞骏，张杰.仙宫圣境：闽海民间信仰宫庙建筑空间解析[M].南京：东南大学出版社，2023.

## 5.3 旅游创新模式三：宫庙建筑博物馆式历史—文本旅游

### 5.3.1 博物馆式历史—文本旅游

我们提出一种民间信仰宫庙文化空间旅游创新模式，即宫庙建筑博物馆式历史—文本旅游。宫庙建筑博物馆式历史—文本旅游就是采取博物馆运作方式开发宫庙建筑的历史—文本旅游价值，促进其向公共空间、商业空间转化。游客通过不同地方的宫庙建筑本体、村规民约、旅游规划制度、石刻和县志等方式对宫庙建筑文本进行感知。宫庙建筑的历史—文本是创造地方性的一种重要途径，文本的创造者根据对一个地方的感知和认知，创作出再现该地方的文本，文本的表现形式比较有利于传播，使得看到文本的人了解地方性，进而对地方性有进一步的认识，从而达到"见物见人见生活"的意境。

博物馆是为社会服务的非营利性常设机构，它研究、收藏、保护、阐释和展示物质与非物质遗产。博物馆向公众开放，具有可及性和包容性，同时促进多样性和可持续性。博物馆以符合道德且专业的方式进行运营和交流，并在社区的参与下，为教育、欣赏、深思和知识共享提供多种体验。

国外对博物馆旅游经营管理进行大量的研究始于20世纪90年代。1994年，英国博物馆和艺术馆协会对博物馆和艺术馆的服务质量、顾客管理、指导方针的实施进行了探讨；Frans Schouten指出，博物馆需要变革，应通过鼓励游客参与体验，提供高质量设施，加强同社会联系等方式展示其影响力并吸引游客前往参观[1]；Ted Silberberg指出，博物馆和遗迹胜地开展的文化旅游是其经济效益的重要来源，博物馆和遗迹胜地应加强同周围其他部门的合作以取得共赢[2]；Steven Tufts 和 Simon Milne 从供给的角度研究了博物馆伴随着社会经济的发展，在城市经济文化中扮演的角色的变化及其服务和设施应发生的改

---

[1] Schouten F. Improving visitor care in heritage attractions [J]. Tourism Management, 1995, 16 (4): 259-261.
[2] Silberberg T. Cultural tourism and business opportunities for museums and heritage sites [J]. Tourism Management, 1995, 16 (5): 361-365.

变①；Peter H. Welsh 在对博物馆的经营实践重新认识的基础上，构建了便于人们了解的博物馆操作模式②。

我国学者杨丽指出，博物馆是一类高品位的特色旅游资源，分析了我国博物馆旅游的现状，对我国博物馆特色旅游资源的开发提出了构想③。李瑛就国外博物馆的发展趋势，分析了我国博物馆旅游产品的开发现状，并提出了均衡布设博物馆的种类，转变博物馆工作人员的观念，改进展示手法，增加服务项目，多方筹集资金等发展策略④。林美珍、郑向敏分析了博物馆经营的优势和障碍，认为博物馆经营要引入市场化运作理念、数字化管理理念和国际化拓展理念等，采取产品策略、营销策略、合作策略等经营策略才能取得更好的发展⑤。

由单一的博物馆发展到博物馆群，实现博物馆业的综合化和现代化。空间广泛分布的民间信仰宫庙建筑采取与博物馆群同样的保护与展示旅游也是未来发展的方向。博物馆群旅游的价值有三。其一，对特色文化遗产形成更好的集中式保护，避免空间过于分散，不利于参观。如英国伦敦南肯顿区的博物馆群便集合了几家大型的国家博物馆，有维多利亚与阿尔伯特博物馆、自然历史博物馆、国家科学及工业博物馆和伦敦地质博物馆，以及周边的其他小型和私立的博物馆等。其二，高品质博物馆的建设体现一个城市的文化形象和城市规划能力。保护城市历史文化就是要保护其在现代社会的各种价值，使其服务于社会，并且能使历史文化的价值与现代社会生活的诸要素相结合，从中得以延续和发扬。博物馆作为一个城市的历史资源的保护者、城市的文化象征日益受到高度重视。其三，博物馆群与旅游结合，拉动城市文化旅游。一些以重要历史建筑或名人故居改建为博物馆的建筑本身可作为旅游对象，博物馆内的文化遗产的收藏和展示，又构成旅游参观的重要内容。因此，博物馆旅游往往是建筑景点与文化旅游景点的合一，充分凝聚了丰富的文化内涵。就像北京的故宫博物院具有"国家身份"，一个地方城市的博物馆若能具有鲜明的"地方身份"，这个

---

① Tufts S, Milne S. Museums—a supply-side perspective [J]. Annals of Tourism Research, 1999 (3): 613-631.
② Welsh P H. Re-configuring museums [J]. Museum Management and Curatorship, 2005, 20 (2): 103-130.
③ 杨丽. 我国博物馆特色旅游开发刍议 [J]. 经济地理, 2003, 23 (1): 121-125.
④ 李瑛. 我国博物馆旅游产品的开发现状及发展对策分析 [J]. 人文地理, 2004, 19 (4): 30-32.
⑤ 林美珍, 郑向敏. 会展旅游与博物馆经营 [J]. 东南文化, 2004 (4): 78-81.

博物馆的公共价值也是成功的。

例如，河南登封"天地之中"历史建筑群世界文化遗产（简称"世遗"）比较适合这种开发模式。这些历史建筑群集中于嵩山脚下，包括周公测景台和观星台、嵩岳寺塔、中岳庙、太室阙、少室阙、启母阙、嵩阳书院、会善寺、少林寺建筑群等多项历史建筑。这项世遗的稀缺价值在于，包括三座汉代古阙（中国最古老的周公测景台与登封观星台和道教建筑遗址——中岳庙）、佛教禅宗祖庭少林寺建筑群、中国四大书院之一的嵩阳书院等，这些建筑物历经多个朝代修建而成，它们以不同的方式展示了"天地之中"的文化概念，还体现了嵩山作为虔诚的宗教信仰中心的力量。"天地之中"历史建筑群是中国古代建筑中用于祭祀、科学、技术及教育活动的最佳典范之一。

博物馆式历史—文本模式，可以有效地对民间信仰宫庙建筑本体进行保护和展示。同时，借助历史复原法，依赖历史文献记载的资料、考古的记录或当事人的回忆和口述，复原过去的历史。需要注意的是，我们必须做到历史文献的可靠性和回忆者精准的记忆。博物馆式历史—文本展陈模式，一般采用时间纵线，用历时态的视角精确地记录某一地区民间信仰宫庙文化空间变迁是什么样的，为什么变迁以及如何变迁等。例如，岳超考察了广东佛山祖庙到佛山市祖庙博物馆的文化变迁，从传统的民间信仰空间转换为社会生产活动公共空间，社会各方利益主体参与推动了这一过程。他还指出，传统的民间信仰祭拜场所佛山神庙在当代衍生出多种空间意义[①]。

### 5.3.2 案例一：广东佛山祖庙地标建筑博物馆

郭焕宇通过对广东广府、潮汕、客家三大民系侨乡的研究，认为在宗族文化兴盛发达的明清时期，发展了各具特色的民居建筑文化。这三大汉族民系的民居建筑单元分别凸显了家庭、房支及家庭、房支要素在宗族结构中的重要性，并指

---

① 岳超. 佛山祖庙：从神庙到博物馆的空间转换 [D]. 广州：广东省社会科学院，2020.

出广东民居建筑遵从宗法制度，实现了生活空间伦理秩序的构建[①]。广府侨乡以"合流式"，实现了中外建筑文化的创新性实质融合；潮汕侨乡则以"吸纳式"，通过本土文化吸纳外来文化，实现整合性的有限融合；客家侨乡的"嵌入式"，表现为对外来建筑语言尝试性融合当地文化。在民系文化格局下，侨乡文化精神的多样性，塑造了近代广东侨乡民居丰富多样的审美文化特征。广府民系开放精神下的侨乡民居表现为世俗化、商品化和个性化的特征；潮汕民系双重性格下的侨乡民居体现出博采众长与复古更化、尊儒崇礼与重商炫富、宏大叙事与精益求精并存的特征；客家民系崇古心态下的侨乡民居显示出回归乡土、宗族崇拜、光宗耀祖、垂裕后昆、进退两宜、尝试创新的特征。郭焕宇在《邓屋村文化景观志》一书中，以广府民系邓屋村文化景观为实证研究，深化其观点[②]。

广东省的国家级历史文化名城佛山市凭借粤剧、武术、狮头等鲜明的城市文化独树一帜，并依托其城市文化实现了较好的发展，其中比较典型的，是以佛山祖庙东华里历史文化街区为基础的岭南天地项目。该项目自2013年建成以来，在休闲、文化、旅游、房产等多个领域均取得一定成果，已成为佛山经济文化的中心之一，为佛山的城市建设做出了巨大贡献。然而，在带来经济效益的同时，该项目也对佛山城市历史文化带来冲击[③]。

佛山祖庙位于广东省佛山市禅城区祖庙路21号，是供奉道教尊神北方真武玄天上帝（佛山人俗称"北帝"）的著名庙宇，1996年被国务院公布为全国重点文物保护单位。据传，佛山祖庙始建于北宋元丰年间（1078—1085年），元末被毁，明洪武五年（1372年）重建，清初已发展成为一座体系完整、精雕细琢、具有浓郁地方特色的庙宇。现存主体建筑占地面积3 600平方米，沿南北向中轴线排列，从南到北依次为万福台、灵应牌坊、锦香池、钟鼓楼、三门、前殿、正殿、庆真楼。明清时期，佛山祖庙是一个集神权、族权和政权为一体的庙宇，与佛山的历史休戚相关。尤其是明代黄萧养起事后，祖庙被列为官祀的庙宇，

---

[①] 郭焕宇. 近代广东侨乡民居文化比较研究 [D]. 广州：华南理工大学，2015；郭焕宇. 岭南传统村落教化空间的文化价值 [J]. 中国名城，2021，35（6）：80-84.
[②] 郭焕宇. 邓屋村文化景观志 [M]. 北京：中国建筑工业出版社，2022.
[③] 林锐苏. 文化缓冲区协调属性的探索：以佛山祖庙东华里片区为例 [J]. 文化创新比较研究，2022（27）：182-185.

取得了佛山庙宇的独尊地位①。

佛山"祖庙"一词指代的空间概念在不同历史时期早已发生变化。以1958年为时间分隔点，在此之前的一千年里"祖庙"一直作为北帝神庙存在；1958年佛山市博物馆接管祖庙，并在进入21世纪后改名"祖庙博物馆"，承担起博物馆的角色。今天人们说起祖庙时，除了在特定的民间信仰语境下表示北帝神庙，在其他语境里均指代佛山市祖庙博物馆。祖庙空间的实践主体由佛山百姓主导变为上级政府部门主导，但是，祖庙自北宋修建以来就一直是佛山当地的精神文化中枢，在佛山人心中占据重要位置，是佛山人心中的文化之根。这种至高无上的神圣地位至今仍未改变②。

佛山市祖庙博物馆认真贯彻落实习总书记关于加强文物保护利用和文化遗产保护传承的重要论述和重要指示精神，以博物馆事业全方位高质量发展为主题，立足人民群众对美好生活的向往，把保护历史文物、传承弘扬优秀文化作为自身职责，全力推进古建筑保护、历史文化遗产活化利用、公共文化服务等各项工作。文化遗产活化不仅涉及建筑物质遗产，还涉及非遗，而后者的活化更具有挑战性。遗产保护在活化理论在实践中涉及若干法律制度，吴必虎从文化遗产的原址性地理学解释、遗产活化涉及的特许经营、历史场景的活化呈现等角度，探讨了国家立法、管理规定等方面的顶层设计问题③。

2022年7月22日，国家文物局公布了最新的49个全国文物系统先进集体名单，佛山市祖庙博物馆荣获"全国文物系统先进集体"称号，成为广东省获评的两个先进集体之一。

---

① 佚名.佛山真武祖庙灵应记[M]//广东省社会科学院历史研究所中国古代史研究室，中山大学历史系中国古代史教研室，广东省佛山市博物馆.明清佛山碑刻文献经济资料.广州：广东人民出版社，1987；佛山市博物馆.佛山祖庙[M].北京：文物出版社，2005；肖海明.佛山祖庙：中枢与象征：佛山祖庙的历史、艺术与社会[M].北京：文物出版社，2009；陈嘉文.从楹联看佛山北帝信仰和崇祀：以佛山市祖庙博物馆为例[J].文物鉴定与鉴赏，2022（5）：163-165.
② 岳超.佛山祖庙：从神庙到博物馆的空间转换[D].广州：广东省社会科学院，2020.
③ 吴必虎.中国旅游发展笔谈：文化遗产旅游活化与传统文化复兴[J].旅游学刊，2018（9）：1.

### 5.3.3 案例二：广东汕尾市陆丰碣石镇元山寺

元山寺，原名玄山寺，位于广东省陆丰市碣石镇汕尾玄武山旅游区内，始建于南宋建炎元年（1127年），已有近900年历史，后因避清代康熙帝玄烨的帝讳，改为元山寺，是座佛、道教合一的宫庙。

元山寺建筑格局为多组四合院对称式，坐北朝南，卧岗面海，依山递建，其建筑布局合理，结构严谨。有山门、前殿、中殿、正殿、配殿、厅堂、院落、右庑廊、方丈厅和僧房等建筑99间，是一座具有典型潮汕建筑风格和艺术特点的宫庙建筑群体。现有面积170 000平方米[①]。寺中供奉北极真武元天上帝、释迦牟尼、观世音、弥勒等神像、佛像，释道汇流，和谐相处。

改革开放以来，我国"宗教旅游"概念最早就是结合元山寺的旅游开发提出来的，1986年陈传康、徐君亮提出在广东陆丰碣石镇开展以玄武山元山寺为中心的宗教旅游，这一概念后来得到广泛使用。

2001年6月25日，元山寺被中华人民共和国国务院公布为第五批全国重点文物保护单位。元山寺是集宗教、文化、旅游于一体的旅游胜地，国家4A级旅游景区，是粤东闽南语系群众和东南亚各国华侨的信仰中心。元山寺庙会至今已有200多年历史，影响范围甚广。2007年6月，被列入广东省第二批非遗名录。

元山寺依山而建，布局为多单体建筑四合院，采用了中轴对称的布局手法，建筑结构严谨，重斗叠拱，高脊飞檐，雕梁画栋，传统瓷贴，显得宏伟壮观。这种布局旨在烘托庄严、肃穆、神秘的宗教气氛。元山寺还利用建筑地基不断抬高和室内光线明暗递变来烘托宗教气氛，这是许多山寺建筑所惯用的方法。元山寺建筑的整体地基随山势而抬升，而且在整体建筑的内部其他地基也进行了分级抬高。从山门到正殿的神像，共有三处抬升，累计高差达3.66米。元山寺建筑空间利用天井与建筑相交织，使整个寺庙具有空间变化的丰富性和连续性。天井的布局，加强了建筑空间变化，增加了开合变化的丰富性。

戏台始建于明万历年间，1986年重建。造型古朴，气势雄伟。各种木雕石刻，

---

① 谢基贤. 玄武山好一座艺术殿堂[J]. 源流，2016（2）：60-61.

人物花鸟栩栩如生，千姿百态，是一座工艺精致的明代建筑。开始时演海陆丰正字戏《三国演义》等连本大戏，每年从农历三月初开始连演一个多月，农历九月初又再连演。每到正月，都会有广东潮剧院排演的大戏在这上演数日，人们都会搭起篷布，风雨无阻地观戏。

　　福星塔建于玄武山顶，是元山寺的标志性建筑。该塔始建于明万历六年（1578年），初为泥灰垒筑，清同治四年（1865年）改建为三层石塔。"文革"期间"破四旧"时，惨遭厄运，1971年石塔被炸，石块被用于垒砌海堤。直至改革开放后1981年复原重建。现该塔拔山矗立，高18.6米，由5 340块花岗岩规格石构筑而成。分3层结构，第一层为三元宫，第二层为文昌殿，第三层为魁垣。游客可由底层沿石砌楼梯台阶拾级而上，直至塔顶端。登塔远眺，碣石全景及浩瀚的南海历历在目，此为古陆丰八景之一的"碣台观海"。因塔顶设有明灯，成为碣石渔港航标，故有"佛灯引明"之称；因塔顶层悬吊铜钟，风吹动时，附近都可听到清脆悦耳的钟声；每逢大雾或大风雨天气，云雾缥缈，塔身若隐若现，宛如空中楼阁，更是一处美景。福星塔的左侧有麒麟石，右侧有起龙岩、龙门石，以及四美亭、三台保障碑、自得居等建筑分布其间。在麒麟石的背面，有清光绪十六年（1890年）镇碣使者邓万林的题刻"山不在高"4个苍劲有力的大字。

　　元山寺北大门左侧，新建了一栋3 000多平方米的文化展览馆，设有书画院、书画展厅、文物展厅、图书馆等开展寺庙文化展示。元山寺每年接待游客逾百万人次，是粤东一处历史悠久、风景宜人、文物荟萃、驰名于海内外的游览胜地。

　　图5-10为元山寺的佛光永照大殿、戏台、福星塔的照片。

图5-10　陆丰元山寺的佛光永照大殿、戏台、福星塔

## 5.3.4 案例三：海峡两岸传统村落民居红砖建筑博物馆

通过对海峡两岸传统村落社会空间形态的建构过程与方式的解读，揭示两岸传统村落传统建筑同属闽粤营造体系，台湾村落形态、传统建筑均为闽粤建筑谱系的延续（图 5-11、图 5-12）。从"文缘"和"神缘"的视角，结合当地传统村落普查资料，从微观建筑层面梳理、解读留存在两岸传统村落中的宫庙，诸如开漳圣王、妈祖、保生大帝、清水祖师、临水夫人、关帝、土地公等民间信仰的宫庙文献、碑刻、传说故事等资料；梳理两岸民间迎神、送神、出海、放生、出巡、巡境等仪式及其相关事件、民俗等[①]。

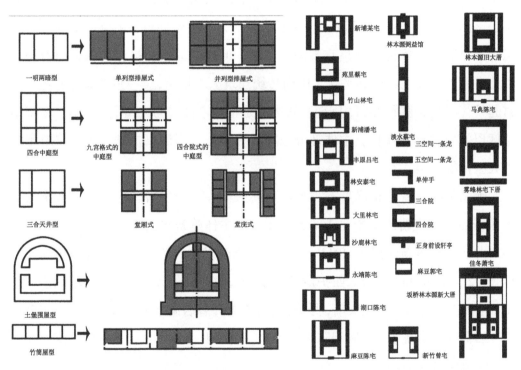

图 5-11 闽粤传统建筑谱系　　图 5-12 海峡两岸传统村落传统民居建筑要素比较研究

---

① 林从华.缘与源：闽台传统建筑与历史渊源[M].北京：中国建筑工业出版社，2006；金立敏.闽台宫庙建筑脊饰艺术[M].厦门：厦门大学出版社，2011.

传统红砖古厝中的官式大厝被称为"四合院民居",归属"闽粤侨乡民居"类型之中①,泉州的一些大型住宅因为是仿照北方四合院民居所建,当地称其为"宫殿式"建筑②。李玉祥在论及"闽南红砖民居"时指出:"闽南的红砖民居分布在厦门、漳州、泉州所属的绝大部分县市,护厝式的平面布局、红砖的墙面、花岗石的运用、曲面的屋顶、艳丽的装饰是其突出的特点。闽南红砖民居平面布局独具特色,它是以合院为中心,在两侧建护厝,左右拼接沿横向发展。"③这种大型住宅又被称为"护厝式"。

在张千秋、施友义的《泉州民居》一书中,有"宫殿式"和"皇宫起"两种称谓④。关于"宫殿式"的起源,有多种说法,大致是说某朝皇帝有一爱妃黄氏籍贯为泉州府,某一年暴雨不断,黄氏想起娘家屋陋,不能遮风避雨,因而伤心落泪,皇帝瞧见,乃问原因,黄氏如实告之,皇帝即道:"赐你一府皇宫起。"意为准许黄氏一家可兴建皇宫规制的住宅,但这一消息却被误传为泉州府均可兴建皇宫式的住宅。曹春平在《闽南传统建筑》中指出,"一些大厝,亦称'皇宫起'"⑤。无论哪种称谓,闽南官式大厝是指官家样式的大型宅邸,即"在闽南地区以官家宅邸为样板,主体部分以深井为中心,两侧以护厝来扩大建筑规模的大型传统民居"⑥。

闽南传统古厝的布局形态类型以三间张榉头止带护厝较为典型,如泉州丰泽区塔后村陈庆镛祠堂始建于清道光年间,主体建筑早已倒塌,仅存一口废弃的古井。当代重新修建于 2011 年 12 月,承袭以前的两进三开间建筑格局,主厝长 22 米,宽 11.42 米;西护厝长 22.3 米,宽 7.5 米,建筑面积为 418 平方米⑦[图 5-13(a)]。陈庆镛,号颂南,字乾翔,著名儒学家,祠堂里的"实事求是"石匾为陈庆镛手书,嵌于陈庆镛祠堂的门额上,为后人树立榜样,其倡导的

---

① 陈从周,潘洪萱,路秉杰. 中国民居[M]. 上海:学林出版社,1997.
② 高钤明,王乃香,陈瑜. 福建民居[M]. 北京:中国建筑工业出版社,1987.
③ 李玉祥. 老房子:福建民居[M]. 南京:江苏美术出版社,1994.
④ 张千秋,施友义. 泉州民居[M]. 福州:海风出版社,1996.
⑤ 曹春平. 闽南传统建筑[M]. 厦门:厦门大学出版社,2006.
⑥ 关瑞明. 泉州多元文化与泉州传统民居[D]. 天津:天津大学,2002.
⑦ 蔡飞跃. 陈庆镛故居[M]// 黄荣波. 丰泽文化丛书之丰泽古厝. 北京:中国文联出版社,2015.

精神足以流芳百世①。这一匾额为长方形,整个框架属于传统的红砖白石,匾心"实事求是"四个大字运用描金手法,匾上右侧刻有"咸丰丙辰",左侧刻有"颂南题",是一件精美的石刻制品[图5-13(b)]。

(a)陈庆镛祠堂　　　　　　　　　(b)陈庆镛祠堂"实事求是"石匾

图5-13　泉州丰泽区陈庆镛祠堂及"实事求是"石匾
(来源:于崑拍摄)②

再如,泉州永宁卫城干宗亮故居(图5-14)、林朝助古厝等。其中,干宗亮故居位于卫城干厝巷,建筑占地面积150平方米,为传统古厝,三间张榉头间至单护厝二落古厝,主体建筑入口由下落院墙进入,第一进由顶厅与榉头围合的三合院组成,院落空间相对较为宽敞,西侧护厝为叠楼式的番仔厝,外墙采用一斗一眠的砌筑方式,因此,造型简洁朴实。干宗亮为明代永宁卫人,其先祖为干八秃帖木儿,蒙古人,于明洪武年间入驻永宁,授永宁卫指挥使。据《闽书》《温陵文献》等地方文献资料记载,干宗亮在当地较具影响力,生性"跌宕自豪,嗜酒不羁",不受传统束缚,不热衷科举功名,不为世俗所累。他与晋

图5-14　泉州永宁卫城干宗亮故居

---

① 陈国水,陈维曦.实事求是的陈庆镛[J].炎黄纵横,2013(12):35-36.
② 于崑.泉州古祠堂、古厝门楣匾额的调查与研究[D].兰州:西北师范大学,2018.

江人陈鸥、朱汶、江一鲤、朱梧共同创立"诗社",号称"晋江五子"。

整个永宁卫城内现存的古厝,色彩艳丽、雕饰精美,外观造型艺术十分突出。其外墙常以红砖白石砌筑,特征鲜明,在闽南地区称之为红砖文化区。红砖质地密实光洁,色彩鲜亮,通过不同方式的砌筑,形成一斗一眠、镜面拼花、出砖入石,在墙面上拼出多种图案,或与石块混砌,形成丰富多变的外立面,构成极具地域特色的建筑艺术形态。

永宁的传统民居多结合平面形态形成丰富的造型,即红砖白石组成的镜面墙、红瓦燕尾脊形成的大屋顶等。另外,在外观造型中往往会脱离平面,发生造型上的变异,如护厝处形成二层番仔厝的造型,榉头间形成二层凉亭式造型等,而这些外观造型的变异多发生在次要的位置,其主体多保留传统古厝的造型。其中,较为典型的如白刃故居、林朝助古厝、干宗亮故居等,其主体部分为古厝形态,护厝则形成二层番仔厝的造型。

红砖古厝最具地域特色的是其墙身"镜面墙",镜面墙一般以白石、红砖砌成,由下而上依次分为数个块面,每个块面称为"堵",墙面上较为常见的图案有:万字堵、古钱花堵、工字堵、人字堵、龟背堵等"拼花"呈现卍字不断、双钱纹、盘长纹、柿蒂纹、龟背纹等。另外,出砖入石也是永宁民居中一种极富有特色的砌墙方法。据说早年闽南地区由于财力的匮乏,民居建筑材料往往利用乡土建筑材料和建筑废弃物,就地取材,用坍塌破碎、形状各异的红砖和石材、瓦砾等,交垒叠砌墙体,砖块凸出,石块凹入,由此得名"出砖入石"。后来,出砖入石被广泛使用。出砖入石砌成的墙体坚固防盗、冬暖夏凉、外观古朴,是闽南人营造智慧的杰作。

镜面墙勒脚(包括角碑石础),多用白石作为装饰,图案图像大部分是虎脚、柜台脚、香炉脚等造型。其中,柜台脚外观如低矮的柜台形,正面浮雕的双足外撇呈八字形,并雕刻成兽形的矮案[图5-15(a)]。

水车堵[图5-15(b)]位于墙身最上方、屋檐之下,起着出檐作用的一条狭长的装饰带,称为"水车堵"或"水车垛"。水车堵以砖叠涩出挑,正面做出线脚边框,边框内常用泥塑、剪粘构成装饰带,作为红瓦屋顶与红色砖墙之间的过渡。永宁卫城内古厝的水车堵多延续至角牌为止,用"景"作为结束,形

（a）镜面墙　　　　　　　　　　　（b）水车堵

图 5-15　泉州永宁古厝墙面装饰细部

成"水车出景"。水车堵内常常采用高浮雕的形式，表现山水、人物、花鸟等各种题材的灰塑以增加装饰感。古卫城的水车堵内的灰塑又称灰批，是闽南传统建筑中特有的一种装饰手法，它以灰泥为主要材料，在制作过程中，趁湿时制作，较砖雕、石雕的可塑性更大，灰泥干硬后色泽洁白、质地细腻。

闽南民居的屋面呈现双向曲线，即在屋脊的平行和垂直两个方向上都呈现曲线造型，屋脊两端起翘高挑，并以彩塑装饰，远远望去，屋脊线条高低交错，首尾相连，整个建筑群显得流光溢彩，分外华美。永宁卫城内的传统古厝民居，其屋顶也多为硬山，榉头间多做成平屋顶，主要是为了防风。结合地域文化形成了三川殿式样，即硬山的正脊，分成三段，中间一段抬高，并于两侧加垂脊的做法，其屋脊称为三川脊。其中，明间部分的脊称中港脊、左右次间稍低的称为小港脊，屋顶则称为三川殿。下落、顶落三川殿的屋顶形式，加上榉头间单坡或者双坡或平顶等形成了层层叠叠、高低错落的屋顶轮廓，正脊由舒展、平缓的曲线向两端吻头起翘成燕尾，其间过渡自然流畅，屋面双向曲面，檐口曲线从房屋中点开始向外向上起翘，曲率平缓柔和而富有韵律，整个屋面中脊、规带穿插其中，形成极具地域特色的建筑屋顶造型。

# 6

## 民间信仰仪式文化空间旅游创新

## 6.1 民间信仰仪式文化空间旅游开发创新

民间信仰仪式文化空间，也可称为民间信仰非遗文化空间，它是非遗文化空间的一种表现形式，二者是大概念与小概念的关系。非遗文化空间是大概念，包含的内容更广泛，民间信仰非遗文化空间仅仅是与民间信仰相关的非遗文化空间。

民间信仰非遗文化空间作为乡村地方独有的文化基因、象征符号和价值内涵，形塑了乡村旅游的空间实体和文化意涵。非遗旅游实践活动产生了旅游空间的社会化结构和社会的空间性关系，构成空间生产的微观空间场域和社会语境。非遗文化空间是非遗元素符号化建构和文化表征的外在化对象，在工业文明强力推动的城镇化快速进程中，它面临开发、改造和更新的社会事实，表现为"文化空间"这一本体属性的新型生产实践。理由如下：第一，"文化空间"作为一种新型生产资料，可以不断地进行生产和再生产，由生产社会关系和被生产关系所建构。它是资本力量、政府干预和社会运动等结构力量角逐的结果，是社会建构的过程。第二，从生产逻辑看，文化空间的生产遵循权力（政府）主导、资本增殖、社会阶层应对以及后现代消费主义的生产逻辑。权力主导的外在动力、资本增殖的内在动力、社会阶层应对的反馈动力，构成文化空间生产的主要动力机制。第三，文化空间形成利益相关者的社会关系网络，反映了地方政府、运营管理商、非遗传承者、游客等多元利益主体的空间权益博弈。

本书拟从两方面探讨民间信仰非遗文化空间旅游开发与创新：一是民间信仰非遗助力乡村振兴高质量发展。关注乡村非遗保护和发展现状，非遗资源创造性转化和创新性发展，围绕地域特色、产业发展、生态文化等方面，推动乡村振兴、城乡融合与区域协调等领域取得高质量发展。二是民间信仰非遗合理开发与利用，探索相关路径和模式。2021年5月文化和旅游部关于印发《"十四五"非物质文化遗产保护规划》的通知、2023年2月文化和旅游部印发《文化和旅游部关于推动非物质文化遗产与旅游深度融合发展的通知》，提出了"在提高中保护""非遗走进现代生活""见人见物见生活"三个重要理念。以文塑旅、以旅彰文，聚焦推动非遗与旅游深度融合，促进文化消费与旅游消费有机结合，培育文旅融合新业态新模式等议题，从融入文化旅游空间、丰富文化旅游产品等多个角度探索非遗旅游。

我们主要关注民间信仰非遗文化空间展示视角下的文化演艺旅游、文化生态保护区旅游开发模式。

### 6.1.1 非遗文化空间演艺活动旅游

民间信仰中丰富的非遗是人类宝贵的精神财富，也是一项重要的宗教文化旅游吸引物。中共中央办公厅、国务院办公厅印发的《关于进一步加强非物质文化遗产保护工作的意见》（2021年）提出，"将非物质文化遗产内容贯穿国民教育始终"，"在有效保护前提下，推动非物质文化遗产与旅游融合发展、高质量发展"。

在非遗旅游开发策略中，应重视真实性，权衡娱乐性、教育性和猎奇性等，运用文化创意和技术手段对非遗旅游产品进行创新性开发等。

非遗文化空间旅游开发主要模式可以表述为以下几种：

（1）传统戏剧+现代演艺

演艺旅游资源分类，参照郭来喜、吴必虎、刘锋等对中国旅游资源进行的分类与类型评价，与演艺相关的资源包括"人文景系—现代人文吸引物景类—娱乐设施/表演团体景型"和"人文景系—抽象人文吸引物景类—戏曲/民间文艺景型"两大类[①]。

借助昆曲、侗戏、京剧、布袋戏、皮影戏、木偶戏、老调、滑稽戏等传统戏剧，参考《赤伶》《辞九门回忆》等热门歌曲，融入现代唱腔、热门故事或创新表达方式，在吸引老年游客及传统爱好者的同时吸引年轻游客，缩短90后、00后、10后新生一代与40后、50后的代际感，促进传统与潮流文化交流，形成"新国潮"。让年轻人走进非遗，衍生新需求，促进中国戏剧文化和戏剧产业多元化

---

① 郭来喜，吴必虎，刘锋，等.中国旅游资源分类系统与类型评价[J].地理学报，2000，55（3）：294-301.

发展，使得传统戏剧老新内容皆能融合，老少观众皆有所爱。

例如，苏州沧浪亭《浮生六记》沉浸式昆曲表演，首次打破观演边际，观众进入园林，就进入一个复刻的沈复、芸娘的世界，在身着戏服的工作人员的引领下，随着剧情的推进跟着演员在园林中走走停停，剧情的发展与园林的亭轩廊窗紧密结合，使观众充分感受昆曲之美、园林之美。

（2）传统音乐＋主题演艺

借助民歌、爬山调、渔歌、佛教音乐、道教音乐、唢呐艺术等传统音乐，深度挖掘传统音乐蕴含的文化背景和历史渊源，通过会场表演、音乐剧演出、特定场所音乐播放，达到视听合一的效果，增强游客的听觉体验。

在会场和剧场设计方面，通过玻璃展示柜在会场剧场四周、地下和屋顶摆设演奏的传统非遗乐器及其介绍资料，让游客在欣赏传统音乐的同时对其有一个初步了解；在固定场所设立游客演奏区，游客可以通过科技显示屏或乐器实物进行演奏，非遗表演者也会在游客演奏区定期向游客传授非遗演奏技巧，让游客掌握演奏技能，激发游客的兴趣与参与度。

例如，广西桂林"印象刘三姐"旅游品牌的成功塑造。关于刘三姐原型身世，说法颇多。据广西罗城县志记载，刘三姐618年出生在天河县（今罗城仫佬族自治县四把镇）下里社区蓝靛村，那里还有她故居的旧址，蓝靛村刘姓的族谱中还有记载。下里离罗城的县城很近，刘三姐常到罗城去唱山歌，在中华人民共和国成立前罗城县城城西北的多吉寺的后殿正中供奉着歌仙刘三姐的神像，称之为"三姐歌殿"，游人常在那里对歌，故有"东门（罗城县城驻地）四把，好玩好耍"一说，在国内是独一无二的。1958年《刘三姐》彩调剧创作组经过深入民间采风，认定刘三姐是罗城人。

罗城县有"三姐望乡"和"秀才看榜"两块天然的大石，县城往怀群镇方向走20多公里的乡间公路，就可以看到这两块大石头。据了解，这两块位于怀群镇剑江村的大石头自古以来就竖着的，因其形象性而被取名。两块大石所在的两座山相对而立，大概只有200米的距离，"三姐"与"秀才"遥遥相望。"三姐望乡"石可以清晰地看出是一个女孩戴着壮族的头饰，背着一个背篓，微微抬起头，透过层层叠叠的青山，遥望着碧绿的稻田、潺潺的小溪、翠绿的修竹……与之相对的一座山形似"秀才看榜"。从山脚下抬头望,仿佛一位秀才站在山头,翘首抬望,似乎在仔细地查阅自己是否榜上有名。由此可以断定刘三姐的故乡就在罗城。

刘三姐传说生于唐朝中宗年代,真名叫刘三妹,是广西壮族人,活跃在广西柳江流域,是个优秀的民歌歌手,她有着出口成歌的本领。三妹不但歌唱得好,人也长得非常漂亮,天生丽质又聪明,什么活都不用学,一看就会。在17岁这年,对歌的时候她认识了一位青年,一位英俊的小伙子,也是一个唱歌能手,两人情投意合,互相爱慕,于是就私订了终身。可是好景不长,村里的一个恶霸,对三妹垂涎多时,见三妹与小伙子情投意合,大发雷霆,决意把三妹抢到手。一天晚上,月光皎洁,三妹正和小伙子坐在柳河边的岩石上看月亮,倾诉衷肠。忽然火把晃动,人声鼎沸,原来是恶霸抢人来了,三妹和小伙子望望无路可走的山,又望望柳河。两人决定要生在一起,死在一道,不求今生,只求来世,于是手拉着手双双跳进柳河那滚滚的波涛里。人们怀念这位民间的音乐家、民间歌手,因而每年三月三这天会到柳河边上赛歌,悼念"刘三姐"。

（3）传统民间舞蹈+互动演艺

依靠龙舞、狮舞、英歌舞、傩舞、高跷、滚灯等民间舞蹈,选择更为开阔的室外场所,通过游园式演绎、特定户外区域表演的模式,在游客身边进行表演,游客可以近距离互动、拍照,减少舞台给游客带来的空间隔阂感,让游客更好地融入文化场景之中。

我国少数民族歌舞具有极强的表现力,歌舞的本质就是生命力的表现。如云南边陲临沧市沧源佤族特有的狩猎舞就是从佤族居民实际生活中取样而来,但是却与居民的日常生活存在较大的区别。跳舞者做甩发动作,在泥土上踩出响亮的节奏,把从自然中获得的感情和情绪传达给环境。这种舞蹈,实际上属于超自我的展示,它表达了情感的愉悦和向自然的力量展示。狩猎舞也直接体现了狩猎民族的生产方式、生活方式以及狩猎民族的性格气质。所以,狩猎舞印刻着佤族文化生态影响的烙印,具有鲜明的地域特色,成为佤族地区文化旅游的吸引物。

（4）民间文学+沉浸式演艺

依托西湖传说、妈祖、三山国王传说等民间文学,借助光影、烟雾和场景布置进行搭台，利用故事讲述、卡通人物表演、情景再现等方式进行内容表演，打造沉浸式演艺场景。让游客与非遗表演者同处于一个空间，从一个民间故事的旁观者转变为亲历者，加深游客对非遗文化的印象，丰富游客的旅游体验。

（5）传统体育、游艺与杂技+剧场演艺

依托南少林武术、咏春拳、蹴鞠、幻术、口技、建湖杂技、风火流星等传统体育、游艺与杂技，利用舞台灯光、烟雾特效和 3D 投影等科技手段和山水自然实景，提高观众的视觉体验，同时在表演中融入历史、文化、现代、影视等故事，增加观看表演的趣味性、故事性，让表演与众不同。

在舞台设计方面可以从改变游客空间体验入手，例如借鉴太极八卦中阴阳鱼的思路，将舞台分割为阴阳两部分，中间留有通道和防护栏，对游客的座位进行轨道化处理，表演时游客会随着轨道轮番驶入舞台中央，可以拉近游客与非遗表演者的距离，增加传统体育、游艺与杂技带来的冲击力，提高游客的观感体验。

非遗文化空间沉浸式旅游演艺活动需要创新，旅游景点应该更加深入探索沉浸式的内在特质，利用沉浸式带来的特殊观感和体验，使观众对当地经典故事有更深层次的解读。《唐宫夜宴》和《洛神水赋》便是在沉浸式的道路上一个巨大的跨步，在让观众体验感直线上升的同时，又能将不同的人物内心体现得淋漓尽致。我国的春节、元宵节、端午节、重阳节、中秋节等传统节庆为民间信仰非遗旅游奠定了节庆活动的群众性和广泛性基础。

## 6.1.2　国家级非遗文化生态保护区活态旅游展示

国家级非遗文化生态保护区是国家权力策略下的文化认同、文化同一性见证，地方非遗保护应挂钩与对标国家级文化生态保护区。

为加强非物质文化遗产区域性整体保护，我国实行国家级文化生态保护区建设制度。

（1）国家级文化生态保护区是指以保护非物质文化遗产为核心，对历史文化积淀丰厚、存续状态良好，具有重要价值和鲜明特色的文化形态进行整体性保护，并经文化和旅游部同意设立的特定区域。根据《国家级文化生态保护区管理办法》，2019年文化和旅游部首次开展了国家级文化生态保护实验区建设成果验收工作，7个国家级文化生态保护实验区通过验收，正式成为国家级文化生态保护区。2023年增加了5个。

（2）根据《国家级文化生态保护区管理办法》第三十四条，文化和旅游部不定期对国家级文化生态保护区建设情况进行检查；每五年对国家级文化生态保护区开展一次总体规划实施情况和建设成效评估，评估报告向社会公布。具备下列条件的，可以申报国家级文化生态保护区：①传统文化历史积淀丰厚，具有鲜明地域或民族特色；②非物质文化遗产资源丰富；③非物质文化遗产传承有序；④与非物质文化遗产密切相关的实物，场所保存利用良好；⑤所在地人民政府重视文化生态保护；⑥有文化生态保护区建设管理机构和工作人员。

（3）文化生态保护区数量：2019—2021年国家公布的文化生态保护区有7个，它们分别是：

闽南文化生态保护区（地区：福建省泉州市、漳州市、厦门市），2007年6月获批保护实验区，2019年12月获批保护区。

徽州文化生态保护区（地区：安徽省黄山市、绩溪县，江西省婺源县），2008年1月获批保护实验区，2019年12月获批保护区。

热贡文化生态保护区（地区：青海省黄南藏族自治州），2008年8月获批保护实验区，2019年12月获批保护区。

羌族文化生态保护区（地区：四川省阿坝藏族羌族自治州茂县、汶川县、理县，绵阳市北川羌族自治县、松潘县、黑水县、平武县），2008年10月获批保护实验区，2019年12月获批保护区。

武陵山区（湘西）土家族苗族文化生态保护区（地区：湖南省湘西土家族苗族自治州），2010年5月获批保护实验区，2019年12月获批保护区。

海洋渔文化（象山）生态保护区（地区：浙江省象山县），2010年6月获批保护实验区，2019年12月获批保护区。

齐鲁文化（潍坊）生态保护区（地区：山东省潍坊市），2010年11月获批保护实验区，2019年12月获批保护区。

2023年1月，文化和旅游部公布新增加5个文化生态保护区，它们分别是：黔东南民族文化生态保护区、客家文化（梅州）生态保护区、大理文化生态保护区、陕北文化生态保护区（陕西省榆林市）、晋中文化生态保护区（山西省晋中市）。

这5个国家级文化生态保护区只有客家文化生态保护区在沿海的广东梅州，地方政府在积极打造客家文化圈、客家文化旅游圈。宋元至明清时期，闽粤赣等省的客家人陆续进入深圳地区，特别是清初的"迁海复界"事件后，在政府政策推动下，大量的客家人移民至深圳各地。从清中期至近代，客家人成为深圳地区人口最多的汉族民系，是客家人在我国沿海地区主要的聚居地之一。深圳客家受到自然环境和民族交往的影响，呈现出海洋文化色彩，被学界称之为"滨海客家"。开展深圳"滨海客家"的定位研究，发挥深圳客家的"地缘、人缘、商缘"优势，有利于深圳主动响应国家"一带一路"倡议，有利于"深圳都市圈"文化经济的协同发展，有利于深圳客家与全球客家的文化交流和经济互动，有利于推动深圳文化产业的进一步发展

我们国家已将春节、清明、端午、中秋节四大优秀民族传统节日定为法定节日，而且都与民间信仰有关。每一个优秀民族传统佳节背后都具有丰富的文化内容和精神内涵，是一份厚重的非物质文化遗产，是增强中华民族凝聚力的重要法宝。如春节凝聚着华夏人民的生命追求和情感寄托、传承着中国人的社会伦理观念，清明祭奠祖先、英烈等。传统节日文化的传播，是中华民族立于世界民族之林的重要标志。传统节日文化的形成实是由一个民族共同创造的，它的传承会让整个民族的自尊和自信都得以保持，其精神影响力是巨大的。中国人之所以为中国人就是因为有这些文化底蕴来承载着我们，倘若我们的民俗文化被遗弃了，那我们也就算不上一个完整的中国人。中华传统文化有着非凡的教育意义，作为华夏子女也将尽可能地保留着传统节日最本质的情怀，并将中国博大精深的古代文化和富有魅力的传统习俗推向全世界，这是中国成为一个文化大国的标志。

少数民族地区的"羌年""藏历新年""彝族年"等民族传统节日更是民间

信仰非遗文化空间传承与活化的亮点。如四川省北川羌族自治县依托丰富的禹羌文化资源推出了"大禹祭祀""羌年""沙朗节"等 10 余个民俗文化节庆品牌，每年吸引海内外游客近 100 万人次。

## 6.2 风水观念信仰——中国古代的三才同构文化景观旅游

### 6.2.1 风水观念信仰旅游

#### 6.2.1.1 风水观念简介

风水，古称堪舆、青乌、青囊、相地、相宅、图宅、阴阳术等，古人上观天象、下察地理，总结出来一种宇宙规律，并且将其应用到建筑上面，是一门比较深奥的学说。尹弘基、沙露茵指出，中国早期风水所有的基本原则都指出确定黄土高原窑洞理想地点的因素。在分析风水原则和进行实地调查的基础上，他们认为山峦起伏，附近又有水的黄土高原很有可能是中国古老风水的发源地[1]。王其亨称风水为"景观建筑学"。它实际上是结合地理学、生态学、景观学、建筑学、美学等一体的系统性理论，是古人几千年下来总结的建筑营造智慧，具有朴素的科学原理[2]。

传说风水的创始人是道家九天玄女，当然这带有一定的神话色彩，它的历史可以追溯到远古人类时期，在战国时代就已经具备完善的理论知识。早期风水的发展演变十分复杂，当代人仅能管窥一二了。几千年能传下来的知识或经验到了现代社会，却被相当一部分人认为是迷信，并一度有绝迹之势。因此，对其评价也毁誉参半。

"风水"词语最早见于晋代郭璞所著的《葬经》记载："气，乘风则散，界水则止；古人聚之使不散，行之使有止，故谓之风水。"[3] 这也是有关风水的最早的定义。

---

[1] 尹弘基，沙露茵. 论中国古代风水的起源和发展 [J]. 自然科学史研究，1989，8（1）：84-89.
[2] 王其亨. 风水理论研究 [M]. 天津：天津大学出版社，1992.
[3] 郭璞. 葬经 [M]. 郑州：中州古籍出版社，2016.

这部著作中还提出了风水的要旨："风水之法，得水为上，藏风次之。"风水学的根本基础和核心思想依据来源于《易经》[①]。风水思想里面有中国文化中特殊的三才融合理念，三才即天、地、人的关系概括，也是人与天地万物的一种认知模式。建筑选址风水模式是一种三才同构文化景观。《周易·系辞下·传》记载："《易》之为书也，广大悉备；有天道焉，有人道焉，有地道焉。兼三才而两之，故六；六者，非它也，三才之道也。"这段话译成白话文就是：《周易》这部书，道理广大周备；含有天的道理，人的道理，地的道理。兼合天地人的象征而每两卦相重，就出现了六画的八卦；六画，没有别的意思，正是象征天、地、人的道理。再如"八卦"一词，见于《周易·系辞下》记载："古者包牺氏之王天下也，仰则观象于天，俯则观法于地；观鸟兽之文与地之宜；近取诸身，远取诸物，于是始作八卦，以通神明之德，以类万物之情。"八卦表示事物自身变化的阴阳系统，用"—"代表一阳，用"--"代表一阴，用这两种符号，按照大自然的阴阳变化平行组合，组成八种不同形式，叫做八卦。八卦也是我国最早的文字表述符号：乾☰、兑☱、离☲、震☳、巽☴、坎☵、艮☶、坤☷。八卦生自太极、两仪、四象中，推演出人与天地万物的关系。

　　因此，中国风水学说是为寻找人类居住的吉祥地的一种三才景观评价系统。风水理念构建了"天人合一"为内核、诗情画意为外显的人类栖居审美艺术，以"藏风得水"为核心。何晓昕从我国阳宅风水理论入手，借着对风水盛行的东南地区实行考察之所得，对风水作了探讨[②]。如，徽州古村落里的风水文化体现在村庄的选址、水口的营建、民居的选址布局特点以及禁忌的镇符。俞孔坚讨论和比较了五个不同景观设计途径，包括前科学途径（以"风水"为例），现象学途径（包括"城市意象"途径和"场所精神"途径），以及生态学途径（包括"设计遵从自然"途径和景观生态途径）。他阐明了不同途径在实现天、地、人、神合一的理想景观中的有机联系和螺旋式上升的历程；揭示了在一条从场所的不自觉，到场所的丧失，到场所的觉醒再到场所的复得的景观设计道路之上，中

---

[①] 庞骏. 东晋建康城市权力空间：兼对儒家三朝五门观念史的考察[M]. 南京：东南大学出版社，2012.
[②] 何晓昕. 风水探源[M]. 南京：东南大学出版社，1990.

西文化殊途同归①。

  风水强调"天人合一"即人与自然的和谐，其实质是人的存在和延续，需要追求理想的生存与发展环境。趋利避害是人的需求在风水学说上的体现和普遍原则，中国传统乡土聚落立村选址、营宅造院都遵循着这一原则，审慎周密地考察、了解自然环境，利用和改造自然，创造良好的居住环境。因此，传统聚落中所体现的风水具有不可忽视的现实意义，研究其合理含义，能让风水思想在当代乡村转型期的村镇建设中发挥积极而有效的作用。

  唐代卜应天居江西赣州，著《雪心赋》，是风水形势法、峦头法的经典著作，书中有诸如"形著于地者，有万水千山""入山寻水口，登局看明堂"等名言。南宋朱熹理学思想对风水的影响较大。另有一种观点，认为《雪心赋》的作者是朱熹，理由是该书中有理学思想和朱子习惯用语句式等。按照风水的理论，村落宗祠往往占据村落里最重要的中心位置，形成一个礼制中心。宫庙要造在村外"水口"处，作用"关锁水口"，不让内气散出。例如，浙江温州乐清的雁荡山，以山水奇秀闻名，号称"东南第一山"。在雁荡山北麓的南阁村，以独特的人文景观——明代牌楼群名闻遐迩，也是典型的风水村布局模式。南阁村，位于浙江温州乐清市境内，距雁荡山高速出口车程约20分钟，为国家第五批历史文化名村，是明代著名诤臣章纶故里，村里的明代牌楼群为国家文物保护单位。笔者运用跨学科的文献学理论，对古村落行政制度的演替、村落自然环境、历史文化、牌楼群、街道、水口布局，以及建筑等进行解读，可较为准确地揭示古村落空间的演变过程。董卫老师指出，乡村传统文化遗产的保护与传承是一件十分复杂的工作。保护不是简单的守成，而是在一个已经发生巨变了的社会经济环境中对中断的历史进行重新梳理，并将其融入新的社会环境中②。刘晓晖指出，运用中国传统"妙造自然"园林艺术理念，用诗境规划设计，即用诗境的方式构建人与自然、人与人的和谐，得天地之精华而人性抒发，建立一种可

---

① 俞孔坚.理想景观探源：风水的文化意义[M].北京：商务印书馆，1998；俞孔坚.追求场所性：景观设计的几个途径及比较研究[J].建筑学报，2000（2）：45-48.
② 董卫.一座传统村落的前世今生：新技术、保护概念与乐清南阁村保护规划的关联性[J].建筑师，2005（3）：94-99.

以持续孕育美的精神与人文气质的人居环境①。

6.2.1.2 易道风水学中的中华地理观

（1）观山相地：中华地理大势中的"三大干龙"

古代风水家以南海、长江、黄河、鸭绿江四大水域为界，将中华山脉地势分为三大部分，称为"三大干龙"，即北条干龙、中条干龙、南条干龙。为什么称为"龙"？明代著名风水学者徐善继、徐善述合编的《地理人子须知》一书中则说："地理家以山名龙，何也？山之变态，千形万状，或大或小，或起或伏，或逆或顺，或隐或显，支垅之体段不常，咫尺之转移顿异，验之于物，惟龙为然，故以名之。"又说："天下有三处大水：曰黄河、曰长江、鸭绿江。长江与南海夹南条尽于东南海，黄河与长江夹中条尽于东海，黄河与鸭绿江夹北条尽于辽海。"②三大干龙均以昆仑山为源，昆仑山绵延向西，分成三支，就是三龙。第一支：起自昆仑山，从阴山、贺兰山到秦岭，进并州到太行山、燕山，东至大海，称为北龙。第二支：从昆仑山到岷山，循岷江左右，出左江到关中，直至武陵山，东至淮水直抵大海，称为中龙；第三支：自昆仑山出吐蕃沿丽江而下，趋云贵到横断山，往东由武关到湘江，东经黄山、天目山到苍括山，称为南龙。南龙的吉地就在南京。

风水家把龙形的山脉从优到劣分成四龙：进龙、退龙、福龙、病龙。例如北龙的山势巍峨雄壮，出昆仑山向东，秦岭、嵩山绵延纵横，河北众山环拥相抱，形成一系列进龙、福龙佳地。第一个统一的王朝秦的首都咸阳就在八百里秦川。从地理上看其北为陕北黄土高原，南是陕南盆地、秦巴山脉，西起宝鸡、东到潼关的渭河流域冲积平原广大地区，即历史上有名的八百里秦川。它的北部是半圆形的黄土高原，河渠纵横的高原山地、巍峨雄壮的秦岭山脉和大巴山脉，成为它标志性的风景线。关中地势险要，易守难攻。咸阳北枕高耸入云的九仲山，在雄伟壮丽的山脚下，是云雾缥缈之中莽莽苍苍的八百里秦川，古城咸阳就安卧在这秦川的腹地。秦王称为"圣水"的渭河，从南穿行而过。山南水北谓之阳，

---

① 刘晓晖. 诗境规划设计思想刍论 [D]. 重庆：重庆大学，2010.
② 徐善继，徐善述. 地理人子须知 [M]. 金志文，译注. 北京：世界知识出版社，2011.

古城因位于山南水北，故称咸阳。关中的地理形胜，汉代已有人指出，见《史记》卷八"高祖本纪"记载：

> 田肯贺，因说高祖曰："陛下得韩信，又治秦中。秦，形胜之国，带河山之险，县隔千里，持戟百万，秦得百二焉。地势便利，其以下兵于诸侯，譬犹居高屋之上建瓴水也。夫齐，东有琅邪、即墨之饶，南有泰山之固，西有浊河之限，北有勃海之利。地方二千里，持戟百万，县隔千里之外，齐得十二焉。故此东西秦也。非亲子弟，莫可使王齐矣。"高祖曰："善。"①

对于中华地理形势的总体认知，成为社会政治、文化精英的共识。如南宋力主北伐的陆游说："经略中原必自长安始，取长安必自陇右始。"明代缪希雍《葬经翼》也说："关中者，天下之脊，中原之龙首也。"元代建都的大都，明清北京也遵循了风水布局。明代历朝帝王崇奉"真武玄天上帝"信仰，到处敕修道教宫观，最为重视的就是真武大帝玄修之地武当山。明成祖在永乐十年（1412年）敕隆平侯张信、驸马沐昕率军夫20余万大建武当山宫观，永乐十年秋动工兴建，永乐十六年（1418年）落成，历时6年建成八宫、二观、三十六庵堂、七十二岩庙等，整个建筑群规模宏伟，成为冠绝五岳的皇家道教建筑群。武当山道教建筑群明显体现了传统风水理念和原则，特别注重系统，因地制宜、依山傍水、居中适中等风水术的一般规律②。

三大干龙的每条干龙从起点到入海又按远近大小分为"祖山""少祖山"等。风水学认为，大地的生气就是从祖山向少祖山等依次传递过来的，越靠近起点其生气越老，越靠近海边生气越嫩，山老无生气，山嫩则生气勃勃。因此，寻山要寻少祖山，不要寻老祖山。因此吉地应当在少祖山寻觅。当然，平地也有龙脉，其标志虽然不如山地龙脉那么明显，但仍然有迹可循，那就是微地形和水流，"高一寸为山，低一寸为水"。"觅龙"为风水术之一。觅龙就是去寻找能

---

① 司马迁. 史记 [M]. 北京：中华书局，2020.
② 李程. 武当山的道教古建筑及其特征 [J]. 宗教学研究，2004（2）：84-87.

够传递"生气"的山脉,那些来龙深远、去脉奔腾的山脉才是好的,风水学对此设置了一系列复杂细致的规则。

觅龙的理论基础在于风水学把大地看作一个有机体,认为大地各部分之间是通过类似于人体的经络穴位相贯通的,"气"则沿着经络而运行,并聚集于穴位。《葬书》认为,大地中的生气沿着山脉的走向顺势流动,在流动过程中又随着地形的高低而变化,遇到丘陵和山冈则高起,遇到洼地则下降。穴位("吉地")则是生气出露于地表并被藏蓄起来的地方。因此,考察山脉的走向、形态、结构等就成为寻找"吉地"的最重要的一步。由于山脉在形态上与龙相似,因此风水学把山脉比喻成"龙",把山脉的延绵走向称作"龙脉",把对山脉的起止形势的考察称作"觅龙"。觅龙的过程即"寻龙捉脉""寻龙望势"等。

北龙环阴山、贺兰山经幽燕入辽海,其枝干有恒山、太行山、燕山,以燕京为其止处。中龙入蜀汉、结关中,大散为终南、太华、泰岳嵩山,抱淮水入海。洛阳为天地之中,中原之淬。南龙趋云南,东去沅陵,其枝为湘江武陵、九嶷衡山、匡庐庚吟、天目仙霞、括苍天台四明,金陵总揽其形势。

(2)观水

观水,为观察、布置河流走向。风水理论认为理想水系应为"金城环抱",又称"冠带",金为五行至金,取象其圆,城寓意为水之罗绕,即水系沿村庄三面环绕为最佳状态。对于居住之地,善择基址。如《黄帝宅经》记载:"地善,苗茂盛;宅吉,人兴隆。"仍以《雪心赋》文献为例。该书中第十二章"论水口"写道:"一起一伏断了断,到头定有奇踪;九曲九弯回复回,下手便寻水口。山外山稠叠,补缺障空;水外水横栏,弓圆弩满。紧拱者富不旋踵,宽平者福必悠深。修竹茂林,可验盛衰之气象。天关地轴,可验富贵之速迟。"古人以风水定吉凶,难免陷于唯心主义宿命论的窠臼。

中国风水学说理论,一般认为理想的人居聚落模型为"枕山、环水、面屏",强调人与自然的和谐。它涉及人居聚落的选址、朝向、空间结构以及景观等内容,试图表现出一种天、地、人三位一体的整体有机思想。

## 6.2.2 风水案例分析

### 6.2.2.1 六朝建康（南京）选址

我国早期代表性的地理书《禹贡》把中国山脉划为四列九山。风水学说把绵延的山脉称为"龙脉"。龙脉源于西北的昆仑山，向东南延伸出三条龙脉，北龙从阴山、贺兰山入山西，起太原，渡海而止；中龙由岷山入关中，至泰山入海；南龙由云贵、湖南至福建、浙江入海。每条大龙脉都有干龙、支龙、真龙、假龙、飞龙、潜龙、闪龙。古代勘测风水，首先需要搞清楚地形的来龙去脉，顺应龙脉的基本走向，罗盘则提供了很好的技术支持。

六朝建康（今南京）是典型的风水择都和建都城市，笔者已在《东晋建康城市权力空间——兼对儒家三朝五门观念史的考察》一书中述及[①]。建康的微观自然环境特征契合风水形势的诸多因素，诸如，石头城伫立在建康城西部，三山在其西南部，这两座山相互对望而且面临长江。秦淮河自东而西流过，在这两山之间汇入长江，成为建康城西面的防御屏障。北面覆舟山（今九华山）与南面聚宝山（今雨花台）之间，环山包围之中是宽阔平坦的区域，蕴涵有帝王之气，景观壮丽，是南京城市建设之基地，也是这一带地理精华之所在。故在风水定都大规划中，有所谓"南龙的吉地，穴在金陵"，且有龙蟠虎踞图[②]，明代高启在《登金陵雨花台望大江》中称赞："大江来从万山中，山势尽与江流东。钟山如龙独西上，欲破巨浪乘长风。江山相雄不相让，形胜争夸天下壮。秦皇空此瘗黄金，佳气葱葱至今王。我怀郁塞何由开，酒酣走上城南台。坐觉苍茫万古意，远自荒烟落日之中来。石头城下涛声怒，武骑千群谁敢渡。黄旗入洛竟何祥，铁锁横江未为固。前三国，后六朝，草生宫阙何萧萧！英雄乘时务割据，几度战血流寒潮。我生幸逢圣人起南国，祸乱初平事休息，从今四海永为家，不用长江限南北。"[③]

---

[①] 庞骏.东晋建康城市权力空间：兼对儒家三朝五门观念史的考察 [M].南京：东南大学出版社，2012.
[②] 周应合.景定建康志 [M].南京：南京出版社，2009.
[③] 国家图书馆.明代诗文集珍本丛刊 [M].北京：国家图书馆出版社，2019.

六朝建康奠定南京城市建设的基本格局，明代定都南京，宫城东移、加固加长城墙、修建城门等一系列措施，成为明成祖迁都北京的参照。当代南京保留的众多历史古迹成为文化旅游开发的资源。

#### 6.2.2.2 福建石狮市永宁卫城的慈航庙

永宁卫城是福建省泉州市石狮市行政镇永宁镇的核心镇区，因明代设置军事性卫城，故又称永宁古卫城、永宁卫。永宁卫城位于福建省泉州湾与围头湾中部的深沪湾北畔，与台湾隔海相望，距石狮中心市区8公里，北与石狮市蚶江镇、锦尚镇接壤，南邻晋江市龙湖镇，东距台湾台中港130海里。

永宁古称"水沃"，唐时称"高亭"，宋时称"凉恩亭"。南宋乾道八年（1172年），为防外患，与此建水澳寨，称"永宁寨"，寓意永得安宁。明洪武二十年（1387年），为抵御倭寇，朝廷在此设立卫城，以作泉南屏障，称"永宁卫"，距今已有600多年历史，因其特殊的地理位置，历来为闽东南的重要港口及海防重地。

永宁核心镇区至今仍保留着完整的古卫城格局和古街道。由于两条贯穿东西南北的街道把4个城门分成4个方块，状如鳌鱼卧滩，故自古又有"鳌城"之称。永宁卫城内留存有大量的民间信仰空间场所，大多数历史悠久。限于篇幅，下面借助张杰的《穿越永宁卫》一书试对其风水观念支配下的卫城营造模式进行一些简单的分析①。

历史上的永宁卫城下辖福全、崇武、中左（厦门）、金门、高浦等5所，祥芝、深沪、围头等3个巡检司，为抵御海盗、外来侵略和海上交通、经贸往来等做出了不可磨灭的贡献，也饱受历史沧桑的考验，如明末清初政权更替之际的"陷城洗街"和近代抗日战争时期的"7·16蒙难"等，让永宁卫城民众世代难忘。1949年永宁解放，成立了镇人民政府。初属晋江县（现为晋江市），后属石狮市管辖。改革开放40多年来，经过快速发展和建设，永宁镇焕发出新的生机，蓬蓬勃勃的建设使永宁镇发展成集工业、贸易、旅游度假为一体的现代化港口城镇。永宁镇现为福建省百强乡镇、福建省文明城镇、福建省科技示范镇和泉

---

① 张杰. 穿越永宁卫 [M]. 福州：海峡文艺出版社，2016.

州市发展乡镇企业先进单位。

因此，从风水角度看，永宁卫城真不愧为一座吉祥、富裕、永宁之城。

永宁卫城位于滨海地带，东临台湾海峡，西倚宝盖山，南临深沪湾，北滨泉州湾，构成了古卫城三面环海一面靠山的有利地形。其得天独厚的地理位置，背靠群山，面朝海港，折射出选址定位的风水理念。卫城整体地形走势为东西两边高、由北向南倾斜，地貌类型以台地、冲积平原为主，地形由低山丘陵—台地—平原，呈阶梯逐级升高，城内有三山娘妈山、象山、莺山。象山形如伏象，在永宁城隍庙后方。莺山在永宁卫城内北侧，因状若山莺，故名莺山。且因位于溪源铺之背后而被称之为"后山"。卫城居高临下，北依五虎山，俯瞰深沪湾海面。五虎山位于永宁、沙美北面及下宅之西南部，为永宁屏障。该山由青山（海拔 125.3 米）、钟山（海拔 103.8 米）、鸡母山（海拔 86.4 米）、陈山、虎头山等峰峦组成，面积约 4 平方公里。五虎山群状若老虎，一只接着一只由西向东追奔，故名"五虎山"。

关于"五虎山"，民间流传有"五虎追金狮"的传说。在宝盖山下，五只小虎与雄狮为争夺天上降落的一颗金球互相撕咬，斗得难分难解。后狮子敌不过五虎，从永宁这边猛跃过海，到了深沪海口，回头一望，但见五虎已化为五座山雄踞在永宁高处，眈眈而视。狮子顿觉气从口出，接连吐出三口鲜血，即成为深沪（首峰村）的三个土坡。狮子待要上岸，却也变为一座石头山，峙立于海中。古代筑城之时，人们宁可舍近求远，采取蚶江、祥芝等沿海地区的山石，也要保留完整的五虎山作为北边的坚固屏障，以保地方生灵太平。图 6-1 为永宁古卫城风水选址示意图。

永宁卫城在选址上不但符合我国传统聚落选址对风水的基本要求，并且有效地利用了自然地形，满足了古卫城抵御倭寇、保障城内居民的生产生活等方面的要求。这种风水选址极为慎重地考虑到人居空间与山形水势的结合，不仅极力利用有利的自然因素来创造更加适合于生活和生产的环境，而且使整个聚落和建筑等人工景观十分协调地融入大自然的环境之中，在以军事防御为主的永宁卫其险要的地势更为重要。

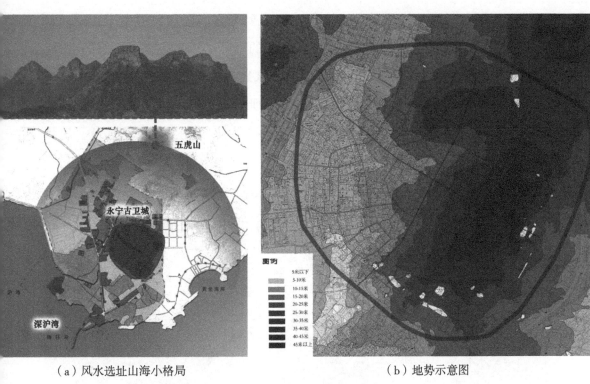

(a) 风水选址山海小格局　　　　　　　　　(b) 地势示意图

图 6-1　永宁古卫城风水选址示意图

首先，永宁的战略防御地位是卫城存在的基础。从它与周边所城关系而言，"永宁卫在县东南五十里，东临大海，北界祥芝、浯屿，南连深沪福全，为泉襟裾"①。可见，地理位置的重要性促使永宁成为东南沿海的军事防御卫城，即夹在深沪湾与泉州湾间，且有港口，故依港口建造城堡以抵抗倭寇入侵，由此使得永宁卫城不仅仅是战略要塞，还是船舶避风停靠的良港。

其次，就永宁卫自身地势环境来看，其所在地域的地势由西南方向东北方向逐渐抬升，最低至最高点高差近 14 米，在城隍庙北侧有象山作为整个区域最高点，也是整个古卫城的最高点。永宁卫城在选址上"风水格局"考虑的因素与一般聚落类似，但是又有别于一般的传统聚落。一般的传统聚落为了便于居民的生产和生活，选址一般多为平地，但是永宁卫城最重要的作

---

① 郭赓武，黄任，怀荫布. 泉州府志[M]. 上海：上海书店，2000.

用是用于抵御倭寇和海盗的侵略，所以不但要考虑满足居民的生产和生活需要，而且要满足军事上的需要。在当时，倭寇的登陆进攻主要来自东南的沿海，所以古卫城的选址在一处较高的坡地上，该地块地势过渡呈东南急西北缓，造成东南一侧居高临下，形成了极好的防御形式，而西北过度缓和，给城内的居民提供了宜居、宜行的生活环境。图6-2为永宁古卫城风水选址、地势及城门示意图。

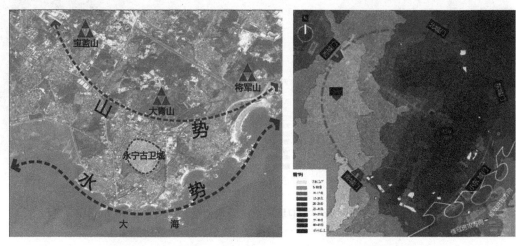

（a）风水选址示意图　　　　　（b）地势及城门示意图

图6-2　永宁古卫城风水选址、地势及城门示意图①

综上所述，可以看出永宁卫城占据的地形高低适宜，地理、自然环境独特，南面临海，踞于城上视野开阔，利于观察海上航情或敌情，有利于与深沪、沙堤等其他寨堡进行联络。在军事需要、风水理念、地形地况三方面的作用下，永宁卫城营造出了极具闽南特色的卫城空间。

慈航庙、永宁城隍庙、鳌南天妃宫、东西庵（泰山夫人宫、莺山妈妃宫），合称"永宁五大宫庙"，具体分布示意图见图6-3。从它们建造开始保存至今，尽管都经历多次修复，甚至重建，但它们一直被世人公认为永宁的主要信仰空间。下面简单探讨慈航庙。

---

① 张杰. 穿越永宁卫[M]. 福州：海峡文艺出版社，2016.

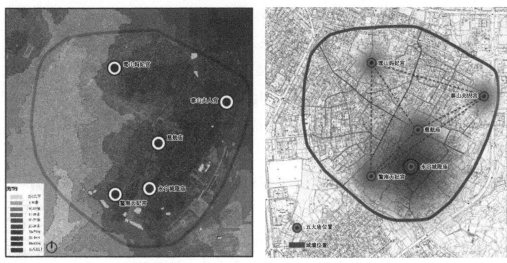

图 6-3　永宁卫城五大宫庙分布示意图[①]

(1) 慈航庙选址

慈航庙，又称中亭观音宫，位于永宁观音亭境，占地面积 400 平方米，建筑面积 330 平方米。主庙分前后两部分，庙前左右有钟、鼓楼。据庙中石碑记载，其始建于隋朝，历代均有重修。该庙主祀男士观音，有造像，殊为罕见。史学家普遍认为，男士观音像系隋代、唐初之物，中唐之后观音则为女性造像，因而是其始建于隋朝的佐证。民间的观音信仰具有保平安、航海保护神、治病疗伤等多种功能。该庙在南宋改称"永宁庵"，宋代诗人丘葵曾题《永宁庵》一诗云："路入永宁方午阴，禅师聊复坐沉吟。欲将门外葫芦水，倒作田间三日霖。"庙中有清代著名学者、诗人和教育家陈棨仁亲笔题写的多幅手书。其中，庙前石柱上题刻的对联为："亭以中名，挂汉平分塔影；音从观悟，倚栏来看潮声。"巧妙地将中亭观音四个字嵌入永宁的山水景物，为后人所称道。该庙于 1998 年 2 月被列为石狮市第二批文物保护单位。

中国传统的"天人合一"思想以及风水理论充分说明了自然条件对于聚落选址的影响。考察永宁卫城中始建于隋代的慈航庙的地理位置可以发现，它位

---

① 张杰. 穿越永宁卫 [M]. 福州：海峡文艺出版社，2016.

于象山和益铺山之间，所在位置位于古卫城的中心偏东南，推测该地块应早于其他地块发展，即卫城中心偏东南地块为聚落早先发展的地块，慈航庙是辐射整个永宁卫的早期重要宫庙。慈航庙是永宁卫聚落形成早期产生的空间基核，它在最有利的区域位置用象征资本，即民间信仰象征的神权力量调控着周边空间环境和区域，并提供了周边区域进行信息交流的、古代社会的共享平台。

永宁卫城的街巷因为整体呈八卦状，所以又被称为"八卦街"。南北向和东西向的两条相交的主要街道，它们共同构成了整体布局的十字形轴线，一条是东西走向的永宁"老街—观音街"，另一条是南北走向的"北门街—南门街"，两街相交于永宁中心的"中开坊"，成为整体布局的核心节点。据《晋江县志》记载，永宁卫城内明代形成的街道，至今大多基本保留原貌，但保留商贸功能的极少①。

慈航庙为开敞半围合型的建筑布局形式，它以松散的建筑来取代院墙、院门，进行非封闭的围合形成民间信仰文化空间。该庙宇由主殿、两侧钟鼓楼及其轩亭等围合成空间相对开敞的空间场所。主殿部分为单开间，主殿前带外廊及拜亭，拜亭左右分别设二层的钟鼓楼。在空间序列上，由小型广场——公共开敞空间，到具有一定空间感的轩亭，再到外廊——灰空间，接着到大门敞开的拜殿——半公共空间，最后到供奉神像的封闭的内室空间——私密空间，由此形成了一个具有层次与序列感的空间群。在这一空间群中，呈现了公共开敞到半公共半开敞，再到封闭私密的过程，与慈航庙的庄重、肃穆的神灵氛围相吻合。此外，两侧钟鼓楼均为二层建筑，底层架空并紧邻轩亭，且广场及轩亭进深较大，轩亭及拜殿抬高三级台阶，因此拜殿内光线较昏暗，更加烘托出信仰文化的神秘色彩。整个宫庙空间层次较为丰富，同时，结合较高的地形，宫庙面向西部，与永宁老街正对，形成老街的一个重要的景观节点，另外宫庙本身造型较为简单，但由于地势高爽，从老街观望慈航庙时，整个庙宇显得雄伟、神圣。慈航庙的路线与轴线关系、空间分析示意图分别见图 6-4、图 6-5。

---

① 张杰. 穿越永宁卫 [M]. 福州：海峡文艺出版社，2016.

## 6 民间信仰仪式文化空间旅游创新 | 199

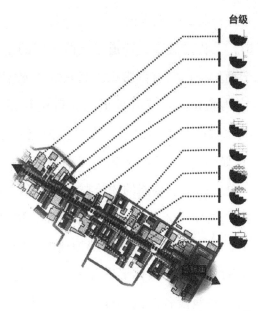

图 6-4　永宁卫城慈航庙的路线与轴线关系①

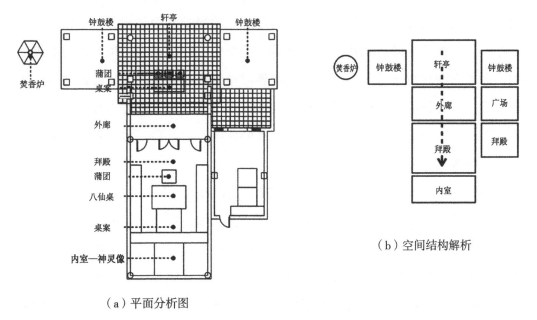

（a）平面分析图　　　　　　　　　　（b）空间结构解析

图 6-5　慈航庙空间分析示意图②

---

① 张杰. 穿越永宁卫 [M]. 福州：海峡文艺出版社，2016.
② 张杰. 穿越永宁卫 [M]. 福州：海峡文艺出版社，2016.

（2）街巷迷宫之一——老街—观音街

永宁老街—观音街，又称剖腹街，街道始于西城门的土地庙，止于慈航庙，改革开放之前曾是永宁商贸街。它有剖腹街之名是源于永宁的别称"鳌城"，受风水理念的影响，永宁为鳌鱼穴，且其地形与大龟极其相似，而古街的布局，则如古篆"寿"字，而水关街为鳌鱼之肠，石盘街为鳌鱼之肝，后施将军为破永宁风水，筑了此街，状如剖鳌鱼之腹，故称为"剖腹街"[①]。老街街道两侧积聚着商业、金融、邮政、政府办公等功能的建筑群，建筑多为二层。

永宁老街的空间构成同样为4种界面——底界面、顶界面、侧界面以及住宅入口界面。永宁老街虽然东西之间的联系较为通畅，但随着街道侧界面——沿街建筑立面的前后错动，街道的整体形态并不是一条笔直的街道。街道侧界面的错动变化从老街东端和西段各向内100米开始，建筑之间的前掩后映，形成了空间变化十分丰富的街道景观，有效地化解了老街过长的尺度。由于建筑之间的错动范围并不大，因此在刚好满足遮挡的视觉需要的同时，又保证了老街作为一级街道的通行效率。老街侧界面的变化，使得老街的顶界面与底界面的平面形态变化也十分丰富。顶、底两界面在侧界面的作用下，形成曲线的平面形式，在透视关系的作用下，给人一种极强"推进力"的心力场。这种"推进力"的产生一方面源于两侧建筑所带来的内向压力，另一方面是由于侧界面的变化所造成空间的神秘感。

但是老街的顶、底界面均存在不同程度的问题。经过我们实地调研发现，住户为了使店面的使用面积向外得到扩展，在商铺门口上面采取各类形式的遮阳措施，其中包括使用废旧的建筑材料、广告横幅等，这些不但影响了街道自然顶界面的完整程度，而且导致街道采光不足。街道底界面的问题主要源自街道铺地的年久失修，以及人们对现代自来水和排水系统的自主改造所形成的管道裸露。

（3）街巷迷宫之二——观音街—慈航庙

在永宁卫城内除了南北与东西的主要道路是以开敞的十字形式相交，其他

---

① 李国宏.永宁刘氏漫谈[R]//永宁镇乡土资料编委会.永宁乡土资料汇编.1995.

次要巷道连接形式多为丁字交接，很少出现开敞的十字的路口。丁字路口的出现一方面受到建筑环境的限制，另一方面则是出于聚落内部的防御性目的有意设立的，当人处在丁字路口时，无法获得"前方"活动方向的信息，人很容易迷失方向。卫城内的居民久住于此，对于复杂的街巷网络熟门熟路，然而外敌侵入古城内部时往往会迷失方向，被困其中，从而体现防御功能。

"垂直性"的路径则展现为"神性向度"。永宁卫城内的主要道路连接了聚落居民的家与神庙，在人们心中形成了通往场所中心的方向。永宁宫庙建筑中特别体现出这种中心和方向关系的是慈航庙与观音街。慈航庙坐落于观音街最东南端，面朝西北，其中轴与观音街基本重叠，可以说观音街是慈航庙中轴的延伸。由于慈航庙所处地势较高，故观音街自西向东有多处上升的台阶，整段路呈向上攀登的趋势，将行人引向前方至高的终点——慈航庙。如此结合了垂直向上的力与水平轴线的空间组织形式将慈航庙的庄严与神圣展现出来。

## 6.3 世界级非遗民间信仰文化旅游开发案例

截至 2022 年 12 月，中国的世界级非遗项目有 43 项（附录一），有 4 项世界非遗项目与民间信仰密切关联，它们分别是：妈祖信俗、端午节、送王船（有关人与海洋可持续联系的仪式及相关实践）、中国传统制茶技艺及其相关习俗等。

### 6.3.1 妈祖信俗文化旅游开发

#### 6.3.1.1 妈祖信俗非遗（2009 年）

妈祖信俗是指妈祖信仰习俗，又称神女信俗、灵女信俗、神姑信俗、元君信俗、娘妈信俗、娘娘信俗、天妃信俗、天后信俗、天上圣母信俗、湄洲妈祖信俗等，这是由于历代民间、朝廷或宗教对妈祖的封号先后不同而嬗变。它是以崇奉和颂扬妈祖的立德、行善、大爱精神为核心，以妈祖宫庙为主要活动场所，以庙会、习俗和传说等为表现形式的中国传统民俗文化。妈祖信俗由祭祀仪式、民间习俗和故事传说等三大系列组成。

莆田市湄洲是妈祖祖庙所在地。每年的农历三月三是妈祖诞辰日，传统妈祖祭祀、戏曲及庙会皆以这一天最为隆重。姚文琦着眼于以福建莆田湄洲祖庙为中心的妈祖信仰传播与历史积累，与岛内地方妈祖宫庙群之间的互动关系，以及与台湾地区的交流往来，借以说明民间信仰对于链接区域空间之社群关系的重要纽带效应。尤其是对每年正月"闹元宵"时，频繁多样的台湾妈祖庙会仪式活动所展现出宫庙群之间的历史香火渊源，分析其与湄洲岛社群互动关系的流变和影响[1]。

妈祖信俗对外交流：据统计，妈祖的全球信众超过2亿人，遍布28个国家和地区，尤其盛行于中国东南沿海及东南亚地区，各地祭拜妈祖的天后宫、妈祖庙不计其数，近千年来民间一直有回湄洲岛祭拜祖庙的"妈祖回娘家"活动。

因妈祖出生地在莆田贤良港，其父母宗祠亦在港里，自古以来信众到湄洲拜祭妈祖女神，必先到贤良港天后祖祠进行朝拜，贤良港成为祭神活动的第一站。贤良港天后祖祠的祭祈活动被称为"妈祖回娘家"，意即寻根问祖，其特点为祭祖与祭妈祖合二为一，这是一种由祖祠分香之宫庙，或认同贤良港祖祠为其原祖的宫庙到祖祠来朝圣、进香的一种仪式行为，每年分春祭（农历三月二十三日）和秋祭（农历九月九日）。2005年各地宫庙通过协商，改变以往单向性、零散性的进香形式，组成祖祠迎接各宫庙在既定时间统一朝圣的进香迎驾仪式。此后，妈祖祭拜活动越来越引人注目。据媒体报道，2008年10月30日，"天下妈祖回娘家"系列活动在莆田隆重登场，共有17个国家和地区300多家妈祖文化机构一千多名来宾前来参加。2016年的妈祖诞辰以"馨香传承情满海丝"为主题，举办包括"天下妈祖回娘家"活动、升幡挂灯仪式、莆仙民俗庙会、"大爱妈祖"大型诗歌朗诵会、砗磲妈祖开光典礼、丙申年春祭妈祖大典、"拜五行妈祖、求五福好运"活动、"妈祖文化与海丝之路"学术沙龙等活动。超过600个进香团30多万人次来祖庙谒祖进香。"妈祖回娘家"活动大大加深了各地分香宫庙与贤

---

[1] 姚文琦. 民间信仰与社群关系：以莆田湄洲岛之妈祖信仰研究为例[D]. 厦门：厦门大学，2007.

良港祖祠和湄洲祖庙的关系交流，促进了妈祖信俗文化在民间广泛传承和发扬。

2009年9月30日，在联合国教科文组织保护非物质文化遗产委员会第四次会议上，"妈祖信俗"被审议并批准列入《人类非物质文化遗产代表作名录》，成为中国首个信俗类世界遗产，这也是莆田市第一项世界级遗产，使湄洲获得了一张世界名片。截至2022年，全世界45个国家和地区共有上万座从湄洲祖庙分香的妈祖庙，有3亿多人信仰妈祖。

截至2022年，妈祖信俗在国内主要分布于22个省市的450个县，其中福建莆田市就有316处之多，海南有200多座（海南各时期所修的各种妈祖庙曾达100多座），香港有57座，澳门有10座，台湾全岛达到1500多座。台湾妈祖信众数量约有1600万人，占台湾人口的2/3。

2021年11月，妈祖信俗入选"福建文化标识"，对于推动福建省文化建设具有促进作用。

#### 6.3.1.2　妈祖信俗旅游开发

妈祖信俗开发首选模式：多地联动举办"三月疯妈祖"祭祀仪式和文化旅游节。

节事旅游，或称节日事件旅游，是指以一次性或定期举办的节日庆典为核心吸引力，提升目的地的特殊旅游活动形式[①]。目前，众多国家和地区纷纷把节事活动纳入地方发展战略，甚至把大型节事活动作为目的地营销的重要举措，以提升举办地或国家的国际形象和地位，并作为拉动地方经济发展的引擎和有效手段，促进国家和地区的经济发展。欧洲是节事旅游的发源地，发端于中世纪的嘉年华、狂欢节等即为典型的节事活动，当代则有奥运会和世博会等大型国际性节事活动。富有特色的地方节事如农民丰收节、广东春节花市等，少数民族地区的彝族火把节、新疆古尔邦节等。

福建妈祖文化旅游节于1994年由莆田市人民政府创办，至2022年已经成功举办了24届。该节事活动有开幕式、妈祖祭祀大典、广场文艺演出、祈福诵经等内容，可见，妈祖信俗是妈祖文化旅游节的重要依托。

---

① Fredline E, Faulkner B. Host community reactions: a cluster analysis [J]. Annals of Tourism Research, 2000 (3): 763-784.

2009 年妈祖信俗申请世界非物质文化遗产成功，标志着妈祖文化已经成为世界性的文化。为贯彻《国务院关于支持福建省加快建设海峡西岸经济区的若干意见》的精神，国家旅游局（现为文化和旅游部）组织编制了《海峡西岸旅游区发展总体规划（2010—2020 年）》，提出了 2010 至 2020 年期间，要把海峡西岸经济区打造成世界级旅游目的地。

在此背景下，2009 年莆田市城市总体规划重新修编（2008—2030 年），提出将莆田城市性质定位为"世界妈祖文化中心，湄洲湾港口城市"。所以随着妈祖文化旅游的利好发展和旅游产业的日渐成熟，对妈祖文化旅游未来经济发展趋势进行预测将有利于政府制定相应的发展战略，具有较大的理论和实践指导价值。妈祖文化旅游节于 2010 年成为国家级的节庆活动，并在延续以往"和平安康"和"妈祖文化"主题的同时，突出海峡旅游主题，以塑造妈祖信俗的"世遗"品牌，深化与台湾地区的交流合作，加快推进国家旅游度假区和世界妈祖文化中心的建设。事实上，以后的每一届妈祖文化旅游节都吸引了大批妈祖信众和游客的参与，成为对外文化交流合作的重要平台。与此同时，它对湄洲岛的旅游淡季起到一定的缓解作用，如 2011 年 11 月湄洲岛接待游客 11 万人次，同比增长 35%[①]。妈祖文化旅游境内市场以福建省内、莆田周边城市为主，境外的以台湾客源为主[②]。大力拓展境外旅游客源市场是提升妈祖文化旅游经济的关键所在。

### 6.3.2 端午节文化旅游开发

#### 6.3.2.1 端午节非遗（2009 年）

端午节是中国重要的传统节日。2006 年，端午节民俗被国务院批准列入第一批国家级非物质文化遗产名录。2008 年开始，端午节正式被列入国家法定节日。2009 年，中国端午节成功入选《人类非物质文化遗产代表作名录》。

一般认为端午节起源于中国古代南方百越族举行的祭祀节日。闻一多的《端

---

[①] 林翠生，宋立中，王雅君. 福建妈祖文化旅游节影响的居民感知及其形成机理研究[J]. 旅游论坛，2014，7(1)：32-39.
[②] 妈祖文化旅游研究课题组. 妈祖文化旅游研究[M]. 北京：人民出版社，2011.

午考》等论文指出,端午起源于吴越龙文化说,直指龙舟竞渡问题,介子推、屈原、伍子胥等忠烈英雄叙事的问题,是一个文化英雄与核心仪式的问题。端午节赛龙舟的习俗是在屈原投江史实之前就已经存在的[1]。江绍原在《端午竞渡本意》一文中指出,端午节及其竞渡是一个法术处理的公共卫生事业[2]。

除汉族之外,中国还有壮族、苗、彝、满、蒙、藏、朝鲜等28个少数民族过端午节。"端午"一词最早出现于西晋周处的《风土记》,这本文献成了现代人们查考端午节等传统节日习俗的重要参考。端午节有吃粽子、喝雄黄酒、吃红鸡蛋、挂菖蒲艾草及汤药沐浴等民俗,统称为除"五毒"。在江南节日传统中,端午节这天必吃五黄——黄鳝、黄鱼、黄瓜、咸蛋黄、黄酒,因而该月又称为"五黄月"。《太平御览》卷31,五月五日引《风土记》记载:"仲夏端午,端,初也。俗重此日,与夏至同。"[3]我国民间很多盛行于世的端午习俗都有驱瘟避疫的成分。

我们可以从物质、行为、精神文化三层面进行分析和探讨端午节。端午节作为国际性节庆具备跨文化身份。端午节庆内涵丰富,文化事象多样,文化价值多元。以整体性、多元性与互动性的文化谱系研究端午,会发现其被遮蔽的丰富价值。从本源出发,可知端午最初是一种妨长禁忌形成的多元习俗,目的是维护社会的秩序。五月禁欲之不生不育,浴兰节之水性消解强阳,凤舟竞渡之抚慰边地熄灭斗心,以及对于边地英雄的多元崇拜多元叙事,都是以达到社会稳定为目的的社会性狂欢。唐宋以来,国家与社会的互动,以龙舟竞渡为中心形成的多元一体文化谱系格局,给端午节注入了强大的活力。端午节庆的传承不宜简单化、单一化,应该发掘创新其传统价值,构建富有活力的文化节庆叙事[4]。

6.3.2.2 *端午节健康文化旅游*

端午节的最早记录见于战国时代的《夏小正》记载:"此日(指仲夏之午日)蓄采众药,以蠲除毒气。"[5]推测,自战国起,采集百药就已经是端午节民间习俗

---

[1] 闻一多.端午考[M]//闻一多.闻一多全集:第1卷.北京:生活·读书·新知三联书店,1982.
[2] 江绍原.端午竞渡本意[M]//江绍原.江绍原民俗学论集.上海:上海文艺出版社,1998.
[3] 李昉,等.太平御览[M]//商务印书馆四库全书出版社工作委员会.文渊阁四库全书影印本:第0893册.台北:台湾商务印书馆,1975.
[4] 田兆元.端午节庆的文化谱系与多元叙事[J].文化艺术研究,2022,15(4):24-37.
[5] 《会理县志》编纂委员会.会理县志:1986—2005[M].北京:方志出版社,2011.

的重要组成部分。梁朝宗懔《荆楚岁时记》载："五月五日，荆楚人并踏百草，采艾以为人，悬门户上，以禳毒气。"①踏百草，就是在野外游玩踏青，同时采集中草药。这种古老的习俗似乎就是今天采百草、游百病的源头。唐代韩鄂的《四时纂要》也记载有端午采药、制药习俗。该书卷三《夏令》五月条中记载："端午日禳镇附此日午时取虾蟆阴干百日，以其足画地成水流【出抱朴子】。午日采艾收之，治百病，一日沐浴，令人吉利。抱朴子云：午日造赤灵符着心前，辟兵。岁时记云：午日以彩线五色造长命缕，系臂上辟兵。又以艾蒜为人安门上辟瘟【出风土记】。"可见，早在唐代时端午习俗与道家，医家的治病方法结合起来了。

由上可知，端午节采药、制药习俗虽经朝代更迭但一直在传承。下面我们以汉族、壮族、彝族及白族等民族的端午节为例，对端午健康文化旅游开发进行研讨，主要内容如下：

（1）焚烟熏屋

广西壮族地区端午节驱瘟辟邪习俗扩展到医药文化：覃圣敏叙述"在靖西，人们还用艾叶、白芷、苍术等焚烟熏屋。人们认为这样可以辟邪除恶，使蜈蚣、蟾蜍、蛇、蝎等毒虫不敢接近"②。广西等地的民俗，好用柏叶、大风根、艾、蒲、桃叶等煮成药水洗浴。除了在家门上悬挂艾草、菖蒲、桃树、柚子等植物叶子或者用这些植物叶子煮水洗浴，壮族人民还把艾草等各种叶子晒干，作为填充物制作各种小布袋、香包或者香囊等各种佩戴饰物，系上五色绳，给小孩和妇女佩戴，以辟邪求平安。

（2）采草药

农历五月初五端午节，正值夏季，天气炎热，容易产生瘟疫，再加上这个季节正为蛇虫等繁殖的季节，因此大家都格外小心，于这一天上山采药，草药一方面用来悬挂在家门上以辟邪，另一方面主要是为了避瘟保健。"……靖西等地，群众视端午为'药王生日'，或'药王晒药日'，认为是百草皆为药，并以端午正中午所采的草药疗效最好，称'五月五日午时药'"③。壮族人民认为这一

---

① 宗懔.荆楚岁时记[M].太原：山西人民出版社，1997.
② 覃圣敏.壮泰民族传统文化比较研究[M].南宁：广西人民出版社，2003.
③ 广西壮族自治区地方志编纂委员会.广西通志·民俗志[M].南宁：广西人民出版社，1992.

天的各种植物都是药材，这一天清晨，人们都上山采药，凡是草、藤、灌木叶都采一把，拿回来后放到大锅里煮水，用来洗澡。有人用这些药材缝在口袋里，给小孩佩带，有的妇女还缝制小巧的三角布袋，内装香草，系在自己的裤腰带上。

（3）逛药市

端午节逛药市的习俗还盛行于我国西南边陲城市，如广西百色市靖西市。靖西市依托得天独厚的资源环境，强力打造"壮医之都"的优势品牌。靖西端午药市上各种药材应有尽有，民众争相抢购。靖西端午药市已经发展成为远近闻名的民间端午药市，这一天，周围地区的民众自发地集中到药市出售或者采购草药。人们还把端午这一天视为药王李时珍的出师之日，"大家认为，在李时珍出师之日逛药市，会吸到许多仙药气，可延年益寿，因而赶药市的人特别多，买回的药也特别灵"[1]。近几年来，靖西市相关政府部门重视端午药市活动，除了草药交易外，每年的端午药市都举行很多活动，如壮医现场义诊、壮族药膳特色美食、壮族民俗歌舞表演等，与之交界的越南高平省的相关政府部门及民众也参与到药市活动中。在靖西端午药市里，我们能看到很多越南高平省岱、侬族人在逛药市，更有很多岱、侬族人在出售他们从越南带过来的各种特有药材。靖西端午药市，已经成为壮、岱、侬族群人们交流医药知识，交换民族传统药材的一个重要场所。

靖西端午药市吸引了来自周围县份及越南边境的人民前来参与，规模越来越大，表明中国壮族及越南岱、侬族的人民医药意识不断增强，并利用药市分享自己采集到的药材，互相交流医药知识，对传承和发扬壮族传统医药文化起到了积极的推动作用。

除了广西靖西市，还有湖南瑶族聚居区、贵州毕节市、黔南州、黔西南州、云南丽江市及其他彝族聚居乡镇等也存在有相似的端午药市。每逢端午节，在"中草药之乡"的贵州省毕节市大方县，人们到街上根据自己的需要购买一些中草药，以备治疗风湿、咳嗽、感冒等病症。大方县居民有在端午节这天买草药煮鸡蛋的民俗。据贵州《威宁彝族回族苗族自治县志》记载："端午节吃粽子，用粽叶

---

[1] 卢越胜.中越边境地区岱、壮、侬族历史社会文化比较研究[D].上海：华东师范大学，2014.

包糯米呈菱形煮熟,蘸以红糖、玫瑰、芝麻等烩煎成的糖液而食。"① 四川省凉山彝族自治州会理市也有丰富的药材资源,据周杨晶等的调研,会理市端午节药市出售的植物药类达到 100 多种②。

(4) 祭祖、献饭

端午期间,民间百姓为家中老人药浴,用食物祭奠祖先。

(5) "游百病"

"游百病"习俗是彝族、白族等民间传统医药文化中的一个关键性展演环节,同时也是一个具有深远意义的文化遗产。该习俗展演的时间是在每年五月初五,人们喝雄黄酒、祭药神、挂避邪草、到山上游走、默祷、采药、交流养生或医药经验、对歌健身、泡药储药等,几乎将民间医药保健体系中的重要环节和话语都拿来集中展示。谢菊认为,"游百病"习俗的文化内涵体现人与自然、人与万物之间相辅相成、彼此依赖的有机关系——人非自立于世界之外,人的健康与天地万物有关。文中最后对"游百病"文化习俗作为一种非物质文化遗产存在的重要性作了论述③。

居住在四川凉山彝族自治州的大、小凉山地区的彝族也有在端午节采药卖药的习俗。民谣"佳节添茱萸,男女采药忙"说的是端午节时,雨水下透,百草蔓生,大多数中草药根深叶茂,进入成药期。人们三五成群地肩扛药锄,身背药筐,穿行于高山、深谷、河边,尝遍百草,专心采集。会理市汉族、彝族杂居,有在端午节吃药根汤的习俗,用沙参、牛蒡根等药材,加上土鸡、火腿等同炖,俗称为"吃药根根儿"(因四川方言一般带儿化音)。2017 年端午期间,会理古城举行"万人药根宴",约 1.5 万人共同在古城内 1 500 张桌上就餐④。会理古城文化底蕴深厚,其端午节传统文化氛围浓郁,端午饮食风俗既有荆楚之风,又极具地方特色,尤以"端阳药膳"为代表。在"端阳药膳"晚宴之后,还有"游百病"活动。会理人不仅要过五月初五的"端阳节",还要过五月十五的"大端

---

① 威宁彝族回族苗族自治县志编纂委员会.威宁彝族回族苗族自治县志[M].北京:方志出版社,2012.
② 周杨晶,张显会,季小平,等.四川会理县端午药市药用植物资源的调查研究[J].中医药导报,2017,23(8):50-54.
③ 谢菊.纳雍县朴座白族端午"游百病"习俗研究[D].贵阳:贵州民族大学,2016.
④ 才扬.四川会理古城:"万人药根宴"同过端午[J].中国报业,2017(11):42.

阳节"，并将再次食用"端阳药膳"，还有"游百病"等习俗①。

据《会理县志》（2011年版）记载："会理人称阴历五月初五为'端阳节'，十五为'大端阳'。如遇闰五月的年辰，过前五月的端阳节。"在这一传统节日里，民间有用五彩丝线缝制香包，有用雄黄酒治疮疖，也有用生石灰围绕房屋撒一圈②，内容不一而足。

因此，我国多个民族的端午节主要有驱瘟祈福、采草药、逛药市、祭祖、竞渡等五个节日习俗，节日的饮食文化主要有粽子及其他相关的传统食品。丰富多彩的端午习俗，推进"非遗+康养"业态融合，不仅有利于端午非遗文化的保护、传承与发展，更能充实多民族多地区康养旅游的可利用资源。

我们还可以通过新媒体和社交平台，吸引不同年龄段人群，拓展节日场景，打造具有中国文化底蕴和现代特色的旅游服务品牌，以高质量的旅游服务供给引领新的消费需求。坚持旅游供给侧结构性改革，将传统文化节日与国潮文化相结合，拓展文旅融合新业态，将鲜明的时代主题和前沿的创新精神落实到文旅产品的开发和培育中。通过旅游、消费、科技等为传统节日赋能，展现文旅融合的内涵价值和独特感染力，未来也将成为带动旅游业发展、推进乡村振兴的重要力量③。

#### 6.3.2.3 端午文化传播

端午节传播韩国、日本、越南、新加坡等受中国文化影响较大的国家。端午节跨民族、跨区域的文化传播路径，可体现其开放性和包容性特征。

韩国江陵端午祭于2005年成功申报为人类非物质文化遗产代表作项目，2009年中国申报的端午节列入《人类非物质文化遗产代表作名录》。实际上，两者有着不同的节日起源、饮食习俗和文化内涵，韩国江陵端午祭并非中国端午节在韩国本土化后形成的文化产物。端午节起源于中国，但在漫长的文化发展和交流中，它传入了朝鲜半岛、日本、越南、新加坡等国家和地区，形成了

---

① 曹茂，秦莹. 南方丝路重镇会理端午饮食习俗考[J]. 中南民族大学学报（人文社会科学版），2015，35（3）：55-59.
② 《会理县志》编纂委员会. 会理县志：1986—2005[M]. 北京：方志出版社，2011.
③ 皮楠楠，郭良文. 节庆活动类非物质文化遗产的文化空间实践与变迁：以端午节：西塞神舟会民俗为例[J]. 经济地理，2023，43（1）：227-235.

亚洲特有的端午文化圈。当代的端午节不仅是中国的，更是东亚乃至全人类的宝贵非物质文化遗产[①]。

在越南，端午节还被称为"除虫节"，是仅次于春节的第二大传统节日，这一天越南各族人民的一项主要活动就是采摘各种植物叶子煮水洗浴，以此祈求除毒辟邪。此外岱、侬族的人们"在每年农历五月初五端午节这一天，每个家庭都酿一锅糯米酒以除毒"，"在小孩的手腕、腿腕和颈脖缠五色丝线。在小孩的头、颈、胸、脐擦雄黄酒来杀毒驱瘟……打扫屋内外，洒石灰水或雄黄酒"。侬族的人们在这一天还食用李子，祈求上天灭除破坏庄稼的各种害虫[②]。

### 6.3.3 送王船——有关人与海洋可持续联系的仪式及相关实践旅游开发

#### 6.3.3.1 送王船非遗（2020年）

送王船——有关人与海洋可持续联系的仪式及相关实践（2020年）是中国与马来西亚联合申报的非遗项目。该遗产项目体现了人与海洋之间的可持续联系，被中马两国的相关社区视为共同遗产，长期以来发挥着巩固社区联系、增强社会凝聚力的作用，见证了"海丝"沿线的文化间对话，体现了顺应可持续发展的文化创造力。

送王船是广泛流传于中国闽南和马来西亚马六甲沿海地区的禳灾祈安仪式，既有共性，又有地方性。在闽南，大多每三或四年在秋季东北季风起时举行；在马六甲，则多在农历闰年于旱季择吉日举行。仪式活动历时数日，或长达数月。

该遗产项目根植于福建闽南滨海社区共同崇祀"代天巡狩王爷"（简称"王爷"）的民间信俗。当地民众认为，王爷受上天委派定期赴人间各地巡查，拯疾扶危，御灾捍患；而海上罹难者的亡魂（尊称为"好兄弟"）四处漂泊,无所归依。因而，人们定期举行迎王、送王仪式，迎请王爷巡狩社区四境，带走"好兄弟"。

人们在海边、滩地迎请王爷至宫庙或祠堂，用供品祭祀王爷；竖起灯篙召

---

① 刘畅，陈丽娟. 此端午非彼端午：中国端午节与韩国江陵端午祭之比较[J]. 节日研究，2022（2）：199-211.
② 李彩云. 中国壮族与越南岱、侬族端午节习俗考究[J]. 百色学院学报，2016，29（3）：32-36.

唤"好兄弟",普度"好兄弟"。送王时,人们请王爷登上事先精心制备的王船(木质或纸质的船模),民众以各种艺阵开道,簇拥着王爷巡查社区四境,一路召请"好兄弟"登上王船,随王爷一同出海远行,继续代天巡狩的使命,济黎民百姓,保四方平安。因此,该项目被当地社区民众称为"做好事"。送王船有点类似西方的亡灵节,与鬼魂、生命体验相关。

王爷是我国一个重要的民间信仰,闽南话中的王爷是对有功德者崇敬、尊重的一种尊称,王爷信仰就是对于这些人神崇拜而产生的民间信仰。由于福建地处亚热带,气候炎热潮湿,在古代福建各地经常发生瘟疫。汉代淮南王刘安称福建为"呕泻霍乱之区",直到唐宋时期,闽南地区仍被外省人视为"瘴疠春冬作"的是非之地[①]。有关瘟疫流行、死者无数的记载在福建各地的方志中随处可见。瘟疫是一种急性传染病,传染性极强,一旦染病,十有九死,所以人们对瘟疫心存恐惧,又无可奈何。对于瘟疫的无助与无奈,使人们相信瘟疫是瘟鬼作乱引起的,于是纷纷请巫师到家中跳神驱邪,后来瘟鬼演变为瘟神,民间又为瘟神造庙,供奉神像,希望借助超自然的力量消弭瘟疫。

徐晓望通过对《道藏》的研究,认为中国人的瘟神崇拜始于晋代的道经——《女青鬼律》与其后的《太上洞渊神咒经》(简称《神咒经》),在闽台瘟神崇拜起源研究方面取得重大突破[②]。

南宋陈元靓《岁时广记》所引诸书中,多次出现有瘟神的文字如下:"《藏经》:每岁五月五日,瘟神巡行世间,宜以朱砂大书云:'本家不食牛肉,天行已过,使者须知'十四字,贴于门上,可辟瘟疫。盖不食牛肉之家,瘟神自不侵犯,今人多节去'本家不食牛肉'六字,只贴云:'天行已过,使者须知'八字,遂使《藏经》语意不全。"[③] 实为借瘟神意志反映民间不杀不食耕牛的风俗。

从史料看,明代福建有些地方确有此俗,正月、上元、每月的十三、十四、十五日,各家门首悬灯,各里造纸船以送瘟鬼[④]。在中国王爷四个类型中,第四

---

① 林国平. 闽台民间信仰源流 [M]. 福州:福建人民出版社,2003.
② 徐晓望. 略论闽台瘟神信仰起若干问题 [J]. 世界宗教研究,1997(2):120-128.
③ 陈元靓. 岁时广记 [M]. 北京:中华书局,2010.
④ 陈桂芳,乔有豫,福建省地方志编纂委员会. 嘉靖道光清流县志 [M]. 福州:福建人民出版社,1992.

种是闽台王爷信仰中的主体神明,我们将重点考察瘟神王爷这一类神明信仰宫庙空间。瘟神王爷庙中常见的王爷是中原三瘟鬼、五瘟神的转化。在闽台民间,王爷庙中的王爷数量并无定规,最少 1 尊,多则超过 10 尊,但比较常见的是 3 尊和 5 尊,故以"三府千岁""五府千岁"居多。

由于瘟疫是一种极为迅猛的传染性疾病,古人对之异常恐惧,并以为有瘟疫神在暗中作祟,因而在很早以前民间就有驱傩逐疫的巫术、傩舞等仪式。对于祭祀瘟神王爷的活动,祭典较隆重,其中,以"送王爷船"最为典型[①]。

每年十月二十,闽南地区百姓都要在早上 7 点举办"烧王船"活动,活动分为三个部分,即造王船、迎王船和烧王船。其间,伴有舞龙、舞狮、杂技、地方戏表演等。这些传统节日逐瘟驱疫的民俗旨在送走瘟神,祈求风调雨顺,从根本上寄托了百姓对于平安幸福生活的向往[②]。祭祀仪式用的王爷船为木制(图 6-6),长二三丈,能载重二三百担,中间设神位,正中为主神,左右为陪神,每条船上供三、五尊或七尊单数的王爷像,船上两侧插着大牌、凉伞等神道设施,神座前陈列案桌,供奉各种祭品以及纸人等。后仓装着柴米油盐等日常生活用品,船上还放一只白公鸡或白山羊。在经过一系列仪式后,王爷船被推入水中,先由佩戴符箓的水手驾驶出海,然后在海滩停泊,择定方向,水手将佩戴的符箓烧掉,并祷告,寓意将王爷船交于神明,然后水手上岸,任凭王爷船顺水漂走。

图 6-6　福全古村王爷船

---

① 林胜利. 台湾与泉州民间的"王爷"崇拜 [J]. 文史杂志, 1994 (4): 34-35.
② 周利成. 中国传统节日驱疫民俗 [J]. 中国档案, 2020 (2): 84-85.

台湾西南沿海及澎湖一带民间有烧王船的风俗习惯。时间在三月二十八日或四月初,也有五月进行的。台湾烧王船源于瘟神信仰,原始意义是送瘟神出海。烧王船仪式中的王爷乃是"代天巡狩,白吃四方"的瘟神,载着王爷的王船所到之处,若不隆重祭典,便会给人招来瘟疫。这一习俗延续到今天则有祈福之意,成为台湾南部民俗文化特色之一[①]。近年来,闽台的王醮祭典的豪奢程度大大超过往昔,王船越做越大,装饰越来越豪华,王船内外的祭品堆积如山,最后则付之一炬焚化成灰,与惜物理念、生态环保理念相悖。个别经济欠发达地区受此之风的裹挟,盲目跟风,大肆操办,竭泽而渔,加剧了当地信众的经济负担,应不予提倡。

### 6.3.3.2 福建王爷信仰的发展与王爷庙

闽海瘟神王爷,多冠以姓氏,较常见的有赵、康、温、马、萧、朱、邢、李、池、吴、范、姚、金、吉、玉、岳、魏、雷、郭、伍、罗、白、纪、张、许、蔡、沈、余、潘、陈、包、薛、刘、黄、林、杨、徐、田、卢、谭、封、何、叶、方、高、郑、狄、章、耿、王、楚、鲁、齐、越、龙、殷、莫、姜、钟、韩、沐、虞、苏、宋等一百多姓王爷。据研究者统计,截至2021年,仅闽南地区的瘟神"王爷"数量多达360位,闽南地区王爷庙合计有1 420座[②]。

在中国民间,瘟神王爷信仰又有三类。第一类是有名有姓的历史人物演变而来的人神。如始建于明正德年间(1506—1521年)泉州富美宫奉祀的主神萧太傅在历史上就确有其人,据《汉书》记载,萧太傅,名望之,字长倩,西汉东海兰陵(今山东苍山西南)人。汉宣帝时,历任冯翊、大鸿胪、御史大夫、太子太傅等官,以清正刚直、爱国爱民著称。汉元帝时,萧望之遭宦官陷害,被迫饮鸩自杀。后来百姓为其立庙祭祀。杨清江指出:"萧太傅一生忠君爱民,刚直清正,不畏权势,傲骨铿锵,折而不挠,正气凛然,受到人民群众的爱戴和崇敬,其高风亮节完全符合人民群众观念意象中'神'的标准。加上萧太傅宁死不屈,念恨自裁,更引起广大民众的深切同情,不断怀念与追思。萧太傅

---

① 杨济襄.台湾"王爷信仰"的祭典与祀仪[C]//福建省炎黄文化研究会,龙岩市人民政府,台湾中华闽南文化研究会.闽南文化新探:第六届海峡两岸闽南文化研讨会论文集.厦门:鹭江出版社,2012:13-26.
② 林国平,苏丹.闽台瘟神王爷信仰及其主要特征[J].地域文化研究,2021(3):124-129.

其人及其事迹经过民间大众口碑的广泛传播，萧氏族人的煊染，久而久之，逐渐升华神化。"①萧太傅成为泉州富美宫的主神后影响巨大，据《泉郡富美宫志》称："因萧太傅的高风亮节精神，深受人民所敬重。故择为本宫主神，萧太傅信仰自本宫发祥之后，英灵显赫，香火日盛，慕名前来分香的，由近而遗遍各地。且随着泉州先民移居境外谋生，萧太傅信仰也同时传入台湾和东南亚各地。"②现存泉州富美宫虽为清代建筑，但是保持了闽南传统民间信仰宫庙建筑特色，富美宫保留有"放王船""放生公羊""借王钱"等特殊的民俗活动，流传至今③。

第二类王爷是传说中的真实人物，因为救百姓而服用有瘟毒的井水而死，民间祭祀这些亡者。如池王爷、丁王爷、五府王爷等属于这一类。第三类王爷是虚构的人物，多有姓无名。后面两类王爷本书从略。

关于王爷的来历虽然众说纷纭，但大都死于非命。例如，同安区马巷镇五甲美街元威殿奉祀的池王爷是闽南及台湾池府王爷的信仰源头。据方志所载，池王爷，名然，字逢春，原籍南京，明万历三年（1575年）进士，为人耿直，居官清正，后任漳州府道台。相传他途经马巷小盈岭，路遇往漳州撒播瘟疫的使者，为拯救千万生灵，他设计智取瘟药并全部吞下而死。玉皇大帝感其德，封他为代天巡狩，并委派在马巷元威殿为神④。这些传说曲折地反映了古代闽南地区的人们对瘟疫的恐惧与脱离瘟疫之灾的强烈愿望。在无法摆脱瘟疫的情况下，人们塑造出能"舍己救生"的善良瘟神，代替从前专司传播瘟疫的瘟神，这应是闽南巫鬼信仰传统与自然地理条件相结合而产生的民间俗神崇拜文化。

又如，福建福全古村乡村类世界遗产北门的八姓王府庙，是古村落的四大庙宇之一，供奉了八位王爷；永宁乡村类世界遗产中现存王爷宫庙有萧王府、溪源藩王府、东街沈王爷府、鳌城三王府、四位王府、六姓王府等数十处；以及金门象德宫主祀就是温王爷。这些王爷崇拜实质是中国的瘟神信仰的表现形式之一。

---

① 杨清江.萧氏骄子.萧太傅成神考［EB/OL］.（2020-11-16）[2023-10-13]. http://www.360doc.com/content 23/08/4/11/83158953/092448052.shtiml.
② 林国平，苏丹.闽台瘟神王爷信仰及其主要特征[J].地域文化研究，2021（3）：124-129.
③ 陈淑贤，邱飞龙.泉郡富美宫萧太傅信仰及民俗[J].闽台缘，2018（2）：44-46.
④ 厦门市文物管理委员会，厦门市文化局.凝固的岁月：厦门文物保护单位概览[M].福州：福建美术出版社，2002.

其他王爷信仰：祖师信仰。陈在正对台北县（现为新北市）清水祖师庙进行专门研究，指出随着明末清初安溪移民到台湾，清水祖师信仰也传到台湾，先后在台湾盖起了一批清水祖师庙。现在全台有近百座清水祖师庙，在台北县市则有十六座。例如，清水岩祖师庙位于台北市龙山区长沙街，建于乾隆五十五年（1790年）；长福岩位于台北县三峡镇秀川里，建于乾隆三十四年（1769年）；泰山岩位于台北县泰山乡明志村，建于乾隆五十七年（1792年）；集福宫位于台北县土城乡顶埔村，建于1924年；永福宫，位于台北县土城乡中央路，建成时间不详；清水岩，位于台北县淡水镇清文里，1934年重建；保安岩位于台北县淡水镇沙仑里四段，建于1913年；平安宫位于台北县淡水镇沙仑里10邻，建成时间不详；长福宫，位于台湾县新店镇广兴里，建成时间不详；岐山宫，位于台北县新店镇屈尺里，建成时间不详；其余略①。

闽海地区经济开发较迟，王爷信仰的形成和发展深受中央王权政治文化的影响，主要表现：

（1）王爷"代天巡狩"职能的文化原型源于古代官僚政治制度

"巡狩"原来是一个政治术语，意为天子巡行视察各地诸侯所管辖的疆土，《孟子·梁惠王下》云："天子适诸侯，曰巡狩。巡狩者，巡所守也。"因此，"巡狩"后来成为一项政治制度，经常运用于官场的监察考核。《明史》卷73"职官志二"记载："巡按则代天子巡狩，所按藩服大臣，府州县官诸考察，举劾尤专。大事奏裁，小事立断。"②在中央集权统治下，百姓赋予"代天巡狩"政治制度的极大威慑力，甚至把"代天巡狩"神圣化。这种思维定式曲折地反映到神明世界，闽台百姓就赋予瘟神王爷"代天巡狩"的职能，即宣扬瘟神王爷是奉上天之名，下凡来巡狩四方，驱赶瘟鬼到海外，不再加害于人。因此，闽海许多王爷庙的庙额冠以"代天府"，王醮时必有"代天巡狩"的旗帜。

（2）王爷都是按照儒家伦理标准原则来选择的

《礼记》曰："夫圣王之制祀也，法施于民则祀之，以死勤事则祀之，以劳定

---

① 陈在正.台北县清水祖师庙与安溪移民[C]// 陈国强，陈育伦.闽台清水祖师文化研究文集.安溪：安溪清水岩旅游风景区管委会，1999：151-157.
②.张廷玉.明史[M].北京：中华书局，1974.

国则祀之,能御大灾则祀之,能捍大患则祀之。"例如,闽海王爷信仰中流传着忠义王爷的传说故事,都围绕儒家"崇德报功"核心理念展开,儒教色彩浓厚,道德教化功能凸显。

(3)王船漂流是闽海王爷信仰传播的特有形式

闽海民间信仰的主要传播形式是分灵(包括分身和分香),传播的载体主要是移民。闽海王爷信仰除了分灵形式,还有特有的王船漂流的传播形式。从古代乃至近代,闽南地区王醮后的王船多数送入江海,随风漂流。据传,历史上从泉州富美宫沿晋江出海口送走的王爷船就有近百艘,有少数王爷船漂流到台湾。台湾沿岸百姓对漂流来的王爷船十分畏惧,或建庙奉祀王爷船上的神像,或将王爷船供奉在庙内祭祀,或另造小模型供奉在神案上。例如,乾隆四十年(1775年),台湾云林县麦寮乡光大寮百姓从水边捡回刻有"富美宫萧太傅"字样的沉香木料(王船构件),雕塑萧太傅神像供奉[1]。嘉庆元年(1796年),台湾新竹县百姓拾到富美宫王船,船上萧、潘、郭三王爷被请回供奉。嘉庆十年(1805年),台中县大安乡百姓建和安宫,供奉停靠在海滩上的富美宫王船中的金、吉、姚三王爷。陈晓亮、林国平等分析了闽台瘟神王爷信仰及其主要特征[2]。

王爷信仰在中国经历不断传播的过程,留下了王爷民间信仰的海洋文化印记。

### 6.3.4 中国传统制茶技艺及其相关习俗旅游开发

6.3.4.1 中国传统制茶技艺及其相关习俗(2022年)

中国是茶的故乡和原产地[3],2022年中国传统制茶技艺申遗成功表明这一观点获得国际社会的公认。我国正在申遗的"万里茶道"(草原丝路)纵贯中国南北,连接九省(区),不仅是一条茶叶商贸往来的渠道,还是各地各民族文明互通的桥梁。

---

[1] 泉州富美宫董事会,泉州市区民间信仰研究会.泉州富美宫志[C].泉州:泉郡富美宫董事会,1997:64.
[2] 陈晓亮,万淳慧.寻根揽胜话泉州[M].北京:华艺出版社,1991;林国平,苏丹.闽台瘟神王爷信仰及其主要特征[J].地域文化研究,2021(3):124-129.
[3] 郭孟良.中国茶史[M].太原:山西古籍出版社,2003.

20世纪20年代起,中国近代茶叶研究奠基人、"当代茶圣"吴觉农就着手搜集国内各省地方志的茶叶历史资料,在此基础上编写了《湖南茶叶史话》《四川茶叶史话》等书籍,并于1990年出版了《中国地方志茶叶历史资料选辑》[1]。吴觉农早在1922年就发表了重要论文《茶树原产地考》[2],他是最早论述中国是茶树的原产地的中国学者,他创建了中国第一个高等院校的茶业专业和全国性茶叶总公司,又在福建武夷山麓首创了茶叶研究所,为发展中国茶叶事业做出了卓越贡献。吴觉农所著《茶经述评:外六种》是当今研究陆羽《茶经》最权威的著作[3]。再有著名农史专家陈祖椝与朱自振共同搜集资料,于1981年编撰了《中国茶叶历史资料选辑》,后于1991年编撰出版了《中国茶叶历史资料选辑续编·方志茶叶资料汇编》[4];在这些资料的基础上,朱自振于1996年编撰了茶叶专著《茶史初探》[5],充分论证了巴蜀是我国茗饮文化的摇篮,为发掘和整理我国茶史文献、推进茶文化研究做出重要贡献。

陈祖椝在20世纪40年代发表了《中国茶业史略》系列文章[6]。茶道的形成与宗教密不可分,中国茶道是融合儒、道、佛诸家精华而成,是中国文化中的一道亮丽风景线。加拿大学者贝剑铭(James A. Benn)在《茶在中国:一部宗教与文化史》一书中指出:"茶不仅是日常消费品,也被赋予社会文化含义。"[7]他在书中生动地介绍了中国茶道与佛教、道教文化等的联系。

茶文化既具备茶叶的采茶、制茶、品茶等物质特质,又包括其长期演变和发展而成的茶艺、茶道、茶俗、茶礼等精神文化内涵价值。云南白族在招待远道而来的客人时,首先会敬"三道茶":第一,"苦茶",象征万事开头难,人在年轻时应该艰苦创业;第二,"甜茶",表示吃尽苦后就能享福了;第三,"回味茶",寓意人在老年时,回忆这一生的经历,百般滋味俱上心头。旅游者可以

---

[1] 吴觉农. 中国地方志茶叶历史资料选辑 [M]. 北京:中国农业出版社,1990.
[2] 吴觉农. 茶树原产地考 [J]. 中华农学会报,1922(37):74-90.
[3] 吴觉农. 茶经述评:外六种 [M]. 北京:中国农业出版社,2020.
[4] 陈祖椝,朱自振. 中国茶叶历史资料选辑 [M]. 北京:农业出版社,1981.
[5] 朱自振. 茶史初探 [M]. 北京:中国农业出版社,1996.
[6] 陈祖椝. 中国茶业史略:1-7 [J]. 经济周讯(成都),1940(39-45):302-305,310-314,318-322,327-330,334-337,343-346,351-357.
[7] 贝剑铭. 茶在中国:一部宗教与文化史 [M]. 朱慧颖,译. 北京:中国工人出版社,2019.

直接与当地民众进行情感交流，体验独特的异域文化。民俗文化根植于当地人的生活中，具有广阔而深厚的群众基础，对于游客来说却十分新鲜。通过旅游活动走进不同的地区，体验不同民族的文化，给人们带来一种全新的精神享受。

6.3.4.2  中国茶文化旅游开发

我国的茶文化历史非常悠久，在历经千年的种植生产中形成了茶道、茶艺以及茶建筑等各种具备丰富内涵以及高品位格调的茶文化资源。在中国的茶文化中结合了多元化的思想，其中不仅包含了社会、经济以及民俗，同时还包含了宗教等各方面的意识，其特点就在于传播力量和影响力较大，这在中国的传统文化中构建了重要的组成部分。中国的茶文化凭借着其深厚的文化底蕴以及悠久的历史等，吸引着国外众多旅客，以此促进了我国茶文化旅游的发展。茶文化的旅游可以说是将现代的茶业以及旅游业相互融合，经过融合之后形成了全新的生活方式，将茶业和旅游资源进行结合，以文化旅游的形式去展现茶业的发展历程。把茶业的生产过程以及茶叶的生存环境和茶文化的寓意进行整合，通过综合的开发与利用，从而形成特色的文化茶业以及具有风格的旅游产品。茶文化旅游不仅体现了精神世界，同时还展现了物质这一方面，从某种程度上而言，就是满足了大众对于社会的需求，从而促进人们的精神愉悦性，并让人们在品茶的时候感受到世间的美好。

茶文化旅游是以生态秀丽的环境和茶叶生产为基础，以茶文化绚丽多彩的民风民俗活动为内容，对茶文化的发展进行科学的规划设计。茶文化旅游是集观光、体验、娱乐、度假等多种旅游功能于一体的新型的生态绿色旅游产品。茶文化旅游是一种文化旅游，能满足游客求新、求异、求知的心理需求。游客在茶文化旅游中不仅可以领略到茶园的优美风光，更加深了对茶文化的理解；不仅可以满足对物质生活的需求，而且精神层次的愉悦也得到释放。茶文化旅游的开发，充分挖掘茶乡的茶文化资源，对促进茶乡经济的可持续发展、调整农村产业结构具有重要的意义。

茶文化旅游是大众旅游完善发展的必然产物，这种旅游不仅能够体验古代传承的文化，还可以让人们在身心放松中体验现代茶文化带来的闲适，同时能够品尝到口味独特的多种茶饮，符合旅游所需求的多种特征，必定能够吸引越来越多的旅客参与到茶文化旅游当中，能够使茶文化旅游成为游客的一种习惯。[①]

茶文化旅游也需要一定的自然基础和文化基础。茶文化旅游主要以生态旅游为基础，具有一定的季节属性，使旅客能够在饮茶的同时体验自然的风光，同时可以根据当地的茶文化传统，开展丰富的茶文化相关的民俗活动，使游客在旅游的同时能够参与到当地的民俗活动中，体验当地的文化特色[②]。当地还应当进行茶文化相关的产业开发，使茶文化旅游能够包含茶树观光旅游项目，以及茶叶品鉴旅游项目，还应当根据当地特色开发茶艺观赏项目，或者茶文化活动。也可以通过开发旅游度假酒店的形式，进行茶饮特色化管理，使游客能够在放松身心的同时，体验全方位的茶文化。茶文化旅游应该能够体现出游客差异化旅游的需求，通过对游客进行以人为本的管理，使游客能够体验宾至如归的感觉。应当对游客进行茶文化的宣传，对茶文化的相关知识进行普及，让游客能够主动深入地理解茶文化，从而更加深入地参加到茶文化旅游当中。开发茶文化旅游，能够使当地的茶叶资源得到有效的开发，为当地农民提供更多的工作岗位，增加当地农民的收入，同时使当地的文化得到有效保护，对农村的发展具有多方面的积极作用。

潮汕工夫茶是我国茶艺中最具代表性的一种，是潮汕地区所特有的符号，已被定为国家级"非物质文化遗产"，它既是一种茶艺，又是一种新民俗。潮汕工夫茶是广东茶叶消费领域出现的一个地方性"名牌"，内含了潮人对"心"的追求，即对雅趣、品质和境界等的追求；也内含了潮人对"物"的追求，即对享乐、地位和庸俗的追求；是茶叶消费者复杂心态的反映。前者丰富了茶叶消费的内涵，提高了茶叶消费的品质和境界，促进了从"技术"到"艺"的转化；后者使茶叶消费堕入极尽享乐、显示身份地位和炫耀财富的极端，是茶叶消费的异化和庸俗化[③]。

---

① 徐欣然，陈剑峰，沈荷琳，等.茶文化旅游资源深度开发对策与建议：以湖州茶文化旅游为例[J].湖州师范学院学报，2019，41（5）：8-14.
② 余悦，吴丽跃.江西民俗文化叙论[M].北京：光明日报出版社，1995.
③ 何崚，陈伟明.广东历代方志研究：以广东茶史与茶文化研究为视角[J].中国茶叶，2017，39（2）：32-34；王福昌.明至民国广东茶史研究三题[J].农业考古，2022（2）：247-255.

潮汕工夫茶是人们日常必不可少的生活表现类仪式,成功地传承了工夫茶文化所具有的文化内涵,即"和、敬、精、乐"等精神特质。新场景、新媒体的出现,打破了传统工夫茶的时空限制,通过现实与虚拟的"场域",营造在场感,使得该仪式重新回归,既增强了潮汕人的族群认同感,又使得潮汕文化通过新的媒介仪式得以传承与发展。

# 7

## 海上丝路与亚太地区民间信仰文化旅游融合开发

海洋沿岸国家和地区，不论在东方或者西方，都有产生和发展海洋经济和海洋社会的可能，都有依据自身的社会环境、文化传统塑造的海洋文明[①]。海上丝路所涉及的民间信仰问题包括两大层面：一是海上丝路与信仰文化的历史关系；二是当代海上丝路沿线国家和地区的信仰现状，特别是真实处境。

## 7.1 海上丝路与信仰文化的海外传播

### 7.1.1 海上丝路简介

"海上丝绸之路"（简称"海丝"）是古代中国与外国交通贸易和文化交往的海上通道，几千年来一直存在。它也称"海上陶瓷之路"和"海上香料之路"，"海丝"这一称谓概念是在1913年由法国汉学家沙畹（E. Chavannes）在《西突厥史料》一书中首次提及："丝路有陆、海两道。北道出康居，南道为通印度诸港之海道。"[②] 而在此之前，1877年德国地质学家李希霍芬首先提出"丝绸之路"概念。"海丝"概念作为一个仍然处于定义过程中的文化遗产知识体系，受到历史研究领域丝绸之路概念体系的塑造，并与现实中世界遗产层面的实践操作以及由于地缘背景导致的认知差异互相影响。一个文化遗产概念的塑造，不仅是一个学术过程，更是文化系统在知识领域构建话语权的过程。"海丝"概念的界定，是国家文化遗产实践者在国际层面的价值观和世界观的表达。"海丝"不应是一个"给定"的概念，其价值在于不断对它进行知识探求乃至对其进行定义和再定义的过程[③]。

海上丝路萌芽于商周，发展于春秋战国，形成于秦汉，兴于唐宋，转变于明清，是已知最为古老的海上航线。中国海上丝路分为东海航线和南海航线两条线路，

---

[①] 杨国桢. 关于中国海洋社会经济史的思考[J]. 中国社会经济史研究，1996（2）：1-7.
[②] 沙畹. 西突厥史料[M]. 冯承钧，译. 北京：中华书局，2003.
[③] 赵云，燕海鸣. 海上丝绸之路：一个文化遗产概念的知识生产[J]. 故宫博物院院刊，2021（11）：21-29.

其中主要以南海为中心。

东海航线,又称"东方海上丝路"。春秋战国时期,齐国在胶东半岛开辟了"循海岸水行"直通辽东半岛、朝鲜半岛、日本列岛直至东南亚的黄金通道。唐代,山东半岛和江浙沿海的中韩日海上贸易逐渐兴起。宋代,宁波成为中韩日海上贸易的主要港口。中国境内"海丝"主要由广州、泉州、宁波3个主港和其他支线港组成。2017年4月20日,国家文物局正式确定广州为"海丝"申遗牵头城市,联合南京、宁波、江门、阳江、北海、福州、漳州、莆田、丽水等城市进行"海丝"保护和申遗工作。

南海航线,又称南海丝绸之路,起点主要是广州和泉州。早在先秦时期,岭南先民在南海乃至南太平洋沿岸及其岛屿开辟了以陶瓷为纽带的贸易圈。唐代的"广州通海夷道",也是中国"海丝"的最早叫法,是当时世界上最长的远洋航线。明朝,郑和下西洋标志着海上丝路发展到了极盛时期。南海丝路从中国经中南半岛和南海诸国,穿过印度洋,进入红海,抵达东非和欧洲,途经100多个国家和地区,成为中国与外国贸易往来和文化交流的海上大通道,并推动了沿线各国的共同发展。

"海丝"的起点之一是泉州。当代,联合国教科文组织认定的"海丝"起点位于中国福建省泉州市。形成主因是中国东南沿海山多平原少,且内部往来不易,因此自古许多人便积极向海上发展。作为"海丝"的起点,泉州是经国务院首批公布的24个历史文化名城之一。

海上丝路是一条双向的商贸之路。两千多年来,在这条商路上,往来着西方人、阿拉伯人、印度人、东南亚人、中国人等,彼此进行着物质交流。早在西汉时,中国人就已经从广东徐闻、广西合浦出海,在南海和印度洋上同外国通商。唐代以后更是发展成为东西交流的主要通道。同时,海上丝路也不仅是商贸之路,更是一条文化交流之路。往来的商旅们将中国的文化技术西传,中国的纺织、造纸、印刷、火药、指南针、制瓷等工艺技术,绘画等艺术手法,儒家、道家思想,通过"海丝"传播到海外,对周边国家和地区发展产生不同程度的影响。与此同时,佛教、伊斯兰教、基督教也纷纷通过这条商路传入中国,并对中国文化产生深远影响。可以说,自丝绸之路开通,沿线各国人民一直进行着物质交流和文化交流，增进了相互间的了解。

就宗教文化传播而言，不少宗教的传播者是往来于各国之间的商人。最初多在长期商业往来的商人中传播，之后在学者、僧侣和传教士等的宣讲劝化下，扩大传播范围。宗教的传播路线与当时商人的足迹高度吻合。佛教的早期传播主要靠僧人，有不少僧人为了安全的考虑，弘法路径大多沿着商人的贸易途径，很多商人也渐渐接受佛教而成为忠实的传教士。基督教、伊斯兰教和摩尼教等宗教的传教士大都搭乘商人的海船前来，有时还受到商人的资助，甚至商人本身就是传教士。15、16世纪基督教传入目的之一是打开中国的大门，使中国加入当时的世界贸易体系之中，传教士的使命和贸易是有关联的。在丝绸之路的历史上，不同信仰的商人在丝绸之路上相遇，不因为信仰不同而拒绝交往，从而促进了贸易的发展和文明的交融，提供了不同宗教和谐共处与合作的范例。宗教在丝绸之路上的双向流动，带来了不同民族之间在信仰层面的相互交往，丰富了相关地域人们的精神生活，也为中外民众在社会、经济等多层面的相遇营造出更融洽的气氛，提供了彼此深入了解的机会。宗教使海上丝路的历史不只是社会经济史，而是蕴意更深、涵盖更广的思想文化史。从这方面来说，"海丝"的形成和发展不仅促进了宗教文化的双向传播和交流，而且间接地促进了民族、国家间的交流和了解，它是东西方文化之间的桥梁和纽带。

华南地区一直是中国对外贸易和中西文化交流融合的主要地区，广州在其中占有重要地位。在"海丝"2 000多年的历史中，相对其他沿海港口，广州是唯一长盛不衰的港口。唐宋时期，广州成为中国第一大港，是世界著名的东方港市。由广州经南海、印度洋到达东非和欧洲，途经100多个国家和地区，是当时世界上最长的国际航线。元代时，广州的中国第一大港的位置被泉州替代，但仍然是中国第二大港。明初、清初海禁，广州长时间处于"一口通商"优势局面。在十城联合对"海丝"的申遗中，广州定位为永不关闭的对外窗口。在宗教文化传播中，广州是佛教禅宗的"西来初地"，也是伊斯兰教、基督教、印度教等来华的第一站和桥头堡，留下了众多历史遗迹和一长串铭刻历史的名字：光孝寺、怀圣寺与光塔、清真先贤古墓、石室圣心大教堂、达摩初祖、宛葛素、鄂多立克、沙勿略、利玛窦、马礼逊等。

## 7.1.2 海上丝路沿线国家和地区宗教信仰历史与现状

历史上海上丝路的宗教文化传播交流,为当地留下了丰富的宗教文化遗产。当代海上丝路沿线国家大都有着悠久的宗教文化传统和深厚的宗教信仰氛围。在东南亚地区,主要信仰上座部佛教和伊斯兰教,同时也保持着一定程度的其他宗教信仰,如:印度教、道教、基督教等。

海上丝路沿线的东南亚国家和地区,有着从历史中走来的复杂政教关系,一些国家是政教合一或以某种宗教为国教,如:马来西亚、文莱以伊斯兰教为国教,菲律宾以天主教为国教,泰国以佛教为国教,缅甸、老挝、柬埔寨等国的居民绝大多数信仰上座部佛教,印度尼西亚多数国民信仰伊斯兰教,但巴厘岛居民则主要信仰印度教[①]。

要实现 21 世纪海上丝路的倡议构想,我们需要深入了解当地的宗教国情及其宗教信仰传统、风俗习惯,了解相关国家的宗教政策、政教关系、教际关系的情况,避免因为不了解其复杂的宗教状况而贸然投资带来损失。

当代海上丝路国家和地区的宗教现状,既是历史的延续,也是当代国际形势引起的全新发展,建设 21 世纪海上丝路是一个非常复杂的系统工程,包括政治、经济、文化领域。通过透彻了解当地关涉的宗教问题,有利于调动相关宗教的积极因素、避免其消极作用,充分利用有效资源,发挥宗教文化在海上丝路建设中的积极作用[②]。

## 7.1.3 海上丝路与我国宗教信仰文化旅游开发

### 7.1.3.1 "海丝"与广州南海神庙

广州是唐宋东方海港城市,即使是明清海禁时期,广州仍保留着"一口通商"的特殊地位,这就使得包括宗教在内的外国文化得以较早进入岭南地区。除中

---

① 张禹东. 关于东南亚华侨华人宗教文化与现代化问题的理论思考 [J]. 华侨大学学报(哲学社会科学版),2002(3):121-125.
② 闫红霞. 跨界旅游:文化共生视野下的中国与东南亚 [J]. 社会科学家,2012(8):72-75.

国本土的道教由北往南传入广州并继续外传[①]，佛教、伊斯兰教、天主教、基督教大多由海路经广州传入中国。

佛教虽然主要通过陆上丝路传入中国，但经由海路传入广州并继续北传是另一条非常重要的途径。三国吴五凤二年（255年），西域人支彊梁接在广州译出《法华三昧经》，是目前所知佛经传入广东的最早记载。西晋光熙元年（306年），道教理论家葛洪南来广州从事道学研究和修炼，道教得以在岭南绵延流传。广州当代道观有花都圆玄道观，位于广州市花都区新华街迎宾大道西38号毕村附近，是广东道教活动的中心和游客游览观光的胜地。其最初是由香港圆玄学院出资兴建，为非营利慈善福利机构，以"发展道教学术研究，方便信徒拜祀神明，发扬孝亲敬祖，慎宗追远的中华传统美德"和"兴学育才，扶老携幼"为宗旨，弘扬道教优秀文化，提倡"三教合一"理念，倡导和谐宗教。图7-1是广东省道教协会会址所在地。

图7-1　广州花都圆玄观、三清殿及殿内塑像

广州南海神庙又称波罗庙，是古代劳动人民祭海的场所，坐落在广州市黄埔区庙头村，广州以东约25公里，是中国古代东南西北四大海神庙中唯一留存下来的建筑遗物，也是中国古代对外贸易（广州是"海丝"的始发地）的一处重要史迹。

广州南海神庙是全国重点文物保护单位，创建于隋朝开皇十四年（594年），距今已有1 400多年历史，它不仅是古代中国祭祀海神的场所，也是岳镇海渎国家祭祀的组成部分。其地处"扶胥之口，黄木之湾"，古扶胥镇曾是广州与海

---

① 广州市道教协会. 广州道教文化[M]. 北京：宗教文化出版社，2018.

上交通贸易的重镇，在"海丝"中占有极其重要的位置。现存南海神庙建筑多为明清及近代复原建筑，但其研究价值不应局限于建筑本身，其建筑总体格局在历史发展过程中保留下来的一些早期的形制，是十分珍贵的材料，因而对其建筑演变的研究甚有价值，对南海神庙文物建筑历史真实性的研究及保护具有重要意义。作为岳镇海渎国家祭祀的组成部分，南海神庙供奉的南海神也是南方民间水神信仰中最重要的主神之一，庙宇的发展受到国家制度、宗教文化、民间活动以及港口城镇环境等因素的影响。周晓琳在《南海神庙建筑演变》一文中论述了南海神信仰的来源和文化内涵，分析其源于国家、民间、宗教的神系组成和各信仰的相互关系，总结了国家创建的祭祀文化背景和选址于扶胥镇的原因；进而结合南海神庙建筑现状和总体布局特征，以历代的历史图形资料和碑刻文献为线索，在龙庆忠等学者的研究基础上，进一步完善和补充，还原了南海神庙建筑布局的演变过程；最后从经济、信仰、制度等方面综合分析国家、民间、宗教、环境、兵祸五个要素在各个发展时期对南海神庙建筑的影响[①]。

广州市黄埔区最新一轮"南海神庙周边地区旅游景观环境整治规划"占地面积约38公顷，要打造成国家5A级旅游景区。神庙用地由3万平方米扩大到14万平方米，由此推进珠江旅游的深度开发。规划对周边城区的大规模的重新分区建设，已经大大超越了神庙的范围。与其说是为了南海神庙作规划，还不如说是为了开发房地产作规划[②]。

#### 7.1.3.2 "海丝"与郑和文化旅游节

"海丝"自秦汉时期开通以来，一直是沟通东西方经济文化交流的重要桥梁。21世纪"海丝"的倡议构想，将作为重要的推力和载体，从规模和内涵上进一步提升中国与东南亚国家的经济文化交流。特别是在当代，文化已经越来越成为经济社会的重要支撑，成为国家核心竞争力的重要因素，沿着中国与东南亚国家源远流长的文化交流之路，增强人文交流，意义重大。

---

① 周晓琳. 南海神庙建筑演变[D]. 广州：华南理工大学，2016.
② 杨宏烈. "海上丝绸之路"上的保护神：广州南海神庙旅游景区规划的几点想法[J]. 广州城市职业学院学报，2014，8（2）：19-24.

东南亚各国与中国福建省、广东省比邻而居，福建地区的宗教文化有一个特色，就是民间信仰力量庞大，民间信俗源远流长，神灵多达千余种，是当代民间信仰最活跃的地区之一。东南亚华人以闽籍居多，早年移民到东南亚的闽人携带故乡神祇同行，在海外建庙奉祀，成为他们在异域开拓拼搏的精神支柱，并赋予他们与正统宗教同样坚韧的力量。

现有史料证明，伊斯兰教传入中国始于盛唐时期的广州。唐宋两代，由于大量的阿拉伯商人前来经商，广州的伊斯兰教之盛居于全国之冠。天主教以澳门为基地，基督教以香港为基地，首先进入岭南，通过岭南向中国北方广为传播；第一个在中国传播天主教的教士利玛窦，就是先在岭南活动，然后北上传教的，后来不少西方传教士经岭南向中国北方地区传播天主教和基督教。岭南为外来宗教传入中国的重要站点，历史上先后传播了佛教、道教、伊斯兰教、基督教、印度教等宗教，在中国宗教史上占据着重要的地位，是中外宗教文化交流的重要桥梁。

历史上海外宗教文化借助海上丝路将宗教文化传入广州进而传向中国内地，中国道教也从岭南通过海上丝路传入东南亚地区，并留下众多的历史足迹。挖掘整理佛教、道教、伊斯兰教、天主教、基督教、印度教等宗教文化资源与思想智慧，培育文化旅游品牌，弘扬优秀民间文化，不断提升广州市宗教文化知名度，有助于实现广东建设文化强省、促进社会和谐的目标。

岁月流转，族裔更迭，这些宗族性浓厚、以祖先崇拜和圣贤崇拜为核心的闽粤民间信俗，一方面在东南亚各国成为中华文化的标识和象征，另一方面也秉承了"海丝"文明互鉴、交流互通的精神理念，实现了与异域他乡的文化互动、互融的历史使命。首先，部分闽粤民间信仰在东南亚诸国扎根之后，不再局囿于地缘性信仰的范畴，而是与各国文化互相融合，有了更宽广的世界性胸襟。如泰国普吉主祀清水祖师的福元宫，前往祈福的不只是华人，还有当地人。菲律宾马尼拉大千寺举行庆祝广泽尊王大典时，有菲律宾副总统在内的达官贵人送花篮以示祝贺。菲律宾描东岸市（Bstangas City）妈祖庙内的天上圣母的装扮全然是天主教服饰，当地人相信，天上圣母的原型是天主教内一名叫 Birgen KaySasay 的女神，而华人也把这位天主教女神认定为妈祖的化身，建立起中国式的庙宇,进行供奉①。1954年,菲律宾天主教教皇特封妈祖为天主教七圣母之一,并隆重地为妈祖"加冠"②。新加坡的天福宫,又称妈祖宫,融历史、地理、民俗、文化、教育、古建筑、雕刻、美术等方面的文化于一体,是巍峨壮观的宗教文化殿堂,也是中华传统文化殿堂,2001年获得联合国教科文组织颁发的亚太地区文化遗产保护奖,成为国际重点文化遗产,这也是新加坡建国后第一次获得的联合国教科文组织奖项③。

其次,民间信仰已经不仅仅是中华民族民俗、习俗的单纯性体现,它与"海丝"沿线诸国的文化互动已经具有政治、经济意涵。如"海丝"的代表人物郑和受到了东南亚各国人民的崇敬和爱戴,被当地人民当做神明加以奉祀。在马来西亚的马六甲、吉隆坡,菲律宾的苏禄群岛,泰国的曼谷、大城,印尼的爪哇岛、苏门答腊岛等地,以及柬埔寨、文莱等国都建有"三宝公庙""三保公庙"或三宝塔、三宝禅寺等。郑和信仰已成为这些国家民间信仰的一种,在东南亚诸国的一些宫庙中,郑和的塑像往往与民间神明妈祖、福德正神等并立。

2015年是纪念郑和下西洋610周年,印尼当局为契合政府"全球海洋支点"的战略构想,精心打造了"郑和旅游路线",这一路线涉及巴淡、巨港、邦加、雅加达、三宝垄、泗水、巴厘岛等9个保留着郑和船队文化遗迹和中国民俗的地方。显然,中国的民间信仰构成了居住国人文环境的组成部分,在文化交流的通道上,它不是被改造、被消弭,丧失文化特性,相反,它根据自身适时而变,用与时俱进的灵活特性吸收了居住国人文环境中的优势文化。它不仅完成了华人族群与其他民族相区别的重要标识任务,也完成了华人与居住国社会文化的交融与适应,在宗教礼俗上融合甚至影响了居住国的文化习俗。在它身上,蕴含着中华传统文化的核心和深层密码,又在政治社会的变迁和驱动下仍能保留住稳定的仪轨范式、道德观念以及文化精神本体,保证了自己的文化个性。这无异于是一个信仰奇迹。

---

① 洪玉华. 宗教的融合:描东岸的妈祖和KAY-SASAY[C]// 菲律宾华裔青年联合会. 融合:菲律宾华人. 马尼拉:菲律宾华裔青年联合会,1990.
② 宋元模. 妈祖信仰在菲律宾的传播[N]. 莆田乡讯,1987-10-25.
③ 林琳. 当代新加坡人宗教信仰研究[D]. 福州:福建师范大学,2015.

## 7.2 当代海上丝路沿岸佛教信仰文化之旅

佛教在现代世界的三个主要分支是大乘佛教、上座部佛教和藏传佛教。目前，虽然没有关于佛教各分支人数的准确统计，但是大乘佛教被普遍认为是人数最多的一支，大乘佛教又称汉传佛教、北传佛教等，主要在中国、日本、韩国和越南等传播，当代约有上亿信众[①]。第二大分支是上座部佛教，主要集中在斯里兰卡、泰国、缅甸、老挝和柬埔寨等国家。在中国，仅云南独有上座部佛教，传入云南已有一千多年，分布在西双版纳、德宏、思茅、临沧等地，傣族、布朗族、德昂族大部分信教，另有部分佤族也信仰上座部佛教[②]。藏传佛教是藏语系佛教，又称密教、喇嘛教，是北传佛教稍晚在中国西藏的佛教分支[③]。

佛教徒人口数最多的7个国家分别是：柬埔寨、泰国、缅甸、不丹、斯里兰卡、老挝和蒙古等。其中，有4个国家位于东南亚地区。在信仰上座部佛教的东南亚国家中，浓厚的宗教氛围，众多的寺院佛塔，丰富的佛教节日活动，无论是历史上还是当代，都是开展佛教文化交流与佛教文化旅游的不可或缺资源，也是维护地区和平的重要文化力量[④]。

### 7.2.1 当代中国与东南亚地区的佛教文化交流

佛教认为众生皆有佛性，主张众生平等，并且认为宇宙万事万物皆由各种因缘和合而成，一切有情（众生）和无情（大自然）都是相互依存、同体共生、

---

① 皮尤研究中心.2010年世界主要宗教群体规模和分布报告（一）[J].世界宗教文化，2013（4）：32-47；世界独立民调机构美国皮尤研究中心2012年发布《2010年世界主要宗教群体规模和分布报告》称，2010年，全球约4.88亿佛教徒，约占世界总人口的7%。以上仅供参考。又据北京大学中国社会科学调查中心2012年"中国家庭追踪调查"和中国人民大学2011年"中国综合社会调查"的数据，我国信仰五大宗教的人口约占总人口的11%。
② 王士录.关于上座部佛教在古代东南亚传播的几个问题[J].东南亚纵横，1993（1）：46-51.
③ 方立天.佛教哲学[M].北京：中国人民大学出版社，1986.
④ 杨学政.南传上座部佛教在中国与南亚、东南亚各国文化经济交流中的作用[J].云南社会科学，1994（2）：53-56；梁晓芬.南传佛教中国与东南亚交流的天然纽带[J].中国宗教，2016（4）：67-69.

不可分割的整体,这些观点和理论为倡导当代国际社会和平交往、合作共赢、人与自然和谐共处的理念提供了重要的哲学基础和思想来源。从已有的佛教交流和民间交流活动来看,佛教在增进中国与东南亚国家民众的相互了解和联系过程中发挥独特的作用[①]。各地正在开展多种形式的佛教文化之旅。

(1)佛教圣物巡礼等佛事活动

据典籍记载,释迦牟尼涅槃后,留下佛牙、佛指、佛顶骨等不同类型的遗骨,备受佛教界关注和佛教徒顶礼膜拜。佛牙舍利、佛指舍利均为佛教圣物,世界上仅存两颗佛牙舍利,一颗保存在中国(北京灵光寺),另一颗在斯里兰卡;佛指舍利仅存一节,现在被保存于中国(陕西省宝鸡市法门寺)。此外,世界上唯一一块释迦牟尼顶骨舍利 2010 年于南京秦淮区的大报恩寺重现人间。

当代中国与东南亚佛教文化交流,影响最大的当数佛牙舍利三次巡礼缅甸、佛指舍利赴泰国供奉。1955 年佛牙舍利第一次巡礼缅甸,揭开了新中国"佛牙外交"的序幕。佛牙舍利巡礼缅甸持续 8 个月,巡礼期间有上百万虔诚的缅甸佛教徒瞻仰朝拜了佛牙。1994 年佛牙舍利第二次巡礼缅甸,共持续 45 天,除了在仰光和平塔大圣窟供奉,还在缅甸全国巡礼,每天 24 小时接受信徒朝拜。据不完全统计,仅仰光和曼德勒两地的朝拜总人数就达 300 多万人。1996 年,在缅甸政府请求下,佛牙舍利第三次巡礼缅甸。三次佛牙巡礼缅甸大大增进了中国和缅甸人民之间的相互了解和友谊。特别是第二、三次佛牙舍利巡礼缅甸时,正值缅甸军政府受到国际制裁,处境十分困难。中国佛牙舍利巡礼缅甸,缅甸佛教信众得以朝拜心中的圣物,对军政府认同度大大提高。为此,缅甸军政府领导人对中国政府充满感激,认为中国政府把佛牙舍利送到缅甸巡礼,说明了中国政府对缅甸政府的信任与支持,也说明中、缅两国是真诚的兄弟[②]。

佛指舍利赴泰国供奉是中国政府佛教交流的另一典范。陕西法门寺的佛指舍利一直深藏于法门寺内,1994 年,为了庆祝泰国国王普密蓬·阿杜德登基 50 周年和中泰建交 20 周年,应泰国政府邀请,法门寺佛指舍利首次出国赴泰供奉

---

① 贺圣达.东南亚南传上座部佛教文化圈的形成、发展及其基本特点[J].东南亚南亚研究,2015(4):74-82.
② 李晨阳.中缅佛教文化交流的特点和作用[J].佛学研究,2003(1):322-328.

瞻礼。在泰国供奉的两个多月中，前往瞻拜的各界人士达 300 万人次，泰国国王、僧王及王室成员、政府总理、议会议长、军队将领等亲往瞻拜，堪称盛况空前。泰国的媒体也做了大量报道，在泰国民众中产生了重大影响，充分展现了佛教与外交的因缘。

佛顶骨舍利是释迦牟尼的头顶骨，世界上仅存一块，周长 35 厘米、直径 10 厘米、颜色黄黑、有清晰发孔的完整头骨，是佛教界至高无上的圣物，现供奉于南京市江宁区牛首山佛顶宫中。自 2010 年 6 月重现人间以来，吸引了海内外大量信众前来朝拜。2012 年 4 月还开展了"恭送释迦牟尼佛顶骨舍利赴香港澳门供奉起程法会"，首次出巡港澳地区。

在广东，2006 年有"岭南第一圣域"之称的国恩寺（位于云浮市新兴县）出土了 7 粒乳白色珠状舍利子，据研究，这些舍利子有可能是初祖达摩从印度带到中国来的，代代相传，传到六祖慧能时被带回国恩寺，六祖为报答父母恩而将舍利子埋在报恩塔基下，作为镇塔之宝；也可能是禅宗二祖到五祖某个祖师的舍利。无论如何，这些佛教圣物都是珍贵文物。借助舍利子，通过与六祖慧能的活动密切相关的云浮国恩寺、广州光孝寺、韶关南华寺联动，打造南禅寻根之旅，进而加强与东南亚各国佛教界的交流互鉴。

（2）各种佛教文化学术交流活动

随着当代世界文化交流活动的密切频繁，各种形式的佛教文化交流也在不断开展。

① 开展佛教界的对话交流活动

世界佛教论坛是 2005 年中国佛教界发起的，旨在为世界佛教徒搭建一个交流、合作、对话的高层次平台，并于 2006 年 4 月在浙江舟山举办首届大会，共有 37 个国家和地区的佛教界、学术界、企业界、文艺界、政界等代表 1 000 余人出席。这是中国佛教史上的第一次国际性佛教大会，也是自新中国成立以来的第一次宗教大会。其后分别在 2009 年无锡开幕台北闭幕、2012 年在香港举行、2015 年在无锡举行。论坛在宣传中国改革开放成就、展示中国宗教信仰自由的国家形象方面产生了良好的效果。与会各国代表普遍认为，世界佛教论坛让他们了解了正在崛起的中国，他们也看到了无神论的中国共产党和政府对宗教包容、尊重的宽广胸怀。通过加大对论坛的支持力度和宣传工作，特别是在海外的宣传工作，可以让更多的外国民众通过论坛了解中国。此外，中国与泰国也举办了数届中泰佛教论坛。2015年9月由泰国摩诃朱拉隆功大学佛学院、佛教研究所及中国重庆佛学院共同举办的第三届中泰佛教论坛在曼谷中国文化中心举行，中泰两国佛教界知名专家学者、泰国各地僧侣300人出席此次论坛，两国佛教界人士交流研究心得、探讨共同关心的问题，有益于增进两国人民的友谊，为促进两国关系发展做出重要贡献。虽然泰国是上座部佛教国家，但与中国大乘佛教交流得非常好。广东正致力于拓展与"海丝"沿线国家和地区的佛教文化交流合作，使广东成为中国与沿线国家佛教文化交流的窗口，谱写与"海丝"沿线国家佛教文化交流的新篇章[①]。实现这一构想的途径之一，可利用广州是海上丝路重要枢纽的有利条件，通过举办各种类型的论坛、讲座、朝拜等，推动中外佛教团体和信众的对话交流，促进不同佛教教派之间的交流。

② 推动与东南亚的佛学交流活动

泰国当代著名禅师阿姜查创办的巴蓬寺，其分院遍布泰国和欧美各地，总数超过200座。缅甸当代著名的禅师马哈希创办的马哈希禅修中心在缅甸境内超过300多处，其弟子也在世界各地设立许多教导马哈希方法的禅修中心。它们吸引着越来越多的中国佛教徒到泰国和缅甸修禅学佛，推动了汉传佛教与南传佛教的交流。中国僧众在东南亚国家弘法、留学、修行，与当地民众交往密切，成为当地民众认识中国、了解中国的重要桥梁。1996年，应缅甸政府邀请，自新中国成立以来首批赴缅甸留学的中国僧人来到首都仰光国立佛教大学接受为期5年的上座部佛教传统教育，学习科目主要有戒律、阿毗达摩、吉祥经、法句经、佛教史、佛教常识、巴利文、缅文、缅甸文学、英文，还有原始巴利经典；在通过8次考试后获得缅甸政府颁发的高级学业证书。2009年3月，中国佛教协会会长一诚法师凭借其在弘法方面的贡献，被缅甸国家和平与发展委员会授予"弘法功勋奖"。2011年9月，重庆华岩寺在泰国摩诃朱拉隆功大学设立"华岩基金"，用于资助中泰佛学交流项目，并为在摩诃朱拉隆功大学留学的中国学

---

[①] 陆芸.海上丝绸之路在宗教文化传播中的作用和影响[J].西北民族大学学报(哲学社会科学版),2006(5):9-14.

生和法师提供奖学金。这是中国佛教界首度在外国大学设立交流基金项目。少林寺在海外建立了数十个"少林文化中心",上海玉佛寺也多次组织海外弘法活动,足迹遍及欧美、东南亚等地区。

广东作为与东南亚佛教交流的重要中转地,佛教界采取"走出去、请进来"的方式,加强与东南亚佛教界的联系。深圳弘法寺近年来先后组团前往印度、泰国等国参访,僧伽合唱团赴新加坡、马来西亚、泰国、韩国、德国等地演出《神州和乐》,传播中国的佛教文化和音乐。2011年,在广州光孝寺结夏安居佛教知识系列活动中,泰国的摩诃朱拉隆功大学达磨·孔莎瞻校长来到光孝寺法堂做佛教教育主题讲座等等。2015年9—12月,广州市佛教界以"'海丝'与岭南佛教文化"为主题,组织大佛寺、六榕寺等重点佛教场所重走古代"海丝",持续时间长达4个月,分3批次,共120人次,先后赴东南亚和南亚的泰国、印度、尼泊尔、印度尼西亚、斯里兰卡、新加坡和马来西亚等7个历史上佛教盛行的国家的17个城市,走访50多处寺院,举行古迹朝圣、佛法互鉴、文化交流、学术考察以及"千僧斋"等大型法会活动约60场,举行"莲开一路——'海丝'佛教与文化之行"等系列交流活动。在印度尼西亚世界佛教建筑奇迹婆罗浮屠塔下举行了"丝路中国论坛",在尼泊尔召开"莲开一路——'海丝'佛教与文化"座谈会,在印度与新那烂陀大学开展"文化交流和合作探讨",在印度菩提迦耶举办"千僧斋祈福法会"。通过这些活动,了解当地国家社会民情和佛教界的基本情况,学习东南亚佛教道场的优秀建制和管理经验,体察到佛教信仰在当地的传承力量,也成为中国佛教文化输出的一次大胆尝试。巡礼团每到一地,联系和探访当地华侨社团和华人群体,如印度尼西亚的福安宫和大觉寺、马来西亚的陈氏书院等,在当地华人群体中引起热烈反响;斯里兰卡四大僧王更是史无前例联合接见了参访团,并赠送佛门圣物佛舍利给广州大佛寺供奉。这些交流活动展示了广州佛教的对外形象,打造广州佛教、岭南佛教与世界文明对话的新平台。

③ 开办各类培训班,培训适合跨文化交流的人才

佛教徒的修行可以分为两种:一种是自己修行、研习佛法,另一种是弘扬佛法。历史上,东晋法显法师、唐朝玄奘法师等都曾西去印度、尼泊尔等地取

经、求学①。东渡日本的鉴真大师成为中日文化的友好使者。多年来中国沿海地区一些寺院曾广泛开展对外弘法活动,并在海外建有众多廨院;很多福建僧人赴新加坡、马来西亚、印度尼西亚等国家,向旅居当地的华侨弘法。随着全球化进程的推进,许多佛教寺院对外开放,僧人出国,国内外游客前来参观,研究佛法。这就要求僧俗间有更多的互动交流,让更多人了解佛教文化。2008年首届"佛学英语培训班"开班典礼在上海外国语大学举行,经过8个月的培训,22名来自中国各个寺院的年轻法师圆满完成英语培训,获得结业证书。这种形式的培训班在中国佛教界尚属首次,因此被誉为佛教界的"黄埔军校"。2010年,广东六祖寺也与暨南大学和尼泊尔佛教大学联合开设了为期半年的佛教英语高级研修班,招收30名学生,开设梵文、佛学原理、世界著名思想家生平及思想、心经英语详讲、禅宗要义、南亚历史文化等课程,由来自国内和美国及尼泊尔的资深佛学专家和高僧大德任教。这些佛学英语培训班是一个良好的开端,有关部门还可以加大力度,多管齐下,提高中国僧众的外语水平,以适应全球化跨文化交流时代的到来。

(3)开展佛教节事文化活动

佛教有很多节日,并且随着佛教在东南亚各国的传播,形成了具有东南亚共性或具有各个国家民族特色的节日。通过举办节事活动,可以达到节日庆祝、文化娱乐和市场营销的目的,提高举办地的知名度和美誉度,树立举办地的良好形象,促进当地旅游业的发展,并以此带动区域或经济的发展。

中国和东南亚南传佛教国家每年都会举办盛大的佛教节日活动,双方通过互派代表团参加有关佛教活动,推动中外佛教徒的了解和友谊。例如,卫塞节是纪念佛陀出生、成道觉悟、涅槃的节日,在南传佛教各国的推动下,于1999年被联合国定为国际节日,佛教徒可以利用联合国总部及其他联合国办事处举行卫塞节庆祝活动。从2004年起,"联合国卫塞节国际佛教大会"每年定期举行,虽然在2007年的《卫塞节宣言》中,确定每年由各国轮流举办纪念"联合国卫

---

① 聂德宁.魏晋南北朝时期中国与东南亚的佛教文化交流[J].南洋问题研究,2001(2):58-68;李庆新.唐代南海交通与佛教交流[J].广东社会科学,2010(1):118-126.

塞节"庆祝活动，但在泰国政府和摩诃朱拉隆功大学的大力支持下，联合国卫塞节庆祝活动主要还是在泰国曼谷举行，其中2008年由越南举办。该节每年都吸引世界数十个国家和地区的佛教组织、佛教徒、专家学者和政要数千名代表参与，中国方面已多次派代表团参加。从数届卫塞节的发展来看，越来越多的国家认同该节并积极参与。"联合国卫塞节国际佛教大会"对于宣传举办国宗教信仰、提升国家形象能够产生非常好的效果。

四月初八佛诞节以及其他佛教节日的观念也被大乘佛教所认同。大乘佛教与东南亚上座部佛教的交流沟通也成为历史的必然。1992年泰国华宗大尊长仁德法师访问中国，参加了在广东潮州开元镇国禅寺泰佛殿的解夏活动。2015年4月，由中国福州开元寺与泰国摩诃朱拉隆功大学共建的大乘佛教研究中心在曼谷摩诃朱拉隆功大学隆重举行挂牌揭幕仪式，这将有助于中国与泰国佛教的友好交流，深化南传与北传佛教的密切合作，促进了中泰的睦邻友好，延伸了中国历史的丝绸之路。因此，中国特别是距离东南亚南传佛教文化圈近距离的云南、广东、福建完全可以借助申办卫塞节，加强佛教各宗派的沟通、合作与协调，向整个世界传播佛陀的和平、进步的理念，实现文化与经贸的共同发展①。

再如，禅宗六祖慧能首创的中国化、平民化的禅宗文化是岭南文化的杰出代表，六祖慧能被评为岭南文化的十大名片，至今在日本、韩国、东南亚地区有深远影响。2008—2010年，广东把弘扬禅宗六祖文化作为发挥宗教界人士和信教群众在促进经济社会发展中的积极作用的重要着力点，会同当地政府、广东省佛教协会，邀请来自海内外的佛教界人士以及专家学者，先后在云浮市国恩寺、韶关市南华寺、广州市光孝寺成功举办了三届"广东禅宗六祖文化节"，通过举办一系列丰富多彩的活动，向群众展示禅宗优秀传统文化的内涵和风采，使六祖文化节知名度和影响力不断扩大和提升，不仅产生了良好的社会效益，而且产生了显著的文化带动效应。2010年《广东省建设文化强省规划纲要（2011—2020年）》要求将六祖慧能列为广东历史文化名人之一，予以重点

---

① 张庆松. 发挥云南佛教与东南亚、南亚国家文化交流的作用[N]. 中国民族报，2014-11-18（007）.

研究,并将办好禅宗六祖文化节作为打造群众文化活动品牌、弘扬广东优秀文化、丰富群众文化生活的平台。在此基础上，2011年，"广东禅宗六祖文化节"在四会六祖寺举行，文化节邀请到来自中国、韩国、柬埔寨、越南、泰国、老挝等国的长老法师以及专家学者、社会贤达、居士信众4 000余人，通过举办禅宗祖庭参访体验、六祖八塔开光法会、六祖纪念法会、六祖禅文化学术研讨会为泰国、柬埔寨受灾地区捐款等一系列丰富多彩的活动，向大众展示禅宗优秀传统文化的内涵和风采；柬埔寨副首相涅本才，柬埔寨王国佛教法相应派僧王、西哈莫尼国王佛教大学校长，越南佛教僧伽副主席、越南胡志明市佛教僧伽主席、越南佛教大学校长，老挝佛教协会主席等参加了开幕式。2012年，"广东禅宗六祖文化节"在广州举行，主会场设在广州光孝寺，分会场设在佛山南海宝峰寺，活动内容包括万人诵经法会、千僧祈福大典、禅宗六祖文化学术研讨会等，光孝寺还举行了广东佛教学院挂牌仪式。2013年是六祖慧能圆寂1 300周年，纪念六祖暨禅宗六祖文化节系列活动第一次由禅宗三大祖庭广州光孝寺、韶关南华寺、云浮国恩寺一起承办，分别设立广州会场、韶关会场、云浮会场。2016年，由广东省佛教协会主办，广州光孝寺承办，肇庆六祖寺、河源燕岩六祖古寺协办的"2016广东禅宗六祖文化节"在广州举行，主题为"六祖慧能与佛教中国化"，旨在通过《六祖坛经》的弘扬与传播推动广东省佛教界的道风建设。"广东禅宗六祖文化节"通过邀请来自包括东南亚在内的各国法师与专家学者参与，以举办学术研讨、佛教法会及佛教艺术活动为主要内容，以充分挖掘整理禅宗优秀文化为主旨，以发挥佛教在当代文化建设中的积极作用为目的，取得了一定的社会效应和丰硕的文化成果，并将禅宗六祖文化游打造成为具有独特魅力的广东文化名片，成为辐射东南亚和港澳台地区的知名文化旅游品牌。

### 7.2.2 东南亚地区的佛教文化旅游

（1）上座部佛教文化氛围体验之旅

在东南亚南传佛教文化圈，特别是缅甸、泰国、柬埔寨、老挝等大多数国民信仰佛教的国家，普遍拥有浓厚的佛教氛围。

在这些国家中,佛教对人们生活发挥重要作用,它不仅仅被认为是社会的中流砥柱,同时也是维系每个家庭、社会团体的道德规范。通过传播佛教教义,人民普遍信仰佛教,重视生活实践,进寺听僧人说法及受持斋戒,普遍形成崇尚忍让、安宁、爱好和平的精神风范以及良好的道德风尚。行走在这些国家,随时随地能感受到当地人的质朴与善良。同时,生活中的各种礼俗都充满了浓厚的佛教色彩。风俗习惯、文学、艺术和建筑等各方面,几乎都和佛教有着密切关系。

一般家庭通常设有佛龛,出外常戴佛像项链。在街道、路边和居民的屋门口,到处都供奉着许多佛像。人们路经佛寺,必定恭敬礼拜。佛是人们每天要朝拜、时时要挂念的对象。每日晨间,自动准备食物,供养托钵僧侣。每逢佛寺举办活动,人们便带着各种粮食前往供养,同时听闻佛法。笃信佛教的缅甸人相信有"舍"才有"得",布施是人们的家常便饭。在缅甸乡村,人们会把家庭积蓄的30%到40%用于宗教开支和帮助别人。由于当地有不杀生的习俗,甚至在仰光这样大城市的大街小巷、花间树丛,都常常可以见到各种鸟在追逐嬉戏;他们视乌鸦为"神鸟",倍加爱护;他们对牛也敬若神明,在闹市遇上"神牛",行人和车辆都要回避让路。在泰国,佛教是国教,90%以上的国民信仰佛教,三色国旗上的白色代表佛教,被称为"佛教之国""黄袍佛国";国王每年要为玉佛更衣、祈祷,内阁要在佛祖面前宣誓就职,神权与王权相统一,皇宫和庙寺相映成趣;王室仪式、国民教育及生活种种,都以佛教作为规范;佛教与泰国人的一生息息相关,如新居落成、婴儿出生、生日、结婚等场合,都要邀请法师诵经祈福,尤其重视超荐法会。同时泰国也是世界佛教中心,世界佛教徒联谊会总部就设在首都曼谷,每年都要接待大量来访、求学、交流和朝觐的佛教徒,而且还经常举行国际性的佛教会议和有关的学术活动等等。近年来,西方人士亦纷纷来到泰国修习佛法,修行一段时日后,多数请求披剃出家,有些在曼谷的禅坐中心学静坐,大多数则入山林苦修。

柬埔寨拥有特别的高棉文化,较接近泰国,并带有浓厚的上座部佛教文化氛围:大多数居民信仰佛教;国旗以红、蓝及白色为主色,正中间白色殿堂为吴哥窟,被红、蓝条包围着,红色代表民族,白色代表佛教,蓝色象征王室,代表着柬埔寨国家名言"民族、宗教、国王"①。

（2）佛教寺院佛塔之旅

佛教认为，建佛塔可以造福终生，修福来生。在东南亚上座部国家，佛塔数量众多，形成独特的旅游资源。

在缅甸，据统计，全国大小佛塔有 10 万多座，因此又被誉为"佛塔之国"，它拥有世界上非常著名的寺庙，例如，被称为"东南亚三大古迹"之一的仰光瑞光大金塔（仰光大金塔），佛像身上被贴满厚厚金箔的曼德勒马哈牟尼佛塔，佛塔林中金光璀璨的蒲甘瑞喜宫佛塔等等，都是每位游客不容错过的佛教圣地。

以佛教作为国教的泰国，全国有大约 3 万座寺庙。寺庙在泰国具有非常特殊的地位，它既是供奉僧侣、信徒朝拜、摆设历史文物、接待外宾和游客的地方，也是收受社会上无法生活的鳏寡孤独等养老的机构，是主要的社会教育和慈善机构，还是当地政府和民众互通联络传播信息以及民众聚集社交的场合。在泰国，佛教寺庙是非去不可的地方。泰国寺院一般分为皇室寺院和民间寺院，皇室寺院又分为特殊寺院、博士寺院、硕士寺院、大寺院。皇室寺院一般是国王或皇室御赐，也有民间特别有名的寺院被皇室赐名。曼谷玉佛寺是泰国唯一一家特殊寺院。泰国寺庙非常漂亮，有的飞檐陡顶，有的尖尖锥塔，上面贴着贝壳、亮片，或涂上金粉，远远看去，巍然壮丽，金碧辉煌。修庙宇最初是为了让僧人诵经修道，后来慢慢地演变成为一种文化。它吸纳了泰式建筑的风格，体现着东南亚一带上座部佛寺的特点，形成了一种鲜明的特色。很多寺院都有精美的壁画，反映了泰国经济、文化、风俗、艺术、知识等传承。寺院中的佛像，形态多样，或站立，或行走，或坐，或卧，即便站立或打坐，也有很多种不同姿势、手势或服饰，含义各不相同。

在老挝，全国有寺庙 2 000 多座，佛塔 11 万多座，大多集中在万象、琅勃拉邦等城市。佛寺曾经不仅是宗教活动中心，而且是传播文化教育的主要场所。特别是在农村和边远地区，广大农民主要通过寺庙接受知识。这里可以看到大大小小很多的庙，几乎每个村都有一座庙，人们把逝去亲人的骨灰安葬在庙内，

---

① 刘永焯. 柬埔寨宗教概况 [J]. 印支研究，1983（1）：49-53.

在平日或者特殊的日子里会向寺庙捐赠财物，为自己和家人积累功德，有些老挝人甚至把一生的积蓄献给寺庙。通过观察寺庙的豪华程度，可判断这个村的贫富。寺院的僧人接受民众布施。接受布施者必须赤脚，体现出他们的圣洁，布施者也应该赤脚，不可用剩饭菜布施，走路时不可以踩到僧人的影子，这些都是强调佛的神圣和对佛的尊重。

柬埔寨寺院是佛教对社会产生实质作用的重要地方，历来既是宗教活动的中心，又是文化艺术的中心，并在一定程度上承担着为地方活动提供场地，以及地方教育的责任。僧侣们向人们传播佛教思想，也负责教儿童识字和学文化，还宣传卫生常识，为此僧侣备受敬重。从传统上来说，柬埔寨每个村庄都有一个精神中心，即寺院。寺庙的方丈当地人称其为"梅瓦"，由所奉教派的高僧任命，职责是主持寺庙与监督僧侣对教规的执行。在方丈的主持下，寺庙的一切动产与不动产托付给一位在俗教徒管理，这是因为僧侣须遵守"十戒"教规中最后一条"禁止蓄金银财宝"。

由于佛教的影响，越南境内曾形成了不少有名的佛教圣地和一批寺塔，河内和顺化等地最多。河内是越南首都，著名的寺庙有金莲寺、莲派寺、浪寺（昭禅寺）、石夫人寺（灵光寺）等。顺化是越南古都，有天姥寺、耀帝寺、慈坛寺、灵光寺、祥云寺、保园寺等。此外，南方首府胡志明市有印光寺、舍利寺等。

（3）丰富多彩的上座部佛教节日之旅

佛教有很多节日，其中最为盛大的是佛诞节和盂兰盆节（盂兰节）。在东南亚，上座部佛教信仰国家恪守传统教义及其衍生的节日，并与各国实际相结合，形成丰富多彩的节日，并深刻影响着民众的生活。

关于佛诞节，东南亚上座部国家同时把它作为佛成道日、佛涅槃日加以纪念，称为卫塞节，被认为是南传佛教传统的节日，泰国、缅甸、新加坡、马来西亚、印度尼西亚等国均在这一年一度的重要节日中举行盛大的庆典活动。

在缅甸，与佛教有关并具有民族性的节日，包括献袈裟节、考经节、首都仰光的瑞光大金塔佛节等，吸引了众多民众。其中最重要、最壮观的瑞光大金塔佛节，在每年2月到3月之间满月前后的一周左右，是缅甸人一辈子必定会到大金塔参拜一次所选择的时间，节日期间，除了僧人会诵经拜佛以外，普通民众也来此参拜献花点灯捐款，寺庙准备免费的素餐和水果供路人取用，一些全国性的庆典也选在这个时候举行。每年10月的敬老节，则源自众僧侣在雨季守戒3个月后跪请佛祖训示的传说，后人效法，在此期间举行敬老活动。献袈裟节是在10月中下旬至11月中下旬，节日期间，善男信女聚集一起，怀着对佛祖的敬意，向僧侣敬献袈裟、金钱、食物和生活用品，并在月圆日点灯迎神，举办各种娱乐活动。考经节是每年3月举行的三藏经文考试的传统节日，缅甸僧侣考试分为初、中、高三级，考试结束后一般都要举行庆祝活动，并授予优胜者各种称号。缅甸的节庆活动很多，其中大多与佛教有关，例如泼水节、浴佛节等节日。

在泰国，每月有4个佛日（四斋日），各在泰国阴历上半月和下半月的第八日和第十五日，即初八、月望、廿三、月末，全年共48个佛日，其中以阴历三月十五日的玛迦普差节、六月十五日的维莎迦普差节、八月十五日的阿莎加哈普差节为最重要的佛日，佛教徒要去佛寺举行仪式，当日禁止杀生、嫖赌。重大的节日有佛诞节（佛陀诞生、成道、涅槃纪念日）、万佛节（这是泰国的传统佛教节日，每年泰历三月十五日举行，纪念释迦牟尼在摩揭陀国王舍城竹林园大殿，向自动前来集会的1 250名罗汉首次宣传教义，故称其为四方具备的集会。笃信上座部佛教的泰国佛教徒视该次集会为佛教创建之日，将这一天定为节假日，进行隆重纪念，男女老少带着鲜花、香烛和施舍物品前往附近寺院，进行施斋、焚香、拜佛活动）、三宝佛节（泰国三大节日之一，每年泰历八月十五日，全国佛教徒、各佛寺届时都做仪式，如守戒、听经、诵经、讲道、巡烛等）、守夏节（亦称坐守居节、入夏节、入雨节等，是泰国最重要的佛教传统节日，每年泰历八月十六日举行，全国放假一天，以便人民参加守夏节活动）、解夏节（每年泰历十一月十五日，亦称出夏节、逾雨节、安居竟节等，是泰国重要的佛教传统节日之一）。在法定的佛教节日里，法师们通过电视与广播开示佛法，民众受持八关斋戒①。

---

① 段召阳.浅析佛教对泰国旅游业的影响[J].剑南文学，2011（12）：208-209，211；聂爱华.泰国佛教旅游发展研究[D].哈尔滨：黑龙江大学，2013.

因为信仰佛教，老挝的许多节日都与佛教有关。比如，1月守斋节，僧侣一天一餐，不进肉食；3月烤糕节，人们将烤好饭团拿去寺庙奉献给僧侣，并在寺庙听经说法；4月听经节，人们到寺庙布施，并听寺庙僧侣讲述佛祖功德故事；5月宋干节（泼水节，原为婆罗门节日），主要活动为斋僧行善，沐浴净身，人们互相泼水祝福，敬拜长辈，放生及歌舞游戏；6月高升节，佛教徒认为放高升是为了送走灾难，祈求风调雨顺；8月入夏节，僧侣们此后3个月内在寺庙中修行，人们一般也不举行婚礼或丧事；11月出夏节，是传统的龙舟节，庆祝入夏节结束，僧侣们节后可以外出，百姓可以婚配；12月塔銮节，是盛大的佛教节日，民众拿着鲜花、食物、香烛和钱币前去朝拜埋有佛祖舍利的塔銮[①]。

柬埔寨佛教主要的节日有：佛陀最后讲道纪念日，在阳历1月至2月间；柬埔寨元旦，约在阳历4月中，是柬埔寨隆重的传统宗教节日之一，教徒们都云集到佛寺，举行搬沙堆沙山的宗教仪式，寓意是祈望神明在新的一年里给他们带来像沙山一样多的稻谷；佛陀"诞生""成道"和"涅槃"纪念日，在阳历4月至5月间；追荐死者节，在阳历9月至10月间。同时，僧侣在进入"夏安"完毕亦要举行宗教仪式，该期间在雨季（即从6—7月起到9—10月止）的始末。此外，柬埔寨的迎水节（举行于初夏雨季来临后之望日）和送水节（举行于秋末旱季到来前之望日）也是充满佛教色彩的节日，其盛况有如西方的狂欢节。

### 7.2.3 区域联合开展佛教文化旅游

在东南亚佛教国家，居民国内旅游以佛教古迹观光为主，出境游也多为周边邻近国家。以佛教氛围最为浓厚的缅甸、泰国为例。缅甸是一个佛教的国度，生活中的各种礼俗都充满浓厚的佛教色彩。根据缅甸自身旅游资源特点与当前旅游业开发程度，海外游客在缅主要以宗教古迹观光游为主，也是目前缅甸所提供的主导产品。缅甸人也更喜欢去有佛教文化的地方游览。

缅甸著名的佛教圣地是仰光大金塔、蒲甘古城、曼德勒山等。

---

① 净海. 南传佛教史[M]. 北京：宗教文化出版社，2002.

首都仰光地处富饶的伊洛瓦底江三角洲，仰光河下游，距出海口 34 公里，是缅甸政治、军事、经济、文化、教育中心。仰光人口有 500 多万。仰光属热带季风气候，全年绿树成荫、鲜花常开，有"花园城市"之称。仰光大金塔是仰光最具代表性的文化旅游景点，塔高 110 米，坐落于市内一座小山上，表面涂有 72 吨的黄金，塔顶由近 3 000 克拉的宝石镶嵌而成。整个建筑群非常雄伟，在阳光的照射下显得夺目而耀眼。传说是保存有佛祖 8 根头发的商人两兄弟建成，已有 2 500 年的历史。蒲甘古城是缅甸最早统一的王朝蒲甘王朝的都城，被称作"万塔之城"，集各历史时期的佛塔建筑艺术之大成[①]。这里是缅甸人最喜欢去的佛教圣地之一。曼德勒市的佛教圣山曼德勒山。传说 2 000 多年前，佛祖曾经带着众多弟子来到这里讲法，因此这里成了缅甸极其重要的佛教名山。只有 200~300 米，但是据说这里藏着 231 座大佛塔和寺院，1 000 多座的小寺院。上述地区都是吸引外国游客的佛教旅游胜地。

在出境旅游方面，缅甸居民多选择东亚国家作为出游目的地，如泰国、新加坡、马来西亚、中国、韩国、日本等。旅游业面临着国内旅游市场培育程度较低、基础设施落后等问题[②]。

泰国佛教旅游形式多种多样，大致可分为：巡礼活动（日常拜佛、特定节日），佛教节庆旅游（如蜡烛节、万佛节、三宝节等），庙会活动，历史文化旅游观光，寺庙寄宿，与佛教有渊源的其他如佛教青年营，国际佛教讨论会等。佛教旅游也面临着佛教旅游资源利用效率较低、游客分布过于集中部分区域等问题。进行佛教旅游合作发展成为必然选择。例如：为了发展印度—尼泊尔—泰国旅游路线，2004 年泰国国家旅游局与尼泊尔的旅游部门进行文化交流，以推进两国佛教旅游的发展。两国通过建立国内佛教旅游路线，将其推销给对方，以作为彼此的旅游目的地和客源地。2009 年缅甸和泰国国家旅游局宣传教育旅行，其线路包含泰国曼谷—清莱—缅甸的大其力镇—肯东—蒲甘—仰光。

---

① 中华人民共和国驻缅甸联邦共和国大使馆网站.缅甸佛教的历史沿革[EB/OL].[2009-08-18].http://mm.china-embassy.org/chn/ljmd/mdzj/t256869.htm.
② 孔志坚.缅甸旅游业发展现状、问题及其前景[J].东南亚南亚研究，2013（4）：55-58.

当代大湄公河次区域、东盟区域内的旅游合作日益增强。20世纪90年代中期，在联合国亚太经合组织、亚洲开发银行的倡议下，湄公河次区域五国（缅甸、越南、老挝、柬埔寨、中国）召开了"湄公河流域国家旅游发展研讨会"，并成立旅游工作组，加强湄公河次区域的旅游合作。1997年缅甸加入东盟，与东盟的旅游合作联系加强。2010年的东盟旅游部长会议上，东盟10国旅游部长签署了《2011—2015年东盟旅游发展战略计划》旨在加强东盟旅游宣传和东盟旅游产品建设、培养旅游人才、实现航空自由、维护旅游安全，实现东盟区域内各国公民免签证，对其他国家游客实行东盟单一签证等措施，同时大力发展文化和生态旅游，将东盟地区建设成世界一流的旅游目的地。中国的"一带一路"倡议，有助于区域内佛教文化旅游的联合开展。

## 7.3 当代海上丝路沿岸道教信仰文化之旅

### 7.3.1 道教在东南亚地区的分布

历史上中国道教各派以及妈祖、吕祖、关公、八仙、玄天上帝、太上老君等道教俗神民间信仰在各国得到广泛传播。中国道教在东南亚的传播，除越南、柬埔寨较早外，大多数国家都相对较晚，明清以后乃至近代时期由华人华侨的迁徙移民而带去[1]。在当代东南亚国家中，柬埔寨和老挝的主要宗教信仰是佛教，文莱的主要宗教信仰是伊斯兰教，道教在这些国家的传播情况，目前相关资料不多。不过可以肯定的是，这些国家的华侨华人也有保持本国的宗教信仰的。例如，柬埔寨的华侨华人，仍信奉多神教，其中包含着道教系统的神明。

---

[1] 许永璋. 道教在东南亚的传播和演变[J]. 黄河科技大学学报，2005,7(3): 76-80.

## 7.3.2　当代东南亚道教文化之旅

20世纪80年代末,东南亚国家和中国已经互为旅游目的地,东南亚旅游是中国人最常去旅游地之一。但是,旅行社产品老化使东南亚渐渐失去往昔的魅力,旅游节目依旧以观光为主。

除观光旅游之外,中国与东南亚各国之间,文化旅游大有可为。在地缘上,中国与东南亚地理相连、历史相通和文化交融,二者有着先天的地缘文化共性。中国文化吸引着东南亚的游客,东南亚旅游也受到中国游客的青睐。东南亚旅游产品既有热带、海洋风情,又有历史遗迹、民俗风情、宗教文化等人文旅游资源,了解和体验东南亚地区复杂多样的文化将越来越成为中国游客的目标。中国与东南亚各自的文化传统、发展脉络使双方既有合作的良好基础和共同领域,奠定了合作的可能性,同时也可以展示各自的文化传统和异彩纷呈的特色。中国与东南亚双方可以展开广泛和深入的跨界旅游合作。合作开发旅游产品是国家与国家、地区与地区之间旅游合作的主要内容,也是重要的手段。随着中国与东南亚国家经济和贸易往来越来越频繁,它们之间可以着力于市场需求,进行区域整体性旅游产品开发和一体化营销宣传,最终形成开放的旅游开发与投资机制。

中国与东南亚各国之间可以开展各种以道教文化为主题的专题旅游和特色旅游。

（1）通过各种道教节日、论坛、艺术等活动,与东南亚地区保持道教文化交流

道教以"道"为理论核心,主张顺应自然,返璞归真,追求境界超脱,羽化成仙,以导引、吐纳、符箓斋醮、烧炼金丹及内丹炼养为主要内容,并在长期发展过程中形成了具有中国特色的道教文化。道教文化伴随游子走出国门,得到诸国智者的青睐,已在海外落地生根,成为沟通中华文化与世界各地文化的桥梁。正如2014年湖南长沙"道教在东盟各国的传播高峰论坛"发表的《促进道教文化的海外传播——长沙共识》所言:"道教尊道贵德、崇和尚柔的宗旨启迪人类以非暴力手段化解矛盾,消弭争端,维护世界的和平与发展;兼收并蓄、宽容大度的胸怀有助于各国各族相互尊重,和谐相处;天人合一、道法

自然、俭啬寡欲、抱朴守真、无为而治等道学智慧早已被海外有识之士应用于心理保健、养生医学、环境保护、行政管理诸多领域，推动着现代科学与传统文化的对话。"①

为了推广和交流道教文化，近30年来，东南亚各国纷纷出现专门的道教研究机构和群体。中国与东南亚各国道教文化的交流之旅也在持续进行。

（2）新加坡道教文化旅游

新加坡自有华人移民起就存在华人传统宗教信仰。早期到达新加坡的华人移民，不仅有直接来自中国的，还有马六甲等地的华族后裔转迁新加坡的，这些华族有的在东南亚地区已经生活了数代，其信仰虽然同样源于中国闽粤地区，但已经发生了一些变化。新加坡的华人信仰，结合了中国、马来西亚和新加坡三地风格②。新加坡的道教和其他华人传统信仰的信众也基本上是华人。在新加坡，凡是多神信仰，以神明、祖先、鬼魂为祭祀对象，以华人传统伦理道德为宗教义理。因此，在东南亚，新加坡是道教信徒最为集中的国家。据1980年统计，新加坡有道教信徒58万人，华人占99%，包括真空教、三一教、德教信徒在内。1990年，一些道教组织联合成立"新加坡道教总会"。但是，在这个总会之外，还有很多道教组织，如"新加坡三清道教会""新加坡茅山德学道教会""旺相堂三教老祖师新加坡道教协会"等。至于一些道教宫观成立的小型组织（如"星洲金榜山亭天后会""水江庙香友会""圣宝坛"等），更是不可胜数。据调查，这种小型组织在1983年就达51个之多。这种情况，明显地反映出道教在新加坡十分兴盛。当然，同道教在中国的原始教义和崇拜诸神相对照，新加坡的道教已经发生了很大变化。不仅如此，它还派生出许多其他的教派。

1990年，新加坡道教总会成立后，致力于弘扬道教文化，推动道教在世界范围内的弘扬，他们组团赴中国参访名山宫观、观摩宫观的开光大典、参加学术会议；邀请中国道教协会副会长黄信阳道长等全真派道士多次前往新加坡开办道士培训班、主持法事；还同中国的正一派道观以及道教团体开展广泛的联

---

① 道教文化与东南亚——"道教在东盟各国的传播高峰论坛"论点摘要 [EB/OL].（2014-04-01）.http://www.chinawriter.com.cn/news/2014/2014-04-01/198344.html
② 林琳. 当代新加坡华人宗教信仰研究 [D]. 福州：福建师范大学 .2015.

系与合作。2003年该会筹资2 000万元坡币（约1亿元人民币）修建富丽堂皇的三清宫，体现全真道"三教合一"的宗旨。2013年3月，三清宫举办庆祝老子诞辰大型法会，黄信阳等三位全真大师为90多名新加坡等国海外道教徒颁发皈依证。

在新加坡道教总会的推动下，1996年农历二月十五日老子圣诞日举行了第一届新加坡道教节庆典庆祝道教节，此后一直努力推动每年的"道教节"。道教节世界庆典以"道通天地，德化万物"为主题，以四大宗旨作为弘扬目标：①团结全世界道教徒认同二月十五"道教节"，共同欢庆道祖太上老君（老子）圣诞；②鼓励全世界道教徒定期于每年二月十五日齐聚道教圣地、老子故里朝圣；③把道祖老子《道德经》传播全世界，教化众生、德化万物；④弘扬道教至全世界，争取"道教节"有朝一日被公认为法定假日。

（3）马来西亚道教文化旅游

在马来西亚，当地华人信奉的神明多数可以划入道教。随着道教俗神如海神妈祖、关帝圣君、福德正神、玄天上帝等的传入，道教教派也在约19世纪中叶传入马来西亚。各地最早建立的宫庙，或主祀或配祀道教俗神的极多，如马六甲的青云亭及宝山亭，丁加奴的和兴宫，吉兰丹的镇兴宫，话望月的水月宫，槟城的广福宫，海珠屿的大伯公庙、宝福社、城隍庙，吡叻的坝罗古庙，太平的粤东古庙、岭南古庙，柔佛的柔佛古庙，吉隆坡的仙四师爷宫等。1673年修建于马六甲的青云亭，除供奉主神观音外，左殿供奉天后（妈祖），右殿供奉关帝。它可以说是道教在马来西亚最早的神庙。属于道教系统的天后圣母，在马来西亚受到越来越多的崇拜。据统计，20世纪末，马来西亚共有天后宫35座。其中，规模最大的是吉隆坡惹兰赛卜都拉路的天后宫。对关帝的信仰也很普遍。吉隆坡的关帝庙，创建于1889年。道教系统的土地神，在东南亚称为大伯公，也称福德正神。供奉大伯公的宫庙，在马来西亚为数不少，名目繁多。其中，有砂拉越州诗巫的永安亭、马帝鲁的寿山亭、民丹莪的民安亭、加帛的福隆亭、古晋福德祠、林梦福德祠、民都鲁神祠、老越福德宫等。此外，有些道观还奉祀太上老君、太乙天尊、玉皇上帝等神明。20世纪初，修建于槟城垅尾的"自由观"和海客园的"成化堂"，就供奉这些神明。供奉这些神明的宫庙如此普遍，正是道教兴盛的表现。

另据1983年的统计,马来西亚的华人社团共有3 582个,其中宗教团体和庙观有405个。这个数字远远不能反映实际状况。根据马来西亚学术界人士估计,每1万华人的聚居区就至少有1所庙观。槟州38万华人大约有2 000所道观,远远超过学术界人士的估计。有材料称,马来西亚的道教宫观,包括已经登记和未登记的,有15 000余座,分布在马来西亚的华人居住比较集中的地区[①]。

在新加坡道教节首倡风气之后,马来西亚于世纪相交前后开始举办道教节,中国道教协会也于2003年在北京白云观举办了纪念老子诞辰的大型法会。随着道教节影响的扩大,2011年新加坡道教总会还联合世界18个国家和地区的100多个道团在意大利成功启动"道教节世界庆典"活动;2013年新加坡第9届道教节,不仅邀请中国和日本道教界、学术界代表参加了庆典活动,商讨成立旨在推动中华道教文化在新加坡传播、促使青年对道教产生兴趣的新加坡道教学院,而且邀请到新加坡共和国总统纳丹及其夫人参加开幕式,并为华英双语文展览和老子雕像揭幕。

在马来西亚,为维护马来西亚道教信众的合法权益,马来西亚道教总会积极联系《东方日报》《星洲日报》《南洋商报》等多家新闻媒体表达信众的意愿和诉求,希望国家认同道教为马来西亚五大宗教之一,并将农历二月十五日太上老君诞辰纳入公共假期;恳请教育部允许在中学成立道教学会,让道教信众子弟学习道教文化;2011年,希望成立道教总会道教青年团,简称"道青总会",吸引会员子弟及年轻人加入,引导年轻人在传承道教与健康生活中发挥潜能。

(4)菲律宾道教文化旅游

虽然菲律宾的主要宗教信仰是天主教,但仍有不少华侨华人信奉道教。属于道教系统的神明,如天后(妈祖)、本头公(土地公)、关帝、八仙等,都是他们供奉的神。据20世纪90年代初的统计,菲律宾全国共有道观、道坛58座。其中,3座较大的道观,是加洛干市的大道玄坛、马尼拉市的九霄大道观和巴西市的九八凌霄宝殿。大道玄坛创建于20世纪50年代。到60年代中期,部分

---

[①] 聂清.道教在马来西亚的新发展[J].世界宗教文化,2005(4):56-57;欧阳镇.发展中的马来西亚道教[J].中国道教,2012(6):52-53.

道士从大道玄坛分离出来,另外修建九霄大道观。80年代初,又有部分道士从九霄大道观分离出来,另建九八凌霄宝殿。这三大道观,是菲律宾大马尼拉地区道教的中心。九霄大道观中设有菲华道教促进会,九八凌霄宝殿中设有菲律宾中国道教总会。除了这三大道观外,还有一些较小的道观、道坛,如三清坛、玉皇宫、泰玄都、清净道坛等。菲律宾中南部的道教中心在宿务市,该市最大的道观,是20世纪50年代末开始修建的定光宝殿。菲律宾的道教信徒,每年要在马尼拉市的九霄大道观中举行一次盛大的宗教活动。值得注意的是,菲律宾道教徒信奉的神明,虽然也融进了一些佛教神明(例如释迦牟尼、观音菩萨等),但主要的还是供奉道教的传统神明。如太上老君、元始天尊、通天教主、王禅老祖、洪钧老祖等,其正宗道教色彩较为浓厚。当然,同东南亚其他国家一样,供奉天后、土地公和关帝的神像,也是较为普遍的。其中,加洛干市的通淮庙主要供奉关圣帝君,它同许多崇拜关帝的社团保持着联系,经常举行宗教活动,影响甚大。此外,据20世纪60年代统计,菲律宾全国的天后圣母庙(妈祖庙)有100多处。

在国内,各地一直与东南亚地区开展道教文化领域的文化学术交流活动。例如,2004年5月吕祖(洞宾)诞辰1 206年,海内外的400多名道教界人士会聚一堂,在庐山仙人洞道院举行,齐声祈祷世界和平。此外,还举行了吕祖文化研讨会、中国道教书画笔会等系列活动。再如,2016年12月16日,首届云南道教文化(国际)学术研讨会在昆明市启幕,在为期两天的会议中,来自法国、德国、美国、韩国、越南、马来西亚等多个国家,以及中国港澳台地区的知名高校、科研院所、道教协会的160余位专家学者、道教界人士和民族宗教部门工作人员参会。会议主题为"道法自然,德化天下",旨在弘扬道教和平共荣、重道贵生精神,促进中国与南亚、东南亚国家道教界、学术界交流,增进中国与南亚、东南亚国家的交往和文化上的互动。会议期间,参会人员还参观考察了昆明市龙泉观和金殿。诸如此类的活动,让中国与东南亚地区的道教文化交流更加密切,重启新时期道教文化交流传播之旅。

### 7.3.3 广东广州区域道教旅游开发

广州道教历史悠久、源远流长、古迹众多。相传广州建城之初，曾有五仙人手持谷穗骑五羊而至，祝福这里永无饥荒，并遗谷穗于此，羊化为石。故广州别称羊城、穗城。后人建祠祭祀五羊，是为五仙观。据研究，道教真正传入广州是西晋光熙元年（306年），道教理论家葛洪从中原南来广州，在浮丘（今中山七路与光复路交界处）井边炼丹，遗址成为清代羊城八景之一。晋代道教徒、南海郡太守鲍靓在广州越秀山南麓修建道场越冈院（即今三元宫），其女鲍姑（葛洪之妻）在此修道，为百姓治病。葛洪、鲍靓、鲍姑成为广州道教的早期代表人物和广州早期道教的传播者。广州道教从明代起有全真道和正一道，而且人们更加倾向于选择正一道，因为正一道以行符箓为主，其道士以为民众做斋醮祈禳为业，迎合了岭南人崇尚鬼神，祈求神明保佑他们的宗教传统。道教在南粤生根发展，影响不断扩大，流传千载延续，成为广州文化的一部分。广州也有著名的道教宫观，影响很大。如广州道教中人素有"北到三元宫，南去纯阳观"之说。三元宫是广州最大的道教庙观，距今有1600多年历史；海珠区新港西路的纯阳观属广东省重点开放道教宫观之一；荔湾区龙津西路的仁威庙供祀道教四方星宿之北方真武帝君的宫庙，芳村百花路的黄大仙祠是广州著名的宗教圣地，对广州及珠江三角洲以及港澳各地有极大影响；位于花都区新华镇九潭村圆玄道观由香港圆玄学院和广东道教协会兴建。

广州有厚重的道教文化根底，又是海上丝路的起点之一，可借助道教文化，与东南亚各国建立更深层次的交流与合作，开启道教文化之旅。例如，一年一度的道教音乐会演活动始于2001年，旨在推动海内外尤其是两岸道教文化交流，弘扬道教文化。2005年5月，由中国道教协会、广东省道教协会联合主办，香港蓬瀛仙馆、广州三元宫承办的第五届道教音乐会演在广州举行，来自各地的9个道教音乐团的约300位演员，以精湛的技艺为观众演绎传统道教音乐的华美乐章；新加坡道教音乐团也应邀同台演出。道教音乐是中国传统音乐文化的重要组成部分，其主要功能为治身、守形、顺念、却灾等。由道教徒华彦钧（盲人阿炳）创作的《二泉映月》在民间广为流传，被奉为是中国传统音乐的代表作之一。道教文化交流不但有助于弘扬和传承中华传统文化，更有助于推动中国与东南亚的民间往来，和合圆融。

（1）广州可开发东南亚道教寻根祭祖的文化旅游产品

按中国传统习惯，膜拜神明必追寻踪迹。崇拜多神信仰的道教拥有众多神明，他们来源不一，属地不同。华人华侨将道教带到东南亚各地，开枝散叶，但他们始终没有忘记自己崇拜的神明来自祖国。另外，认祖归根、探亲访友使得东南亚华人与祖国往来旅游活动更为频繁。华人华侨爱母国的传统源于中华民族精神，强化于海外艰难困苦的环境。对母国的亲情是吸引华人华侨来华寻根旅游的重要因素之一。受儒家文化的影响，华人华侨具有敬祖尊亲的天性，重视家庭观念；中国传统的农耕经济使华人华侨历来乡土意识浓厚。如此种种，使东南亚道教在中国的寻根之旅成为现实。

广州可利用和开发的道教文化底蕴深厚。以黄大仙信仰为例，广州黄大仙祠与罗浮山冲虚观、香港黄大仙祠都有深厚的渊源。黄大仙原名黄初平，生于328年，是东晋时代的浙江金华兰溪人。15岁上山牧羊遇神仙指引，到金华赤松山修炼，40年后修成正果，故有"赤松子"的别号。民间流传他能点石成羊，即葛洪《神仙传》所载"叱石成羊"。民间还流传着他有求必应、施医赠药的故事，因而拥有广泛的信徒基础，东南亚地区信奉者不少。在今浙江省兰溪市区北隅黄大仙出生地，尚留有牧羊路、利市路、黄大仙故居、二仙井等遗迹，它们吸引着海内外的道教界人士前来寻根祭祖。例如，香港最大的黄大仙社团啬色园1995年与兰溪结缘，几乎每年都到此省亲祭祖，并成立普济基金，资助兰溪的贫困学生，支持福利事业。而香港黄大仙祠与广州的黄大仙祠有直接的关系。广州黄大仙祠始建于清朝光绪二十五年（1899年），殿中有"叱羊传晋代，骑鹤到南天"的对联；20世纪10年代该祠遭受战乱破坏，1915年住持梁仁庵道长携黄大仙的画像、灵签和药签到香港，于1921年建成香港黄大仙祠，深受海内外华人信仰和祀奉。而罗浮山朱明洞景区麻姑峰下的冲虚古观，与中国及国际多处宫观有密切关系，如杭州西湖黄龙洞、上海闸北黄大仙庙、广州黄大仙祠、香港黄大仙庙、马来西亚黄龙庙、新加坡黄龙庙等，都是由冲虚古观所分支出来，均认它为祖庭。冲虚观本为东晋葛洪创建，距今已有1 600多年。葛洪羽化成仙后，晋安帝在此建葛洪祠，唐玄宗天宝年间（742—756年）扩为葛仙祠，北宋元祐二年（1087年）哲宗赐额改为冲虚观，一直流传至今，成为全国有影响力的道教宫观。广州可利用这些黄大仙信仰资源，弘扬黄大仙的"普济劝善"和"有求必应"精神，与各地联合开发黄大仙寻根之旅。

（2）广州可开发道教文化+养生旅游、生态旅游的组合旅游产品

我国道教修炼所在的洞天福地大多位于岳渎名山之中，山峰秀丽，环境清幽，有着风景秀丽的自然环境和浓厚的文化积淀，体现了道教"道法自然"的精神，既是道教仙真居住休憩的乐园，也是道士们展开其宗教活动的主要场所，更与当代生态旅游思想契合。

基于此，可开发道教文化与养生旅游、生态旅游相结合的组合旅游产品。让人们走入道家，学习道家养生，了解"人法地，地法天，天法道，道法自然"的哲学思想，结合《黄帝内经》的养生法则，通过打坐、站桩、太极拳的修炼，从调节人体阴阳、五行入手，改善亚健康状态，增加机体免疫能力，达到养生、益智的目的；同时融入自然、放松心灵。在自然中，吸纳灵气，体悟所学，启发天人合一之智慧，身、心、灵回归自然，返璞归真，让身体和心灵得到真正的放松。例如，2016年4月，首届海峡两岸南宗道教奉祭三清道祖大典暨玉蟾宫落成开光十周年大庆在海南省定安县的文笔峰景区举行，来自中国、韩国、新加坡、马来西亚、菲律宾等国家的1 500余名道教界人士共祭三位尊神。再如，2014年11月，由中国道教协会和中华宗教文化交流协会共同主办，以"行道立德，济世利人"为主题的第三届"国际道教论坛"，在江西省鹰潭龙虎山举办。马来西亚沙巴州道教联合总会在赴会期间，前往以三清尊神命名的著名风景胜地三清山朝觐。更早的还有2008年4月台湾三大道教团体负责人、23个县（市）道教协会理事长、总干事等100余人组成台湾道教"寻根之旅"参访团在江西鹰潭寻根谒祖并游览龙虎山景区奇特的丹霞地貌风光。

广州可借助于道教著名人物葛洪，整合相关道教文化资源，开发区域合作的道教养生游、道教生态游。江西三清山以道教文化渊源显胜，相传东晋时就为葛仙修道之所，自古享有"清绝尘嚣天下无双福地，高凌云汉江南第一仙峰"

之盛誉。因此古往今来均是道教人士必访之地。据史书记载,东晋升平年间(357—361年),炼丹术士葛洪于三清山结庐炼丹,至今山上还有葛洪所掘的丹井和炼丹炉的遗迹,因而葛洪成为三清山的开山始祖,三清山道教第一位传播者。罗浮山是道教第七大洞天、三十四福地,葛洪在此隐居,炼丹修道,留下冲虚观、葛仙祠、稚川丹灶、洗药池、长生井、遗履轩、衣冠冢等胜迹,使罗浮山成为历代的道教圣地和旅游胜地。葛洪医药开发研究所和葛洪医药学术研究会先后成立,在当代,人们已利用罗浮山丰富的中草药资源,建起数家制药企业,对葛洪的宝贵医药经验进行挖掘整理,并在此基础上研制开发出葛洪腰痛宁保健袋、罗浮山百草油等产品。1995年、2015年,中国药学会药学史分会及广东省药学会药学史分会在罗浮山先后主持召开了"首届纪念葛洪及其药剂学成就学术研讨会""第二届葛洪医药学术思想研究暨岭南中药资源可持续开发利用学术研讨会"。葛洪在前往罗浮山之前,曾被广州刺史留在广州,成为广州道教的早期代表人物;其妻鲍姑也曾在越秀山南麓的三元宫修道。充分利用这些资源,可以开发出形式不一的道教文化+养生旅游组合线路。

## 7.4 "海丝"文化城市旅游产品创新

### 7.4.1 泉州世界遗产博物馆群专线游

早在秦汉时期,福建沿海港口就成为"海丝"的起点之一。到南宋以后,泉州发展成为与亚历山大港并肩的"世界最大贸易港",成为中国重要的对外贸易、文化交流的中心地和著名的侨乡。泉州是联合国教科文组织唯一认定的我国"海丝"起点城市、全球第一个世界多元文化展示中心,先后被评为首批中国历史文化名城、"东亚文化之都"、"中国最具投资潜力城市"等荣誉称号。在良好的规模经济、国际文化交流和地理区位优势下,泉州可以将较高端的博物馆业这一先进城市文化产业率先开发,抢占东亚乃至世界城市竞争力和可持续发展的未来先机。

2021年,"泉州:宋元中国的世界海洋商贸中心项目"申遗成功,成为我国第56项世界遗产,泉州申遗成功推动泉州的文化旅游。另外,泉州现还拥有联合国教科文组织4种非物质文化遗产项目,即福建南音、中国传统木结构建筑营造技艺、中国水密隔舱福船制造技艺以及泉州木偶戏领衔的福建木偶戏后继人才培养计划。因此,泉州因拥有世界文化遗产和非遗文化项目正处于大好的城市文化开发历史机遇期。

泉州现有中国闽台缘博物馆、泉州海外交通史博物馆等具有"海丝"城市特色的博物馆,充分展示了在凝聚城市力量、宣传城市历史文化、启迪城市居民智慧、构建和谐城市以及共建共享城市文明成果等方面发挥的积极作用。

与国内其他世界遗产地不同,泉州这项世界遗产分布在自海港经江口平原一直延伸到腹地地区的广大空间中,多达22处遗产点。包括:九日山祈风石刻、市舶司遗址、德济门遗址、天后宫、真武庙、南外宗正司遗址、泉州府文庙、开元寺(图7-2)、老君岩造像、清净寺、伊斯兰教圣墓、草庵摩尼光佛造像、磁灶窑址、德化窑址、安溪青阳下草埔冶铁遗址、洛阳桥、安平桥、顺济桥遗址、江口码头、石湖码头、六胜塔、万寿塔等。因此,依托泉州城市博物馆旅游发

图7-2 泉州开元寺远景

展或可成为新的旅游创新选择模式和亮点。就像伦敦的大英博物馆、巴黎的卢浮宫、北京的故宫一样，博物馆作为一个城市的文化地标和文化名片，日益反映出一个城市的独特文化品位和影响力。

#### 7.4.1.1 博物馆群旅游概念

博物馆承载着一个城市的历史文化内涵，是旅游者了解城市的政治、经济、文化、社会发展历程的重要窗口，同时也能极大地丰富和提升城市旅游者的历史文化体验，满足旅游者的精神、文化审美和体验需求。博物馆的三大基本功能是科学研究（science research）、教育展示（education exhibition）、娱乐游览（entertainment sightseeing）。如英国《大不列颠百科全书》以博物馆藏品种类为主要依据，把博物馆分为艺术博物馆、历史博物馆、科学博物馆三类；美国博物馆协会把博物馆分为综合、科学、艺术、历史、学校、公司、展览区等13大类72小类。1979年我国的国家文物局在发布的《省、市、自治区博物馆工作条例》中指出，博物馆"是文物和标本的主要收藏机构、宣传教育机构和科学研究机构，是我国社会主义科学文化事业的重要组成部分"。我国博物馆根据其陈列教育活动内容可分为历史类、艺术类、科学类、综合类等[①]。

历史博物馆旅游是指旅游者出于满足自己的文化需要或消遣为主要目的前往历史类博物馆进行的短暂停留过程，以及由此引起的社会现象和关系的总和。历史博物馆逐渐成为展示城市独特历史文化，提升城市文化旅游吸引力的重要载体。

泉州目前拥有18家登录备案博物馆，其中不乏国家级和市、县级博物馆（表7-1），皆实行免费开放，其他艺术类、特色专题类博物馆，较好地丰富了城市文化生活。

---

① 王宏钧. 中国博物馆学基础 [M]. 修订本. 上海：上海古籍出版社，2001.

表 7-1 泉州市部分博物馆信息

| 序号 | 级别 | 博物馆名称 | 联系电话 | 地址 | | | 交通信息 |
|---|---|---|---|---|---|---|---|
| | | | | 市 | 县（市、区） | 具体地址 | |
| 1 | 国家一级 | 泉州海外交通史博物馆 | 0595-22100561 | 泉州市 | 丰泽区 | 东湖街425号 | 主馆区（东湖新馆）：乘坐公交19、22、25、41、44、202、203、K502路到侨乡体育馆站下车；古船馆（开元寺馆）：乘坐6、26、41、601、K602路到开元寺西门站下，进开元寺后往东步行约250米到达 |
| 2 | 国家一级 | 中国闽台缘博物馆 | 办公：0595-28010333 预约：0595-22751800 值班：0595-22751817 | 泉州市 | 丰泽区 | 北清东路212号 | 乘坐公交37、46、601、201、203、208路至闽台缘博物馆站下车 |
| 3 | 国家二级 | 泉州市博物馆 | 0595-22757518 | 泉州市 | 丰泽区 | 北清东路268号 | 乘坐37、201、203、601公交车到闽台缘博物馆站下车，或乘坐17、21、26、27、33、39路等公交车到西湖公园西门公交车站，然后再步行至本馆 |
| 4 | 国家三级 | 泉州华侨历史博物馆 | 0595-22987593 | 泉州市 | 丰泽区 | 东湖街732号 | 乘坐17、22、25、28、37、44、203、K502等路到东湖电影院站下 |
| 5 | 国家三级 | 南安市博物馆 | 0595-86383124 | 泉州市 | 南安市 | 柳新路24号文化中心七楼 | 乘坐1、2、4、6、9、11、17、18、20、21路公交车到必利大厦站下车，然后步行约269米 |
| 6 | 国家三级、全国重点文物保护单位 | 安溪文庙（安溪县博物馆） | 0595-23232553 | 泉州市 | 安溪县 | 凤城镇大同路141号 | 乘坐安溪1路、安溪2路、安溪3路、安溪4路、安溪6路、安溪9路至文庙站下车 |
| 7 | 国家二级 | 德化县陶瓷博物馆 | 0595-23518883 | 泉州市 | 德化县 | 浔中镇学府路17号 | 乘坐公共汽车3路车至终点站（泉州工艺美术职业技术学院）下车，过马路即可进入德化陶瓷博物馆广场 |
| 8 | 国家三级 | 南安市郑成功纪念馆 | 0595-86087138 | 泉州市 | 南安市 | 石井镇延平东路海景山庄48号 | 1.从泉州客运中心站乘坐"泉州—石井"的班车，到了石井镇车站后距离郑成功纪念馆大约有2公里，可以步行前往，也可乘坐当地的摩的前往；2.可自驾走南石高速—石井高速出口下，前往景区 |

因此，依托城市博物馆群旅游成为新的文旅产业模式选择和开发亮点。泉州的博物馆群可作为遗产城市的文化地标和文化名片，反映泉州的独特文化地位和发展站位。

博物馆群概念我国已有学者提出，傅玉兰提出三种主要类型的博物馆群的运作模式，即全城保护类的模式、工业遗产类的模式和历史城区类的模式。李俊提出"大博物馆旅游综合体开发"（General Museum Tourism Complex Development，GM-TCD）概念，他认为大博物馆不局限于传统实体建筑中的展览，而是囊括整个地区空间（包括自然环境、文化环境和社会环境），以文化及文化衍生物为基础，以旅游休闲为导向，进行博物馆式的文化集合化、艺术化、景观化的综合开发而形成的[①]。大博物馆可以是一个博物馆旅游经济系统，也可以是一个博物馆旅游产业聚集区，并有可能成为一个旅游休闲目的地。博物馆群这一概念体现了当代城市文化开发与城市空间开发的创新与整合。重新规划城市文化空间，优化城市文化，博物馆作为城市重要文化地标、场馆应得到优先的考虑和重视。

博物馆群与旅游结合，可拉动城市文化旅游。一些以重要历史建筑或名人故居改建为博物馆的建筑本身可作为旅游对象，博物馆内的文化遗产的收藏和展示，又构成旅游参观的重要内容。因此，博物馆群旅游是博物馆建筑本体与文化旅游景点的合一，凝聚了丰富的城市文化内涵。其意义和价值主要有二：其一，对特色文化遗产形成更好的集中式保护，避免空间过于分散而不利于参观。如英国伦敦南肯顿区的博物馆群便集合了几家大型的国家博物馆，有维多利亚与阿尔伯特博物馆、自然历史博物馆、国家科学及工业博物馆和伦敦地质博物馆，以及周边的其他小型和私立的博物馆等。其二，高品质博物馆的建设体现一个城市的文化形象和城市规划能力。博物馆作为一个城市的历史资源的保护者、城市的文化象征日益受到高度重视。

博物馆群旅游是高层次文化旅游产品，也是一项重要的文化旅游吸引物，泉州博物馆群旅游可突出"海丝"辉煌历史文化，服务业务主要集中保存文物

---

① 李俊. 博物馆旅游的 GM-TCD 开发模式研究：以大渡口博物馆旅游开发为例[D]. 重庆：重庆师范大学，2012.

与文化教育展示。博物馆与旅游结合，已逐渐成为一种时尚文化休闲娱乐方式，在这种多元结合的当代文化娱乐中，博物馆作为文化场馆又起着真正寓教于乐的文化和教育双重作用。总之，城市博物馆群可作为泉州城市文化旅游的一个重要组成部分和开发方向。

7.4.1.2 基于"海丝"文化资源创新的泉州博物馆群旅游产品开发

泉州博物馆群旅游应以"海丝"历史文化资源为基础和主体，坚持真实性原则，以当代大众文化市场需求为导向，同时保持社会效益和经济效益协调统一。具体做法如下：

（1）博物馆展示与非遗展示、互动体验结合

"泉州：宋元中国的世界海洋商贸中心"世遗项目包含了22个遗产点。此外，还有丰富的非物质文化遗产。泉州文化多元共存，开放包容，精彩荟萃，拥有4个联合国教科文组织认定的非物质文化遗产项目。泉州的非物质文化遗产也是一项重要的旅游吸引物，通过博物馆展示与非遗展示，实现互动体验旅游结合。

（2）加大博物馆文化产品自主研发力度

文化产品的开发与经营是博物馆文化传播功能的重要组成部分，也是博物馆创造自身社会和经济效益的重要手段。博物馆经营的主要收入来自知识产权，其文化产品已不是过去低水平地重复制作相互雷同的复仿制品，而应该是创意新、品位高、特色浓、观众喜爱的纪念工艺品和礼品。泉州应充分发挥各种博物馆的文化传播服务功能，文旅融合，打造文化创意产业，形成独具泉州地方特色的文化旅游纪念品。

（3）以"海丝"文化消费市场需求为导向，实施细分目标营销

博物馆群经营要引入市场化运作理念、数字化管理理念和国际化拓展理念等，采取产品策略、营销策略、合作策略等经营策略才能更好地发展。博物馆群旅游应该加强与旅游企业、旅游组织部门的合作，重视旅行社、酒店等旅游经营商的作用，形成与其他企业产品之间的互补合作。重视博物馆群旅游的客源，面向海外华人、国内知识型旅游者、青少年以及亲子游客开拓客源市场。加大在晋江国际机场、高铁站等交通枢纽宣传、展示泉州以"海丝"文化为代表的博物馆群旅游产品和旅游线路。

**(4)加强"海丝"文化青少年研学基地建设**

泉州市教育局通过搭建泉州"海丝文化研学基地",突出泉州各地文化和产业特色及传统民间技艺,规划合理科学的研学路线,创建青少年体验学习的重要平台,体验学习泉州历史文化、风土人情、产业特色等,通过丰富多彩的研学活动,引导青少年积极参与社会实践,开拓视野,了解国情民生,感知时代脉搏,陶冶情操,达到"读万卷书,行万里路"的境界。例如,2016年泉州博物馆接待中外游客达800多万人次,门票收入和服务收入创历史最高纪录,其中旅游纪念品的收入做到了每年增加约20%。由于新景区的开发和对外事业的拓展,博物馆固定资产大幅增值。

#### 7.4.1.3 泉州博物馆群旅游横向开发模式

泉州博物馆群旅游产品品牌的培育是以博物馆文化产业为基础,以"海丝"文化资源为依托,进行城市旅游空间的开发、设计、使用和改造,将城市空间的多维属性融为一体,培育拥有鲜明主题和个性的博物馆群旅游产品品牌,改变城市文化旅游消费的结构和方式。其开发模式比较适合或接近于历史城区旅游开发模式,部分博物馆集中在古城区的历史建筑或文物保护单位范围,如天后宫、开元寺内,有利于游客前往参观,能予人难得的本真本土特色的博物馆文化环境。新建博物馆群是在配合城市文化旅游经济需要的背景下发展起来的,如泉州市博物馆、中国闽台缘博物馆都建在西湖边、清凉山附近。这样的选址和新文化建筑景观的出现,成为泉州新城区内重要的旅游空间要素。新旧博物馆两大片形成东西两翼,通过旅游巴士连线旅游,可在泉州城区类开发博物馆群旅游。其他开发模式如下:

(1)"景区+博物馆"模式。该模式是依托旅游景区办专题博物馆,以此增加景区的文化旅游内涵,博物馆和景区相互依存、共同发展。该模式要求博物馆走向活态且呈现多彩的文化特色,在景区的走廊和休息区设置可供游客欣赏的文物复制品、画册和宣传册等,创建出具有独特文化气息的博物馆群旅游风景区。如在九日山祈风石刻、天后宫、真武庙、开元寺、老君岩造像、清净寺等皆可实施。

(2)"博物馆+大学"模式。英国城市研究机构的全球化与世界级城市研究小组与网络组织（GaWC）发布的《世界级城市名册》中的13项综合指标，就包括"国际性、为人熟知"、"蜚声国际的文化机构，如博物馆和大学"等，泉州博物馆群旅游可与本地的华侨大学、泉州师范学院等开展各种合作。

（3）城市（镇）综合体验博物馆模式。该模式以参与体验为方式，以满足游客心理要求为主要目标，彻底改善博物馆空间的封闭性、展示方式的陈旧性和高文化性等消极因素，消除游客的被动、审美疲劳心理，重视游客的心理体验和参与需求。如打造德化陶瓷博物馆小镇，形成"陶瓷文化+旅游+商业地产"新型博物馆文旅产业。

泉州博物馆群旅游开发具有深远意义：一是提升城市东道主文化感知与体验。美好的城市形象不仅可以实现人们对城市特色景观的追求和丰富形象的体验，而且可以唤起市民的归属感、荣誉感和责任感。在拉动文化消费时，既要吸引外地游客，也要吸引本地居民。2017年央视春晚分会场设在泉州文庙大成殿前，那种唐代儒教遗构传承的深沉历史文化气息让多少华夏儿女感喟而振奋。二是助力泉州全域旅游实施。随着我国国民收入不断提高和消费市场日渐成熟，我国正在进入消费升级的新阶段，人们对消费的需求从单一的功能导向逐渐转为重视城市产品和综合服务带来的感官体验和精神的、心理的多元的功能导向。城市旅游业也不例外，人们对城市旅游消费由观光需求转为观光、休闲、娱乐等多元需求，由传统的景区景点体验转为城市全域旅游体验。因此，泉州应积极提倡博物馆群旅游与全域旅游结合，将其打造成泉州城市旅游产品品牌营销的主要形式。例如，可尝试借鉴其他国家博物馆业先进的旅游运营方式，如英国曼彻斯特免费巴士旅游，在曼城主城区以火车站为起点的三条公交巴士供游客免费乘坐，可随上随下前往各博物馆、景点、购物商场、教堂等。泉州的主城区范围不大，可以尝试这种免费公共旅游交通服务，如果不能常年进行，至少可以在一些重大的节事活动期间提供这种免费服务，一方面可宣传泉州城市良好公共服务形象，另一方面可聚集人气，有人气就会产生一定的消费和商机。从大旅游的角度，这种免费服务是会产生收益的，若城市旅游组织者和规划者通过精心规划，"海丝"类遗产博物馆群将成为泉州的文化保护和展示的最佳亮点。

泉州南安市海洋文化发达。九日山祈风石刻是泉州世遗点之一，九日山在泉州市区西郊南安境内丰州镇西面，距泉州市区约7公里，被列为全国重点文物保护单位。九日山是福建泉州"海丝"的真正起点，是我国与亚非各国人民友好往来的历史见证。

南安市东田镇的古窑群迄今已有近千年的历史，它是闽南地区迄今发现规模最大的古窑群。作为"海丝"的重要考察点之一，南坑瓷窑出产的瓷器曾远销日本、东南亚等地。

南宋绍兴十四年（1144年），在今石井下坊村建石井巡检司，管理船舶出入海事务。明末，郑芝龙曾以石井港为据点，编结船队，多达上千艘，从日本到南亚的海外贸易繁荣。

水头地处闽南沿海地区，作为南安乃至泉州的属地，凭借其地理区位，与泉州、南安一起构成了"海丝"文化的重要部分。水头即水运货物集散之埠头。位于水头境内的大盈港是闽南地区对外开放、交流、通商的重要窗口，更是中国古代"海丝"的主要港口之一。

水头街区有一处全国重点文保单位——海潮庵，它是安平桥（俗称五里桥）全国重点文物保护单位的组成部分。南宋绍兴二十二年（1152年）安平桥建成后，晋南两地及海外贸易更加兴盛，水头成为当时闽南的商贸口岸之一，台湾大米、南北杂货、南洋特产应有尽有。

在此背景下，水头墟市除了满足商品交易需求之外，市镇生活日渐增多。其中，海潮庵作为安平桥的附属建筑，原祀遣舶祈风的通远王——李元溥，绍兴二十一年（1151年）加奉观音菩萨，蒙元入主中原后，抑制通远王而改祀妈祖。

水头街西北侧南安水头中心小学内现有朱子祠一处。据记载，朱熹曾来水头及周边地区讲学。1200年朱熹逝世后，水头的老百姓为纪念朱熹来水头设帐讲学建立了朱子祠。根据《南安县志（1989版）》卷四"营建志之一"中"观海书院"记载："观海书院，在三十九都水头乡，乾隆年建，崇祀朱子。"1908年，在民主革命浪潮的推动下，水头有识之士吴遵三、高烶三在社会各界的支持下创办了观海书院，即南安水头中心小学的前身，翻开了水头教育史上崭新的一页。因此，至少在清朝乾隆年间和光绪年间，观海书院发挥着突出的文化教育作用。

在明清时期，水头街西侧有观海书院，东侧有海潮庵，同时，水头市与安海市的商业交往依然频繁，宗教信仰、文化教育、商业活动相互交织，使得水头街在明清时期得以成形，不再是以墟市形式存在，而是形成了固定的街道生活空间，承载人们的多样化活动。直至20世纪30年代，传统墟市被拆除，新建形成骑楼商业街。当代可开展海潮庵庙会活动，传播妈祖文化。

7.4.1.4　泉州博物馆+儒家书院文化旅游产品

书院是中国封建社会特有的一种教育形式，是介于私学和官学之间的一种教学与科研相结合的机构。它起源于唐代，最初是朝廷收藏和校勘图书的地方，但书院制度的确立则在宋代。在漫长的历史时期中，书院在政治上和教育上都有其重要的地位，对中国封建社会的教育发展和学术繁荣产生过相当重要的影响，是中国文化史的一个重要方面。

唐代，泉州社会经济不断发展，教育事业也逐渐兴盛起来，包括书院在内的各种形式的私学日趋发达，并成为当时社会居主导地位的教育组织。唐末至五代，泉州即出现了几所书院，如唐昭宗景福年间南安石井的杨林书院，以及晋江的集贤书院、张九宗书院等。这些私人创建的书院，基本上是读书人自己读书治学的地方，并非授徒肄业的教育机构，与宋代那种作为授徒讲学的书院有本质上的区别。但是，入宋以后，泉州的书院就不再是私人读书之所了。如杨林书院，唐末时不过是杨肃的书舍，到了宋代则发展为一所授徒讲学的书院，且直接沿用了唐代的书院名称。同时，宋代的泉州书院作为一种教育组织，兼具祭祀、藏书等多种功能，又具有依傍山林而建、重视个人自学研究等办学特点，这些功能和特点在唐代时已开始形成。

南宋政权偏安江南，泉州成为稳定的大后方，儒家大儒朱熹在泉州长期讲学的推动，使授徒讲学的书院在泉州应运而生，日益兴盛。南宋时期，泉州先后建有十二所书院，其中较为著名的有：建于嘉定三年（1210年）的南安石井杨林书院；建于嘉定四年（1211年）的晋江安海石井书院；郡守赵宗正于咸淳三年（1267年）建于府治行春门外的泉山书院；绍兴年间朱熹创建于府城城隍庙旁的小山丛竹书院；朱熹与傅自得创建于南安丰州的九日山书院；永春名士陈知柔于绍兴十一年（1141年）建于永春达埔的岩峰书院。除此以外，还有府城的清源书院，安溪县治的凤山书院，惠安螺山的龙山书院，惠安科山的科山书院，金门燕南山的燕南书院，同安县城的文公书院。

　　元代初期的泉州，由于宋元争夺泉州港的斗争，社会经济遭遇较为严重的破坏，书院的生存环境一度受到严重的影响，一些与抗元斗争有直接关系的书院则首当其冲，遭到了无情的洗劫。例如，吕大奎讲学的杨林书院以及主要培养赵宋宗室子弟的清源书院，都在元兵进入泉州后遭到不同程度的毁坏。但是，由于元朝统治者对书院采取的基本上是倡办的政策，不仅鼓励创立书院，还采取一系列措施扶持书院的发展，如为书院赐额，设立专门的官员，拨给经费，规定书院肄业的学生可由地方官荐举担任官吏等。由于书院制度自南宋以来的存续，已充分显示出其特有的魅力，得到了社会的广泛认同；也由于入元以后泉州社会经济进一步发展，泉州港一跃而为东方第一大港，为书院发展提供了经济基础。因此，元代的泉州，不仅宋代的书院大部分得以保存下来，而且新建了两所书院，即同安的大同书院和金门的浯州书院。这两所中，以大同书院的知名度更高，影响也更大。大同书院原名文公书院，至正十年（1350年）由同安县令孔公俊而建，朝廷赐额。它既是当时泉州著名的书院，也是当时福建比较著名的书院。元末，泉州统治阶级内讧，兵连祸结，社会长期动荡不定，包括石井书院在内的一些书院都在这期间被毁废，书院再度走向衰颓。

　　明代二百七十多年，泉州的书院发展历经了一个较为曲折的过程。明代自洪武至成化一百多年间，朝廷重视官学，对书院态度冷淡，地方官员把注意力放在兴办官学方面，儒家学者多被吸收到官学讲学，而一般士子也因官学待遇优厚，科举前程荣崇，再加上有多种途径获得仕进之机，对私人讲学的书院兴趣不大，使泉州的书院发展处于沉寂状态。成化年间（1465—1487年）官学问题重重，教育空疏，统治阶级也逐渐意识到这些问题，转而扶持书院的发展。王阳明"心学"的出现，南宋末年以来一直居于统治地位的程朱理学遇到了挑战，泉州有相当一些朱子理学信徒，如张岳、蔡清、王慎中、何乔远、林希元、陈琛等，企图借助书院这一阵地，阐明朱熹的"义理"要求，维护朱熹的"正学"地位，抵制和排斥"王学"。因此，泉州书院的发展出现重大转折，开始再度兴盛，各地出现了兴办书院的热潮，并在嘉靖年间达到了高潮。

　　在明代，泉州一共新建了20所书院，较为著名的有：正德年间（1506—

1521年）晋江名儒洪天馨创办于华表山草庵殿内的龙泉书院；正德十六年（1521年）安溪知县龚颖建于安溪县诒西凤山的凤山书院，又称考亭书院；成化十八年（1482年）远判张庸建于清源山五台峰右侧虎岩的欧阳书院；嘉靖元年（1522年）泉州进士顾珀建于清源山泰嘉岩的新山书院；嘉靖三年（1524年）永春知县柴镰建于十四都留湾的永春文公书院；嘉靖八年（1529年）由福建提学副使郭持平、泉州知府顾可久、晋江知县钱梗等人创办于府治东北执节坊梅花石古迹东侧的一峰书院；万历年间（1573—1620年）何乔远建于清源山赐恩岩下南麓后茂村的休山书院，亦称镜山书院；隆庆三年（1569年）知府朱炳如建于清源山巢云岩的巢云书院。此外的 12 所书院分别为：晋江县令钱梗建于石狮龟湖的南塘书院；建于晋江永宁的鳌水书院；安溪知县黄怿建于安溪县学东面的紫阳书院；安溪知县王渐造建于安溪县治的养正书院；安溪知县李清建于县学前溪上的丁溪书院；德化知县许仁建于县治西的紫阳书院；德化知县绪东山建于县治南丁溪西岸的丁溪书院；德化知县张大纲建于德化龙浔山麓的龙浔书院；南安进士傅阳明辞官归家后建于丰州桃源的五桂堂书院；南安罗东人潘鲁泉建于罗东厚阳的孔泉书院；惠安知县赵玉成建于惠安县治的文发书院；戚继光建于同安的鳌江书院。与此同时，明代中期以后，泉州各地对宋元时代所建的一些书院，也开始进行或重建或修葺或扩建，尤其是南宋所建的几所著名书院，如石井书院、泉山书院、同安文公书院、小山丛竹书院、杨林书院等，都进行了程度不一的续修。这些续修的书院加上新建的书院，使明代泉州的书院在数量上大大超过宋元时期。不过，从嘉靖年间开始，明政府四次禁毁全国书院的举动，加上倭寇肆虐东南沿海地区几十年，使泉州的书院在迅猛发展的同时，再度遭遇困顿，相当部分的书院继续遭到毁废。如一峰书院、小山书院、石井书院、新山书院、安溪养正书院、凤山书院、永春文公书院等，都在倭寇肆虐期间被毁废。

清代入关初期，朝廷对书院采取抑制政策，甚至禁止民间创立书院，加上沿海"迁界"对整个教育环境造成的严重破坏，故在入关初期，泉州虽偶有修复书院之举，但就总体上看，除部分书院尚能保存外，大部分书院都因政府不支持或"迁界"而荒废了。这使明末已开始步向衰落的泉州书院，在清代入关以后相当一个时期继续处于低迷状态。进入雍正年间以后，清统治者意识到可以利用书院为维护封建统治服务，逐步改变了对书院的政策，由原先的消极抑制措施，代之以正面鼓励和强化控制的政策，调动了地方创建书院的积极性。泉州的书院由此再度进入一个新的发展时期，逐渐形成一股新的创建热潮，并在乾隆年间达到高潮。不仅府县官员积极创建新书院，修复旧书院，而且地方士绅也热情参与其中，民间创办书院的传统在新的时代条件下进一步发扬。终清一代，泉州仅新建书院即达37所，数量之多已超出宋、元、明三代所建书院的总和。清代创建的37所书院中，较为著名的有：乾隆三十二年（1767年）知府陈之铨建于府治东南承天寺左侧的清源书院，为泉州城内保留至清末的3所书院之一；光绪十年（1884年）建于府治东南隅释仔山的崇正书院，也是泉州城内保留至清末的3所书院之一；乾隆二十年（1755年）南安知县邵召南创建于南安邑治丰州的丰州书院；光绪十六年（1890年）南安诗山乡绅建于诗山镇山头街东岳庙后的诗山书院等。新建的37所书院中，由知府、知县创办的就有26所。伴随着新建书院热潮的兴起，清代泉州各地对前代的不少书院也进行了修复，尤其是前代一些较有影响的书院，如泉山书院、小山丛竹书院、一峰（梅石）书院、石井书院、杨林书院、同安文公书院、永春文公书院等，清代入关以后多次修复，有的续修的规模甚至比原来更大，也更为宏伟壮观。尽管有些续修的书院，后来又由于各种原因再度毁废，但也有相当部分一直保留至清末。这些续修的书院加上新建的书院，使清代泉州的书院数量蔚为可观，也成为泉州教育的一个重要组成部分。清末废除科举制度后，书院或停办或改办为新式学堂。

自唐末至清末，泉州历代共建有书院74所，其中唐代3所，宋代12所，元代2所，明代20所，清代37所。从地域上看，分布于晋江县（含府治）18所，南安县13所，惠安县6所，安溪县7所，永春县7所，德化县9所，同安县11所，金门县3所。这些书院，有官办也有民办，民办书院的比重在明代以后日趋缩小，官办书院的比重则越来越大。就规模而言，历代各书院大小不等，大者拥有房舍几十间，生徒几百人，小的则仅有房三五间，生徒一二十人。就经费来源而言，有完全由官府拨给，有完全由民间筹措，有以官府拨给为主而民间捐助为辅，也有以民间筹措为主而官府资助为辅，不尽相同。

从书院的建筑规制看，古代书院作为一种教育机构，是士子和学者读书、修行、讲学、吟咏、著述、休憩和崇祀先圣先贤的场所，为适应自身各项活动的需要，更有效地发挥其教学教育与学术研究功能，它在建筑方面有不少讲究。首先是注重院址选择。历代的书院，往往建于本地区一些风景优美的"风水宝地"，这既受到寺院、道观择址的影响与启发，又与书院自身的文教活动特点及所要发挥的功能密切相关。如建于清源山南麓的镜山书院、新山书院、欧阳书院，九日山南麓的九日山书院，杨子山南麓的杨林书院，惠安的科山书院，永春留湾的文公书院，安溪的凤山书院，南安的诗山书院等，都是远离闹市喧嚣的山林名胜之地，地势高耸，视野旷达，青山作背，绿水环绕，茂林修竹，交相掩映，奇花异草，点缀其中，令人徜徉其中而流连忘返。其次是整体布局相当考究，形成了一定的建筑规制。一般而言，书院的建筑有祭祀之用的祠堂，有讲学之用的讲堂，有食宿之用的斋舍，有藏书之用的藏书楼，有的还有休憩之用的亭、榭，以及起某种装饰及环境保护作用的仪门、围墙等。这里值得一提的是祠堂，又称礼殿。书院建祠堂行祭祀礼，这既是书院的主要活动内容之一，又是书院对生徒进行教育的一种重要措施。自有书院之日起，书院的祭祀活动即已出现，南宋以后更为盛行。稍有规模的书院往往都设有专祠，实在不得已，也得在书院内部开辟个地方，奉上祭祀对象，供师生祭祀。由于泉州乃是朱熹过化之地，泉州书院在南宋时期的初盛同朱熹有着极为密切的关系，或朱熹亲自创建，或为纪念朱熹而建，因此历代各书院，始终以朱熹为主祀对象，即使在明代"王学"盛行之时，仍是独尊朱熹。除把朱熹作为共同主祀的对象外，泉州的书院往往还把一些或曾在书院讲学的名师，或对书院复兴、扩建有贡献的人物，或本地区名儒，或在当地享誉很高的有气节的人物作配祀，激励后人继承遗教，学习其高风亮节。例如，诗山书院配祀欧阳詹，石井书院配祀朱熹之父朱松，一峰书院配祀罗一峰，安溪紫阳书院配祀宋代安溪县尹陈宓、主簿陈淳，同安文公书院配祀乡贤许獬及水头的吕大奎等。

从书院的组织管理看，泉州历代的书院，基本特点是机构简单，管理人员不多。书院的管理人员主要有：① 山长，掌管院务，大多由名流宿儒担任，如明代一峰书院的王宣、张岳，清代清源书院的吴增，梅石书院的陈寿祺，石井书院的陈繁仁等；② 斋长，斋长之设源于宋代，清代普遍成为规制，由山长从生徒中选拔优秀者担任，主要职能是协助山长督视生徒的课业情况；③ 司账，专管书院一切收支、修整部署诸事务；④ 院丁，也属于专职管理人员，主要职能为启闭、洒扫书院，日间看顾，夜晚提铃巡守。在管理制度上，自南宋时期泉州开始大量创建书院起，书院制度也随之形成，明清时期则日趋严密。书院大都订有"条规"或"章程"作为"院规"，对本院的生徒选择、山长选任、经费管理、课程内容、考课方法等一系列重大事宜作出明确的规定，作为书院各项活动的基本准则。

学术研究与教学相结合，也是书院教学制度的一个突出特点及精华所在。泉州历史上有名的书院，大多既是当时一方教育活动的中心，又是著名学者探讨学术的胜地。书院的创建者或主持人，大多是当时一方有名的学者，他们又多为书院的主讲，往往把理学研究和讲授结合在一起，讲授的内容就是自己的研究成果，在讲学过程中又对研究成果进行完善和充实，并力争取得社会承认。南宋的朱熹、陈如柔、傅自得，明代的何乔远、张岳、顾珀、王宣等人，都是这样的一些人。书院有时还聘请名儒来院讲学，由某一讲授者对某一问题进行讲解，同时也允许其他人进行辩驳，或发挥一个学派的精义，或辨析不同学派之间的异同。这种学术性的讲学活动的开展，有利于教学质量的提高，也为书院赢得了声誉。明清时期，随着科举这张网越织越大，书院与科举的关系日趋密切，反映在教学上则是考课越来越频繁，日趋制度化。生徒要逐月参加考试，按考试成绩划分等级，按等级分别给予奖金，成绩优等者与府县学生员具有同等参加举人、进士考试的条件。这些做法，在相当程度上销蚀了学院原来最具特色的教学活动。

### 7.4.2 漳州民间信仰文化生态旅游产品

#### 7.4.2.1 漳州地方政府治理有成效

漳州民间信仰宫庙场所在积极融入生态文明建设中。例如，漳州市民族和宗教事务局（简称"漳州市民宗局"）积极引导民间信仰融入生态文明建设，把宫庙场所建设融入"田园都市，生态之城"和"富美乡村"活动之中。

在漳州地方政府的基层社会治理层面实现乡村文化变迁和创新，实现乡村振兴。比如，漳州市为提升民间信仰活动场所环境、文化内涵和整体形象，更好地服务"富美漳州"和"清新福建"上位规划，漳州市民宗局在全市民间信仰活动场所中开展"优美民间信仰活动场所"创建活动。这项活动可称为当代"漳州实践"模式的积极探索。

2014年漳州市民宗局下发《关于印发漳州市2014年"优美民间信仰活动场所"示范建设竞赛方案的通知》（漳民宗〔2014〕4号）标准。活动主要突出组织领导坚强有力、场所内部建设规范有序、外部环境建设美化优化等三方面。创建活动2014年开始运作，漳州市民宗局组成工作组现场核验，对达标场所拟给予授牌。漳州市开展"优美民间信仰活动场所"创建活动经验做法于2018年3月在《中国宗教》上刊登，起到良好的宣传和推广作用；福建省民族和宗教事务厅于2018年8月在南靖县举办全省民间信仰活动场所联系点负责人培训会，推广漳州市开展"优美民间信仰活动场所"创建活动经验做法。截至2019年全市已有62座民间信仰活动场所被漳州市民宗局评为"优美民间信仰活动场所"，例如，漳州市天宝镇珠里村的"优美民间信仰活动场所"——天宝玉尊宫。它主奉玉皇大帝，原名开元观，始建于唐代中宗，宋代改为天庆观，元代改为玄妙观，明代太祖时改为玉尊宫。原宫庙面积仅几十平方米，后在原址新建，规模扩大至300多平方米，宫面阔五间，进深五间。可见，漳州实践优化了民间信众朝拜环境，提升了该地区文化内涵和特色，提高了文化场所安全系数和整体形象，为"富美漳州"建设增添光彩。

通过制定评比标准、选定试点、年终考评、达标授牌、树立典型、实地见学、经验交流等工作流程，引导宫庙场所功能向民间信仰活动、休闲、健身、文体、娱乐为一体的生态文明综合体转换，推进生态文明建设。

#### 7.4.2.2　漳州东山岛关帝信仰与海岛场景旅游开发

铜山武庙，自唐代开漳圣王陈元光开拓闽南、建置漳州、开发东山引来关帝香火，东山关帝文化繁衍传承不息，关帝从明初军营的"战神"到民间的"保护神"、从社稷"武圣"到民众"帝祖"、从内地发祥到海外传播，关帝文化已经融于两岸人民的文化血脉之中[①]。每年五月十三是关帝诞辰，东山县皆举办关

---

① 郑舒翔. 闽南海洋社会与民间信仰：以福建东山关帝信仰为例[D]. 福州：福建师范大学，2008.

帝文化节。节日期间台湾的各大关帝宫庙以及湖北当阳、河南洛阳、山西运城等地的关帝庙以及世界各地研究关帝文化的专家学者，皆组团到东山参加盛典。

1995年1月，东山关帝庙神像从东山港出发，直航抵达台湾，并在台湾全岛巡游达半年之久。关帝所到之处，台湾各地同胞信众携老扶幼，夹道恭迎，盛况空前。

1997年东山关帝庙举行了全国重点文物保护单位揭牌仪式。

2000年的第九届东山关帝文化节、2004年的第十三届东山关帝文化节，皆有大量的台湾关帝信众共襄盛举，掀起一次又一次的海峡两岸关帝文化交流的高潮。

2022年举办了第三十一届海峡两岸（福建东山）关帝文化旅游节。

福建漳州东山铜陵关帝庙因其靠海近台，成为传播这种民间文化的特定的有利地理环境，使它成为闽粤台一带关帝庙的祖庙[①]。海峡两岸的经贸、文化交流活动，也在关帝文化互动的促进下，渐成高潮。漳州东山与台湾关帝文化信仰传播，是同根同源的神缘关系，也是中华民族文化积淀的效应。而其在传播过程中形成的海峡两岸地缘相连、亲缘相近、神缘相同、业缘相助、物缘相似的新理念，迸发出不可估量的凝聚力和诱人的向心力，并走上和谐融合的道路，在海峡两岸共同铺架起一座通向祖国和平统一大业的桥梁。

东山关帝信仰海外传播研究：童家洲的《试论关帝信仰传播日本及其演变》以日本的横滨、神户为中心，分别对明治以前和明治以后两个阶段关帝信仰在日本的传播及其交流情况作了可贵的考察[②]。葛继勇、施梦嘉在此基础上把关羽信仰传入日本的时间上限提到了14世纪中期，并将关羽信仰的传播范围扩大到中国以外的民间社会[③]。宋元之际，大量的中国僧人和商人往返于中日之间，关帝信仰遂东传日本。伴随着长崎中日贸易的发展和移民的东渡迁徙，关帝信仰迅速流入长崎并传播各地，不仅在当地华人中极为繁盛，而且对日本的民间信仰产生了巨大影响。从关帝信仰的东传来探讨中日两国神灵信仰之神韵，实为研讨两国社会心理和信仰文化交流的一条蹊径。

---

① 郑玉玲.明清关帝祭典乐舞在闽台地区的承继与人文阐释：以东山、宜兰祭典为中心[J].宗教学研究，2021（1）：254-260.
② 童家洲.试论关帝信仰传播日本及其演变[J].海交史研究，1993（1）：24-31.
③ 葛继勇，施梦嘉.关帝信仰的形成、东传日本及其影响[J].浙江大学学报（人文社会科学版），2004，34（5）：72-79.

# 8 余论

## 8.1 促进中国优秀传统文化与当代社会协调发展

中国是世界四大文明古国之一，也是唯一一个文明没有中断的国家。其文化博大精深，源远流长，在社会的发展中，中国传统文化也在不断地改变和更新，与时代和社会发展息息相关，密不可分。一个时代中的文化往往与当时的社会发展与社会体系相互反映。当代社会已经是一个多元文化共存、互动的信息化社会，从前那种文化变迁研究模式中，一边是人口稠密、技术经济发达的现代社会，另一边是人口稀少、比较闭塞的土民社会的两分法实际已经显得过时了。

中国的古典经学和传统文化已经不再是主流趋势，生活在钢筋水泥筑造的工业城市世界里，我们的精神和思想似乎变得单一和空虚起来。原来的重要精神思想和文化似乎也已经被物质凌驾于上，一些传统和习俗甚至被冠以迷信、落后的污名。在这样的现状里，笔者追寻中国的历史和传统文化，以及人的起源和古老的信仰传统，充实自己的精神世界。

同时我们也在不断思考，中国传统文化与社会发展之间的变与不变。中国文化的内核、基因有哪些？国外学者施舟人的建设中国文化基因库的著述[1]、申秀英、刘沛林等的中国传统聚落文化景观基因图谱绘制[2]、叶舒宪"玉成中国"观点中的玉礼文化分析等[3]，都体现了学者们的深度学术思考。

例如，与民间信仰密切关联的中国神话是中华各民族共同创造的文化成果，也是中华民族传统文化的重要基因库。中国神话文化基因中蕴含着敢于创新、勇于创造、文化担当、勤劳追梦等一系列事关人类生存与发展的传统智慧。在当今中国神话传统文化基因的发掘、传承与文化实践中应秉持科学态度，通过神话大数据建设、知识图谱构建等新方法，强化神话中优秀文化基因的文化实践价值[4]。在我们的童年或许都听说过女娲造人的故事，女娲用泥土塑造人的身

---

[1] 施舟人.中国文化基因库[M].北京：北京大学出版社，2002.
[2] 申秀英，刘沛林，邓运员，等.景观基因图谱：聚落文化景观区系研究的一种新视角[J].辽宁大学学报（哲学社会科学版），2006，34（3）：143-148.
[3] 叶舒宪.万年中国说：大传统理论的历史深度[J].名作欣赏，2019（8）：5-14.
[4] 王宪昭，熊惠.论中国神话的中华民族传统文化基因[J].中原文化研究，2022，10（6）：5-11.

躯,而《淮南子》里提到的气,便是人的灵魂所在。这种说法在笔者看来不无道理,但是如今的主流社会却推崇完全的唯物主义。从唯心主义主流到唯物主义成为主流,这便是传统文化到现代文化转变的最鲜明和突出的点。且不论人的灵魂是否真的存在,由于政治目的和其他利于统治的一系列原因,推崇完全的物质化,就相当于没有灵气的泥人,失去了原本的鲜活。假如把人的思想禁锢在物质世界,想象力和创造力都受到了极大的限制,精神即灵气越来越少,人的神性降低,思想变得空洞和单一,成天为了物质生活奔走,而没有感受到精神世界的鼓舞。

人类始祖女娲给予我们的灵气和神性部分慢慢流失,人性和神性无法合一,我们甚至已经忘记了自己也曾是神的一部分。唯物主义和唯心主义,传统和现代化,应当如何取舍,又孰轻孰重,这是一个值得深思的问题。

《淮南子》写道:"昆仑之丘,或上倍之,是谓凉风之山,登之而不死;或上倍之,是谓悬圃,登之乃灵,能使风雨;或上倍之,乃维上天,登之乃神,是谓太帝之居。"这段文字以隐喻的形式将人的修身的过程描述为一个登山的行为过程,从昆仑山开始,直达太帝之居。人每完成其中的一个步骤,就与神性的距离更缩短一步。在我们每一个人的生活中,物质资源的充足固然重要,但是精神世界的需求也不能被忽略,中国传统文化的慢生活方式,如茶道、书画、太极拳等文化,令我们修身养性,让我们的人生有了更多的方向,让我们有时间停下脚步去思考,思考我们究竟是什么,又为什么而活。

当代的民间信仰造神活动仍在继续,例如,第一批国家级抗战纪念设施、遗址名录中的昆仑关战役旧址位于广西壮族自治区南宁市兴宁区昆仑镇,距离南宁市中心56千米,占地面积约112.6万平方米。该旧址四周山峦起伏,地势险要,为桂南通往桂中的交通"咽喉",历来是兵家必争之地。1939年中国军民在昆仑关战役中抗击日本侵略军并取得攻坚大捷,使昆仑关成为享誉中外的英雄战场遗址和天下名关。

昆仑关战役旧址,现存有1940年至1944年修建的陆军第五军昆仑关战役阵亡将士墓园,其中含南牌坊、331级花岗岩台阶、阵亡将士纪念塔、烈士公墓、纪战碑亭、北牌坊等多处遗址,以及昆仑关战役的阵地、工事遗迹等。2006年6月被公布为全国重点文物保护单位。2009年11月,被列为全国首批国家国防教育示范基地。2010年11月，被列为自治区民族团结进步教育示范基地。昆仑关景区里面还有座很小的关帝庙（图8-1）。

图8-1　广西南宁昆仑关关帝庙（来源：丁嘉辉摄影）

基于上述，从文明互鉴互动的全球视角，本书将我国东南沿海地区的民间信仰文化空间的历史溯源、发展流变与当代展望作了较为丰富的论述，充分认识民间信仰对促进地方社会、文化、经济等发展的作用。从世界范围内来看，民间信仰总是扎根于本土社会，具有原生性、在地性、建构性及扩散性等特征，不仅丰富了广大基层民众的生产与生活，还孕育了不同区域的精神文明，造就了具有区域特征的人类文明，形成了特色鲜明的区域文化圈。我国民间信仰空间是流动的文化空间，在当前建设社会主义文化强国的进程中，如何让民间信仰文化与其他先进文化一道，形成中华民族文化自信的多维合力，在促进经济社会发展的同时提升中国文化的国际传播力、影响力与引领力，是当前文化旅游研究者与实践者需要关注的重要命题。民间信仰文化旅游孕育了民族生命与活力，扮演了自然人与社会人及其国际文化交往的媒介，也必然对人类社会的发展提供源源不断的动力。

本书研究的主要意义在于以下几点：

其一，促进中国乡村聚落民间信仰宫庙建筑空间的保护与更新，增强民众个体的精神信仰认同和文化情感体验。

民间信仰空间从民间信仰宫庙建筑空间到乡村建筑文化景观，再到社会景观的建构，可以为我国城镇和乡村更新和建筑空间规划和设计提供思考，促进一些获得社会公认的、稳定的信仰空间成为中国民众的神缘身份识别符号之一。符号是图像、标志和象征的对象，它的关键在于能够传达意义，代表一种文化的特点[1]。赵世瑜认为，神灵信仰在传统社区整合与凝聚中具有重要的作用，会使当地居民对本族的认同情感加深。民间信仰的地方性是地理隔绝与文化封闭的产物，越是官方意识形态难以传递得到的地方，它的存在就越持久，它的地方性色彩就越丰富。另外，它又是个地方强化其社区传统或地方文化传统的产物，各种社会集团，无论是地缘集团、血缘集团，还是职业集团需要强化各自的凝聚力，往往会在本地的民间信仰中下足功夫[2]。例如，对于广东潮汕地区，方言、戏曲、英歌舞等代表当地的传统文化，在当代也得到各方利益主体的重视。旧时民众修建妈祖庙也是自觉凭借这一文化符号融入主流信仰与文化的象征，国家通过相同的信仰和历史记忆达到民众对所处区域的认同，这是国家管理地方社会的方式之一。而对于边远地区如贵州西江千户苗族村寨的居民来说，银饰、刺绣、长桌宴等符号也代表着当地的传统文化。从象征人类学的角度来看，宫庙是一种可以从文化角度加以描述的物体，以及能够表现出某一社会的具有代表性的象征性体系。宫庙的标识符号、颜色、布局、装饰物等，充满了中国文化象征意味。

民间信仰宫庙建筑文化可转化为新时代的乡村文化生产力。通过民间信仰宫庙建筑文化感知本土文化的力量与合理性，找到个体和社区在国家中的定位，增强中国人民应对未来挑战的信心。其中，提升人民群众对本土文化的感知水平，是增强文化自信、实现文化繁荣的逻辑起点。文化获得感，特别是文化空间获得感，成为新时代人民美好生活的一大重要表征。

充分把握民间信仰宫庙建筑空间的形成机理、影响因素以及各影响维度与影响因子之间的逻辑关系，回答空间内部文化功能和民众文化体验如何呼应历史、人性需求等本质问题。从民间信仰宫庙建筑空间视角切入当代地方文化的空间感知和景观塑造问题，既有利于回应当代如何增强人民群众文化获得感、

---

[1] Palmer C. Tourism and the symbols of identity [J]. Tourism Management，1999（20）：313-321.
[2] 赵世瑜. 狂欢与日常：明清以来的庙会与民间社会 [M]. 北京：生活·读书·新知三联书店，2002.

幸福感问题，又可以为提升当前乡村空间公共资源配置效率的现实问题提供新思路和新方法。

民间信仰宫庙建筑空间是重要的地域文化景观，是人类在中国自然区域中长期生产、生活逐步形成的文化形态。传统伯克利学派代表人物索尔认为，在人地关系中起决定作用的不是自然要素，而是人的文化，更强调人或文化对自然地理的影响。在文化景观的谱系中，既包括了物质文化中的饮食文化、服饰文化，也包括了非物质文化中的方言、宗教信仰、音乐、戏曲、舞蹈等。景观是地方性的重要内容，物质景观的独特性是地方性最直接的表现形式，无论原住民还是游客都根据看到的景观来感知当地的地方性。建筑文化景观更能标识出一个地域的特质，而这一部分也成为中国信仰建筑空间建构自身主体性的重要元素。

英国学者迈克·克朗在《文化地理学》中界定，文化地理学不仅研究文化在不同地域空间的分布情况，同时也研究文化是如何赋予空间以意义的[1]。借助文化地理学的理论资源，可从景观建构、地域认同及意义生产等角度分析民间信仰的文化景观。民间信仰宫庙建筑空间可书写"故乡情结"与地域认同。"故乡情结"的本质内核是"家"，家人和故土构成了故乡地缘的两大基因。当代，民间信仰宫庙建筑空间可成为远离故乡的华侨、历经岁月沧桑的乡民怀旧、乡愁等情感的寄托物，进而形成他们特殊的地域文化认同。正如俄罗斯著名诗人普希金的诗所说："一切都是瞬息，一切都将过去；而那过去了的，就会成为亲切的怀念。"

乡村建筑景观已然不是单纯的地理空间，而是在政治理性与自然地理、人文景观交织下重塑的空间，折射了宏大时代背景下不同文化主体对空间的再生产。个体对文化空间需求满足的感知即为文化空间获得感，其中包括个体从单纯认知空间布局到感知公共文化空间价值，最终从空间中获取文化和精神滋养的整个过程。当代的乡村聚落规划中需要审视个体的文化空间获得感，理解人民群众对美好生活的文化感知和追求，以文化空间作为人们获得文化感知的重要显性单元，发现民间信仰宫庙建筑空间感知的形成机理与获得路径，把空间

---

[1] 克朗.文化地理学[M].修订版.杨淑华，宋慧敏，译.南京：南京大学出版社，2005.

规划设计应用到日常文化场景之中,增强人民群众的获得感和幸福感。

其二,通过中国乡村民间信仰宫庙建筑文本的解析,优化民间信仰祭祀仪式活动空间,为中国乡村发展、本土特色文化创新实践服务,弘扬民间信仰文化,发挥裨国助民的积极作用。

民间信仰宫庙建筑属于物质文化遗产,个体通过体验建筑空间中的地域文化、感知地域文化精神、获得地域文化享受的系列行为提取建筑空间中的文化价值,最终通过建筑空间体验,例如,现场感知或借助虚拟现实技术上的云参观、云体验等,来实现建筑空间的文化价值增量。

宫庙建筑文本阅读一般可分为建筑形式(结构、构造技术)、功能与场所精神三者的分解阅读,三者又是相互影响的,民间信仰宫庙建筑空间大多开放外向,装饰华丽,具有浪漫色彩,充分满足公共性的人们活动的需求,产生多元、包容、热烈的场所精神。正如舒茨(又名"舒兹")所说的那样:"浪漫式建筑的多样化由某种基本的气氛所统合,这种气氛符合特殊的造型原则。因此,浪漫式建筑是最具有地方味的。"① 民间信仰宫庙建筑因神圣而愉悦的仪式活动,形成了特殊的场所氛围,成为独特的地方文化景观。

当前,在乡村城市化和城市更新中已经开始出现的"千城一面"同质化困境,这种同质化如何在我国乡村振兴中有效规避,既保持乡村的"本真""质朴"又能充分发展经济,这需要我们深挖不同地域文化空间的历史脉络,整合文化空间的多维资源,增进空间与个体在文化和精神层面的融合②。

民间信仰祭祀活动归属非物质文化遗产,非物质文化遗产并非孤立的文化事象,对它的原真性和完整性保护和活态传承,离不开其赖以生存的历史传统、共时环境、现场和社会文化背景的文化情境③。我们需要充分发掘中国地域文化和地方性知识,在空间的生产和优化中重视民众的参与和实践主体性,尊重他们在参与活动的过程中自发形成的社会空间和社会文化。

非遗保护与开发中民众的空间参与问题较易被文化组织者和政府管理者忽

---

① 舒兹. 场所精神:迈向建筑现象学[M]. 施植明,译. 武汉:华中科技大学出版社,2010.
② 孟卫东,吴振其,司林波. 乡村城市化发展的若干影响因素[J]. 重庆社会科学,2017(3):47-55.
③ 黄涛. 论非物质文化遗产的情境保护[J]. 中国人民大学学报,2006,20(5):67-72.

视。比如，对于祭祀活动，中国古代先贤常把祭祀看作社会风气的一个重要表现，因为祭祀是感恩的仪式，祭祀进行得越认真、越庄重，祭祀的对象越有德行，就越能引导社会风气趋于淳厚。祭祀如果进行得敷衍、祭祀对象混乱，社会风气就会趋于败坏。故观祭祀可知社会风气之优劣、人心之厚薄。当代社会实用主义盛行，存在如下问题：有的人烧香拜佛的心态是花钱买福报，花钱达成个人愿望；有的民间活动官方主导过多，缺少文化底蕴和历史传承等。

其三，通过民间信仰文化空间旅游传播相关实践研究，促进中国地域社会组织和神缘社会重构。

我国历史悠久、地域广阔、文化形式多样。在漫长的岁月中，全国各族人民共同创造了宝贵的文化财富。文化价值保留和旅游产品开发似乎是零和效应的竞争关系，迪克罗（duCros）、麦克彻（McKercher）在《文化旅游》一书中将这种矛盾解释为文化学者（或文化遗产管理者）和旅游学者之间缺乏沟通所致[①]，沟通的实质还是观念和利益的博弈。

现代性逐步改造着全球的观念，正如哈贝马斯的"公共领域"理论、历史人类学家萨林斯提出的"本土化的现代性"即服务于本土文化复兴的新文化[②]，让我们的民间文化更多一份自信，同时思考民间信仰在当下的新意义和适应性变化。民间信仰与社会权力的关系比较复杂，高丙中在《民间的仪式与国家的在场》《一座博物馆—庙宇建筑的民族志——论成为政治艺术的双名制》两篇文章中探讨了民间信仰如何建构自身在现代社会中的合法地位[③]。他提出的"双名制"是指一个村的传统民间信仰组织（河北省范庄龙牌会）采用双重命名的方式合法地兴建一座新的庙宇的历程，导致"龙祖殿"具有既是博物馆又是庙宇的双重身份，这是一种民间所谓的"一套人马，两个牌子"模式策略。王志清的"借名制"是指借烟台营子村，也是蒙古族聚居村落，以修建"成吉思汗纪念馆"之名而为"关帝庙"之实，他认为：借名制是民间信仰在当代的一种生

---

① 迪克罗，麦克彻. 文化旅游[M]. 2版. 朱路平，译. 北京：商务印书馆，2017.
② 萨林斯. 历史之岛[M]. 蓝达居，张宏明，黄向春，等译. 上海：上海人民出版社，2003.
③ 高丙中. 民间的仪式与国家的在场[J]. 北京大学学报（哲学社会科学版），2001（1）：42-50；高丙中. 一座博物馆—庙宇建筑的民族志：论成为政治艺术的双名制[J]. 社会学研究，2006（1）：154-168.

存策略,这个过程中包含了村民的努力、乡土权威的支持和政府部门的通融,是小传统在大小传统相互碰撞的空间里的文化反映,是缓解紧张关系、构建有机社会的一种生存艺术。这是一种民间所谓的"挂羊头,卖狗肉"操作策略①。

陈彬、陈德强考察了江华瑶族自治县一个瑶族村落,指出,它是以合法化仁王信仰为初衷而创造出的以一种合法信仰之名(盘王信仰)来容纳地方非法信仰(仁王信仰)的运作策略②,导致最终结果是:在一个信仰之下实际共存着两套信仰体系,这实际上是一种民间所谓的"一个牌子,两套人马"策略。

湖南省永州市江华瑶族自治县上伍堡瑶族民众自古就有盘王崇拜的传统,根据瑶族的传说,盘王原名叫盘瓠,因帮助评王杀掉高王而被评王封为盘王。盘王生六男六女,评王将他们封为瑶族的十二支姓。盘王因为上山打猎,坠崖身亡。后世瑶族子孙便将盘王作为本族的始祖进行祭祀,各处建立盘王庙,每年三月十三日许愿,六月十六日伸愿,十月十六日酬愿,年年祭祀。③过去,瑶人居无定所,吃过一山又一山,尽管这样也不忘祭祀祖宗,每到一地就在古树参天的青山脚下建立庙堂祭祀盘王。如果说,盘王信仰是包括上伍堡民众在内的所有瑶族的一种民族信仰,那么上伍堡地区自隋朝以来还诞生了另外一种英雄崇拜——仁王信仰。仁王原名叫李云溪,生于隋朝开皇三年(583年)农历十月十六日,因其奇特经历被错斩,为了平反昭雪变成黄蜂扰乱朝廷,最后被封为仁王。因为其保护一方平安,被上伍堡村民视为当地的保护神从而得到供奉,享受人间香火。两者因拥有共同的诞生日(农历十月十六日),共同供奉在同一个庙宇(盘王大庙)之中,因此共同享受着香火和民众的祭拜。

不管是"双名制"还是"借名制",抑或是"共名制",都反映了作为中国传统文化的一部分,民间信仰在现代社会中寻求生存的不同策略模式,它们都是底层民众在处理大小传统之间紧张关系中的一种灵活操作的民间智慧。

---

① 王志清.借名制:民间信仰在当代的生存策略:烟台营子村关帝庙诞生的民族志[J].吉首大学学报(社会科学版),2008,29(2):79-83.
② 陈彬,陈德强.共名制:民间信仰的另一种生存策略:对湖南省江华瑶族自治县一个"盘王大庙"的个案研究[J].井冈山大学学报(社会科学版),2011,32(4):57-62.
③ 盘王信仰是瑶族一种具有民族背景的祖先崇拜,历史十分悠久;仁王信仰是上伍堡地区的一种具有地域特色的保护神崇拜,历史相对较短。两种信仰在一个名分下得到共融。

中国传统文化在不断的实践过程中逐渐内化成一种心智模式，外化成一种生活方式。它应该"以文载道"，引领人心合于正道。唯有人心合道的文化才是引领人回归本我的文化，这就是中国传统文化的源头。民间信仰是一种通俗文化、大众文化。如何保持民间信仰质朴、本真、虔诚的精神面貌？民间信仰的"本真"与"祛魅"具有双重性，民间信仰文化传播与消费中，物质与精神是一体两面的，农村社区文化的传播有多种方式，主要依靠人际社会行动交往。民间信仰文化消费是当代重要的大众文化消费现象，有着庞大的亚文化消费群体，信仰文化生产需要满足这种消费需求。

民间信仰在现代社会中的价值与作用具有二重性，我们在批判其落后、有害观念的同时，也要加强发挥其对社会的积极作用，提倡信仰文化消费新风尚，让中华的神明助中华民族文化健康成长。

2016年，习近平总书记提出"文化自信"建设。党的十九大报告指出，中国社会主要矛盾已经转化为人民日益增长的美好生活需要和不平衡不充分的发展之间的矛盾。2020年9月22日，习近平主持召开教育文化卫生体育领域专家代表座谈会指出，满足人民日益增长的美好生活需要，文化是重要因素。没有社会主义文化繁荣发展，就没有社会主义现代化。文化消费成为满足人民对美好生活需要的重要支撑点和发力点。文化消费属于发展型、享受型消费，是消费结构升级的重要方向。某种意义上讲，孕育了数千年华夏文明的神明也需要自信，思考如何像基督教的上帝信仰那样，走向世界成为普世的信仰。

## 8.2　学术研究任重道远

本书有待继续深入，未来继续思考的任务还很多、很艰巨。

1. 与城市相比，我国乡村保护与开发研究有些脱节，理论还缺乏原创性成果，造成民间信仰文化保存与创新之间严重失衡，要么集中于开发研究，特别是乡村旅游开发；要么单纯地关注乡村的空间保护，对保护之外的合理开发研究很少，造成保护与开发研究的不协调。任何保护的模式都是具体的内外条件之下的产物，真正有效的乡村保护模式，应该是根植于它所处的具体文化、自然生态环境与物质空间中。民间信仰是我国乡土社会的重要人文基础，需从国内乡村治理、国际文化交流与传播角度深入思考民间信仰的文化旅游传播效果。

1989 年，深圳锦绣中华建成开业后，建成了中国民俗文化村（1992 年）主题公园式旅游景点，通过移植乡村旅游吸引物而取得成功。中国民俗文化村占地 20 多万平方米，是中国第一个荟萃各民族民间艺术、民俗风情和民居建筑于一园的大型文化旅游景区，内含 27 个民族的 27 个村寨，均按 1∶1 的比例建成。通过民族风情表演、民间手工艺展示、定期举办大型民间节庆活动，如华夏民族春节大庙会、泼水节、火把节、西双版纳风情月、内蒙古风情周、民族嘉年华等多种方式，多角度、多侧面地展示出我国各民族原汁原味、丰富多彩的民风民情和民俗文化，让游客充分感受中华民族的灵魂和魅力。中国民俗文化村以"二十七个村寨，五十六族风情"的丰厚意蕴赢得了"中国民俗博物馆"的美誉。

改革开放以后，中华文化的生命力被再度激活，民族文化价值认同和民族自信心拥有了坚实后盾；人民群众文化需求集中表现在文化的空间沉淀与个体的空间行为层面，这需要我们从根本上把握文化服务与管理的底层逻辑，更好地在文化形式和内容上推陈出新。

2. 我们也力求立足民间信仰文化的比较，对传统村落文化及其载体的互动发展模式进行探寻，认为民间信仰乡村的发展可以分为两个大的方向：一个方向是在旧文化（指摒弃糟粕后的传统精华文化）基础上的丰富与完善，它的丰富与完善的过程主要受到宏观文化（全国性民间信仰文化）的影响；另一个方向是大胆吸收外来的文化，与旧文化并驾齐驱。据此，我们可以通过乡村宫庙建筑载体看到其发展方向，可以采用适当的方式来引导不同乡村民间信仰文化的交流互补，以此促进乡村保护与发展的有序开展。

3. 我国少数民族地区的民间信仰传承与开发有待探讨。民间信仰现象在中国少数民族地区更为普遍，保护与开发民族地区文化更艰巨。少数民族拥有着自己特色的古老神话、民间信仰及民间传说等精神文化，人们口口相传到如今。在斑斓的文化想象之中，蕴含着深沉的该民族智慧、情感、古老的记忆以及浪漫情怀。一个地方之所以区别于另一个地方，不仅仅是因为这个地方独特的景观或文化符号，而是这个地方被某一群体在情感上高度的认同。这些精神文化包含着人们浪漫主义的思想、解释人生问题的智慧和血脉相传的对于真善美的终极意义的追求和生活方向的指导。事实上，各种民间信仰都规定信众必须真诚敬拜、积累善行、建立功德、慈善为怀。

4. 西方社会的变化带来的诸多影响正冲击着国人的信仰。美国存在主义作家保罗·鲍尔斯《遮蔽的天空》创作于第二次世界大战后，描绘了美国夫妇波特与姬特被抛入北非沙漠中的艰难生存景象，他们均生活在后上帝时代，战争带来的创伤让这些物质富足的年轻人精神无处可依[1]。对这一时期的人来说，一方面，在经历了信仰缺失后，人的内心不再安定，焦虑成为人生的主旋律；另一方面，在遭遇理性崩塌后，他们开始向往获得更多绝对自由。

事实上，20世纪70年代以来，发达资本主义国家存在一个由"世俗化"到"信仰复兴"的"返魅"发展趋势，似乎与现代性背道而驰。马克思主义认为，一旦认识到宗教的社会存在前提，就能理解宗教背后的社会实践。基于此可见，近代宗教改革后的宗教扩张运动反映的是资本主义生产方式的扩张，全球化时代的"宗教复兴"趋势是这一历史过程的阶段性体现。宗教不仅是一种文化体系，而且是一种现实体系，既根源于私有制，也源于人与人、人与自然的不合理关系。因而，在资本主义社会存在条件下，宗教必然会长期存在[2]。随着经济的发展，城市化进程的加快，宗教信仰越来越趋于理性，娱乐和经济的成分越来越浓，这些都是促使当代宫庙空间向世俗空间转换的重要因素。

5. 后工业文化场景旅游前景有待观望。后工业时代以消费为导向的文化空间生产，目前最新颖的理论是"场景理论"。克拉克与其团队提出"场景"概念，即以市民为主体的文化艺术消费实践、以便利设施为导向的公共产品及多样性

---

[1] 李维屏，张琳，等. 美国文学思想史：下卷[M]. 上海：上海外语教育出版社，2018.
[2] 成果. 依赖与依附：资本主义世界宗教新现象探析[J]. 毛泽东邓小平理论研究，2022（6）：95-102，109.

人群等元素的集合体①。学者们认为差异化的文化场景及其蕴含的文化价值观会影响不同社会阶层的消费行为、居住模式、政治活动等,进而影响城市与地区的发展②。克拉克将文化与旅游相结合,以迪士尼乐园等场景作为案例,分析场景对吸引游客及居民的影响③。场景理论通过引入舒适物(amenity)一词作为分析场景的基础信息,并将其界定为文化活动的载体,认为由舒适物带来的愉悦消费实践是驱动城市发展的动力④。吴军指出场景的构成除功能性设施外,还蕴含着文化和价值观,且创意阶层是推动城市知识经济发展的重要资源⑤。Mace将场景与社会资本相结合,提出空间资本的概念,对环境决定论进行了必要的修正和补充,并为城市规划与政策制定提供新思路⑥。

  文化场景旅游的盛行并非都能给宗教信仰文化带来好的影响,也会出现一些问题。宗教被庸俗化,甚至出现伪宗教。伪宗教可能披着佛教的外衣,但实际传播的内容和佛教真正的正法精神完全不同,甚至是背道而驰。很多人都还只是佛教的初学者,没有深入地了解过,没有办法去辨认真假。这无疑阻碍了真正宗教文化传播的道路。景区内兜售任意产品,无视宗教规定;许多对教义一无所知的社会人员混入宗教组织谋取暴利;一些景区没有真正从教人员,但以宗教为名获取利益。这些人借着宗教文化旅游的流行趋势,为自己谋取私利。每个宗教文化场所应该要有自己严格的标准要求,系统地培训从教人员。宗教项目单一,仅有烧香拜佛、求签算命、销售开光产品等活动,根本就没有起到、没有发挥出宗教的精神纯真、益智健身、放松心神等作用。若只有求签算命,烧香拜佛,那只是人们暂时的迷信;要让来这旅游的人能真正地去理解宗教文化的内涵,起到净化

---

① Silver D A, Clark T. Scene scapes: how qualities of place shape social life [M]. Chicago: The University of Chicago Press, 2016.
② 吴军. 场景理论:利用文化因素推动城市发展研究的新视角[J]. 湖南社会科学,2017(2):175-182.
③ Clark T. Making culture into magic: how can it bring tourists and residents? [J]. International Review of Public Administration, 2007(1): 13-25.
④ 吴军,夏建中,克拉克. 场景理论与城市发展:芝加哥学派城市研究新理论范式[J]. 中国名城,2013(12):8-14.
⑤ 吴军. 城市社会学研究前沿:场景理论述评[J]. 社会学评论,2014,2(2):90-95;吴军. 场景理论:利用文化因素推动城市发展研究的新视角[J]. 湖南社会科学,2017(2):175-182.
⑥ Mace A. Spatial capital as a tool for planning practice [J]. Planning Theory, SAGE Publications, 2017(2): 119-132.

心灵的作用。旅游景区与宗教项目之间出现关系混乱。景区管理部门对宗教场所管理知之甚少,导致出现了重旅游轻宗教的问题。对于人员的选拔应该更加严格,这样才能让宗教文化得以提升,让游客有更好的体验。

# 附录

# 《人类非物质文化遗产代表作名录》收录的中国非物质文化遗产

中国是世界上入选非物质文化遗产最多的国家。2004年8月，经第十届全国人民代表大会常务委员会第十一次会议审议批准，我国加入了联合国教科文组织《保护非物质文化遗产公约》。截至2022年12月，中国共有35项非物质文化遗产列入联合国教科文组织《人类非物质文化遗产代表作名录》，7个项目被列入《急需保护的非物质文化遗产名录》，1个项目被列入《保护非物质文化遗产优秀实践名录》。合计43项非遗项目，数量位居世界第一。

**一、《人类非物质文化遗产代表作名录》**

1. 昆曲（2001年）

2. 古琴艺术（2003年）

3. 蒙古族长调民歌（中国与蒙古联合申报）（2005年）

4. 新疆维吾尔木卡姆艺术（2005年）

5. 中国传统桑蚕丝织技艺（2009年）

6. 南音（2009年）

7. 南京云锦织造技艺（2009年）

8. 宣纸传统制作技艺（2009年）

9. 侗族大歌（2009年）

10. 粤剧（2009年）

11.《格萨尔》（2009 年）

12. 龙泉青瓷传统烧制技艺（2009 年）

13. 热贡艺术（2009 年）

14. 藏戏（2009 年）

15. 玛纳斯（2009 年）

16. 蒙古族呼麦歌唱艺术（2009 年）

17. 花儿（2009 年）

18. 西安鼓乐（2009 年）

19. 中国朝鲜族农乐舞（2009 年）

20. 中国书法（2009 年）

21. 中国篆刻（2009 年）

22. 中国剪纸（2009 年）

23. 中国雕版印刷技艺（2009 年）

24. 中国传统木结构建筑营造技艺（2009 年）

25. 端午节（2009 年）

26. 妈祖信俗（2009 年）

27. 京剧（2010 年）

28. 中医针灸（2010 年）

29. 中国皮影戏（2011 年）

30. 中国珠算——运用算盘进行数学计算的知识与实践（2013 年）

31. 二十四节气——中国人通过观察太阳周年运动而形成的时间知识体系及其实践（2016 年）

32. 藏医药浴法——中国藏族有关生命健康和疾病防治的知识与实践（2018 年）

33. 太极拳（2020 年）

34. 送王船——有关人与海洋可持续联系的仪式及相关实践（中国与马来西亚联合申报）（2020 年）

35. 中国传统制茶技艺及其相关习俗（2022 年）

## 二、《急需保护的非物质文化遗产名录》

1. 羌年（2009年）
2. 黎族传统纺染织绣技艺（2009年）
3. 中国木拱桥传统营造技艺（2009年）
4. 麦西热甫（2010年）
5. 中国水密隔舱福船制造技艺（2010年）
6. 中国活字印刷术（2010年）
7. 赫哲族伊玛堪（2011年）

## 三、《保护非物质文化遗产优秀实践名录》

福建木偶戏后继人才培养计划（2012年）

# 参考文献

## 一、中文著作

[1] 罗香林. 客家研究导论 [M]. 台北：众文图书股份有限公司，1981.

[2] 陈祖槼，朱自振. 中国茶叶历史资料选辑 [M]. 北京：农业出版社，1981.

[3] 梁思成. 梁思成文集：一 [M]. 北京：中国建筑工业出版社，1982.

[4] 刘枝万. 台湾民间信仰论集 [M]. 台北：联经传播事业公司，1983.

[5] 庄为玑. 晋江新志：下册 [M]. 泉州：泉州志编纂委员会办公室，1985.

[6] 费孝通. 乡土中国 [M]. 北京：生活·读书·新知三联书店，1985.

[7] 宗力，刘群. 中国民间诸神 [M]. 石家庄：河北人民出版社，1986.

[8] 蔡相辉. 台湾的王爷与妈祖 [M]. 台北：台原出版社，1989.

[9] 罗香林. 客家源流考 [M]. 影印本. 北京：中国华侨出版公司，1989.

[10] 林美容. 台湾民间信仰研究书目：台湾民间信仰的分类 [M]. 台北：台湾"中央研究院"民族学研究所，1991.

[11] 广西壮族自治区地方志编纂委员会. 广西通志：民俗志 [M]. 南宁：广西人民出版社，1992.

[12] 乌丙安. 中国民间信仰 [M]. 上海：上海人民出版社，1995.

[13] 李亦园. 人类的视野 [M]. 上海：上海文艺出版社，1996.

[14] 陈守仁. 戏曲人类学初探：仪式、剧场与社群 [M]. 台北：麦田出版社，1997.

[15] 王铭铭. 逝去的繁荣：一座老城的历史人类学考察 [M]. 杭州：浙江人民出

版社，1999.

［16］牟钟鉴，张践. 中国宗教通史：下 [M]. 北京：社会科学文献出版社，2000.

［17］石万寿. 台湾的妈祖信仰 [M]. 台北：台原出版社，2000.

［18］乌丙安. 民俗学原理 [M]. 沈阳：辽宁教育出版社，2001.

［19］赵世瑜. 狂欢与日常：明清以来的庙会与民间社会 [M]. 北京：生活·读书·新知三联书店，2002.

［20］吕大吉. 宗教学纲要 [M]. 北京：高等教育出版社，2003.

［21］郑振满，陈春声. 民间信仰与社会空间 [M]. 福州：福建人民出版社，2003.

［22］林国平. 闽台民间信仰源流 [M]. 福州：福建人民出版社，2003.

［23］戴志坚. 闽台民居建筑的渊源与形态 [M]. 福州：福建人民出版社，2003.

［24］郭孟良. 中国茶史 [M]. 太原：山西古籍出版社，2003.

［25］李亦园. 宗教与神话 [M]. 桂林：广西师范大学出版社，2004.

［26］傅修延. 文本学：文本主义文论系统研究 [M]. 北京：北京大学出版社，2004.

［27］谢彦君，等. 旅游体验研究：走向实证科学 [M]. 天津：南开大学出版社，2005.

［28］李立. 乡村聚落：形态、类型与演变：以江南地区为例 [M]. 南京：东南大学出版社，2007.

［29］赵勇. 中国历史文化名镇名村保护理论与方法 [M]. 北京：中国建筑工业出版社，2008.

［30］李琼英，方志远. 旅游文化概论 [M].2 版. 广州：华南理工大学出版社，2008.

［31］李乾朗，阎亚宁，徐裕健. 台湾民居 [M]. 北京：中国建筑工业出版社，2009.

［32］郑镛. 闽南民间诸神探寻 [M]. 郑州：河南人民出版社，2009.

［33］费孝通. 费孝通全集 [M]. 呼和浩特：内蒙古人民出版社，2009.

[34] 吕大吉. 宗教学通论新编 [M]. 2版. 北京：中国社会科学出版社，2010.

[35] 连横. 台湾通史 [M]. 2版. 北京：人民出版社，2011.

[36] 金立敏. 闽台宫庙建筑脊饰艺术 [M]. 厦门：厦门大学出版社，2011.

[37] 庞骏. 东晋建康城市权力空间：兼对儒家三朝五门观念史的考察 [M]. 南京：东南大学出版社，2012.

[38] 段凌平. 闽南与台湾民间神明庙宇源流 [M]. 北京：九州出版社，2012.

[39] 陈勤建. 当代民间信仰与民众生活 [M]. 上海：上海世纪出版集团，2013.

[40] 张杰. 海防古所：福全历史文化名村空间解析 [M]. 南京：东南大学出版社，2014.

[41] 叶舒宪. 中华文明探源的神话学研究 [M]. 北京：社会科学文献出版社，2015.

[42] 张惠评，许晓松. 泉州古城铺境神 [M]. 福州：海峡书局，2015.

[43] 姜守诚. 中国近世道教送瘟仪式研究 [M]. 北京：人民出版社，2017.

[44] 庞骏，张杰. 闽台传统聚落保护与旅游开发 [M]. 南京：东南大学出版社，2018.

[45] 李琼英. 21世纪海上丝绸之路与宗教文化之旅 [M]. 广州：广东旅游出版社，2019.

[46] 张杰. 移民文化视野下闽海祠堂建筑空间解析 [M]. 南京：东南大学出版社，2020.

[47] 庞骏，张杰. 仙宫圣境：闽海民间信仰宫庙建筑空间解析 [M]. 南京：东南大学出版社，2023.

## 二、翻译著作

[1] 中共中央马克思恩格斯列宁斯大林著作编译局. 马克思主义和语言学问题 [M]. 北京：人民出版社，1971.

[2] 张光直. 中国青铜时代 [M]. 北京：生活·读书·新知三联书店，1982.

[3] 费尔巴哈. 基督教的本质 [M]. 荣震华，译. 北京：商务印书馆，1984.

[4] 基辛. 当代文化人类学概要 [M]. 北晨，译. 杭州：浙江人民出版社，1986.

［5］巴特.符号学原理：结构主义文学理论文选 [M].李幼蒸，译.北京：生活·读书·新知三联书店，1988.

［6］伊斯顿.政治生活的系统分析 [M].王浦劬，等译.北京：华夏出版社，1989.

［7］缪勒.宗教学导论 [M].陈观胜，李培荣，译.上海：上海人民出版社，1989.

［8］雅斯贝尔斯.历史的起源与目标 [M].魏楚雄，俞新天，译.北京：华夏出版社，1989.

［9］奥格本.社会变迁：关于文化和先天的本质 [M].王晓毅，陈育国，译.杭州：浙江人民出版社，1989.

［10］邓迪斯.世界民俗学 [M].陈建宪，彭海斌，译.上海：上海文艺出版社，1990.

［11］舒尔茨.存在·空间·建筑 [M].尹培桐，译.北京：中国建筑工业出版社，1990.

［12］威廉斯.文化与社会 [M].吴松江，张文定，译.北京：北京大学出版社，1991.

［13］希尔斯.论传统 [M].傅铿，吕乐，译.上海：上海人民出版社，1991.

［14］丁荷生.福建宗教碑铭汇编 [M].郑振满，译.福州：福建人民出版社，1995.

［15］海德格尔.筑·居·思 [M]// 孙周兴.海德格尔选集：下.北京：生活·读书·新知三联书店，1996.

［16］哈维.地理学中的解释 [M].高泳源，刘立华，蔡运龙，译.北京：商务印书馆，1996.

［17］福柯.权力的眼睛：福柯访谈录 [M].严锋，译.上海：上海人民出版社，1997.

［18］柯尔孔.建筑评论选：现代主义和历史变迁：1962—1976 论文集 [M].施植明，译.台北：田园城市出版社，1998.

［19］哈贝马斯.公共空间的结构转型 [M].曹卫东，译.上海：复旦大学出版社，1999.

［20］韩森．变迁之神：南宋时期的民间信仰 [M]．包伟民，译．杭州：浙江人民出版社，1999．

［21］梅洛－庞蒂．知觉现象学 [M]．姜志辉，译．北京：商务印书馆，2001．

［22］克鲁克香克．弗莱彻建筑史 [M]．20 版．郑时龄，译．北京：知识产权出版社，2001．

［23］费正清．美国与中国 [M]．4 版．张理京，译．北京：世界知识出版社，2002．

［24］施舟人．中国文化基因库 [M]．北京：北京大学出版社，2002．

［25］雅斯贝斯．生存哲学 [M]．王玖兴，译．上海：上海译文出版社，2005．

［26］鲍德里亚．生产之镜 [M]．仰海峰，译．北京：中央编译出版社，2005．

［27］克朗．文化地理学 [M]．2 版．杨淑华，宋慧敏，译．南京：南京大学出版社，2005．

［28］葛兰言．古代中国的节庆与歌谣 [M]．赵丙祥，张宏明，译．桂林：广西师范大学出版社，2005．

［29］苏贾（Edward W. Soja）．第三空间：去往洛杉矶和其他真实和想象地方的旅程 [M]．陆扬，等译．上海：上海教育出版社，2005．

［30］科洪．建筑评论：现代建筑与历史嬗变 [M]．刘托，译．北京：知识产权出版社，2005．

［31］罗西．城市建筑学 [M]．黄士钧，译．北京：中国建筑工业出版社，2006．

［32］德波．景观社会 [M]．王昭凤，译．南京：南京大学出版社，2006．

［33］特纳．象征之林：恩登布人仪式散论 [M]．赵玉燕，欧阳敏，徐洪峰，译．北京：商务印书馆，2006．

［34］梅洛－庞蒂．眼与心 [M]．杨大春，译．北京：商务印书馆，2007．

［35］福柯．规训与惩罚：监狱的诞生 [M]．2 版．刘北成，杨远婴，译．北京：生活·读书·新知三联书店，2007．

［36］布洛维．公共社会学 [M]．沈原，等译．北京：社会科学文献出版社，2007．

［37］鲍德里亚．消费社会 [M]．刘成富，全志钢，译．南京：南京大学出版社，2008．

[38] 列斐伏尔. 空间与政治 [M]. 李春, 译. 上海: 上海人民出版社, 2008.

[39] 卢克斯. 权力: 一种激进的观点 [M]. 彭斌, 译. 南京: 江苏人民出版社, 2008.

[40] 王斯福. 帝国的隐喻: 中国民间宗教 [M]. 赵旭东, 译. 南京: 江苏人民出版社, 2008.

[41] 瓦纳格姆. 日常生活的革命 [M]. 张新木, 戴秋霞, 王也频, 译. 南京: 南京大学出版社, 2008.

[42] 格尔兹. 文化的解释 [M]. 韩莉, 译. 南京: 译林出版社, 2008.

[43] 巴特. 罗兰·巴特随笔选 [M]. 3版. 怀宇, 译. 天津: 百花文艺出版社, 2009.

[44] 施寒微. 富裕、幸福与长寿: 中国的众神与秩序 [M]. 苏尔坎普: 世界宗教出版社, 2009.

[45] 巴特. 神话修辞术: 批评与真实 [M]. 屠友祥, 温晋仪, 译. 上海: 上海人民出版社, 2009.

[46] 韦伯. 中国的宗教: 儒教与道教 [M]. 康乐, 简惠美, 译. 桂林: 广西师范大学出版社, 2010.

[47] 霍尔. 无声的语言 [M]. 何道宽, 译. 北京: 北京大学出版社, 2010.

[48] 亨廷顿. 文明的冲突与世界秩序的重建 [M]. 修订版. 周琪, 等译. 北京: 新华出版社, 2010.

[49] 塔夫里. 建筑学的理论和历史 [M]. 郑时龄, 译. 北京: 中国建筑工业出版社, 2010.

[50] 舒兹. 场所精神: 迈向建筑现象学 [M]. 施植明, 译. 武汉: 华中科技大学出版社, 2010.

[51] 哈维. 正义、自然和差异地理学 [M]. 胡大平, 译. 上海: 上海人民出版社, 2010.

[52] 戴维·威廉斯. 政治与文学 [M]. 樊柯, 王卫芬, 译. 开封: 河南大学出版社, 2010.

[53] 孔明安. 物·象征·仿真: 鲍德里亚哲学思想研究 [M]. 芜湖: 安徽师范大学出版社, 2010.

[54] 伊格尔顿. 马克思为什么是对的 [M]. 李杨，任文科，郑义，译. 北京：新星出版社，2011.

[55] 华琛. 神明的标准化：华南沿海天后的推广（960—1960）[M]// 刘永华. 中国社会文化史读本. 北京：北京大学出版社，2011.

[56] 桑高仁. 汉人的社会逻辑：对于社会再生产过程中"异化"角色的人类学解释 [M]. 丁仁杰，译. 台北：台湾"中央研究院"民族学研究所，2012.

[57] 柯若朴. 中国民间宗教、民间信仰研究之中欧视角 [M]. 新北：博扬文化事业有限公司，2012.

[58] 芮德菲尔德. 农民社会与文化：人类学对文明的一种诠释 [M]. 王莹，译. 北京：中国社会科学出版社，2013.

[59] 威廉斯. 乡村与城市 [M]. 韩子满，刘戈，徐珊珊，译. 北京：商务印书馆，2013.

[60] 阿伦特. 极权主义的起源 [M]. 2版. 林骧华，译. 北京：生活·读书·新知三联书店，2014.

[61] 阿斯曼. 回忆空间：文化记忆的形式和变迁 [M]. 潘璐，译. 北京：北京大学出版社，2016.

[62] 韦伯. 新教伦理与资本主义精神 [M]. 刘作宾，译. 北京：作家出版社，2017.

[63] 列斐伏尔. 日常生活批判：第一卷 概论 [M]. 叶齐茂，倪晓晖，译. 北京：社会科学文献出版社，2018.

[64] 列斐伏尔. 空间的生产 [M]. 刘怀玉，等译. 北京：商务印书馆，2021.

# 后　记

犹记得 2010 年盛夏，我们第一次赴福建泉州永宁卫城考察。于我而言虽名学术考察，其实还是带娃。惭愧的是，我带着六岁的孩子在永宁城中迷路了，只见城中的多条道路是曲折的坡道，城墙也是倾斜的，孩子他爸一会儿说他在城隍庙，一会儿说他在慈航庙。我拽着小顽童穿梭于车水马龙中，上上下下，走了大半个下午，也没有找到慈航庙。后来，我干脆不找人了，带着娃自己玩。我们漫游在这个像迷宫一样的滨海古城，逛各种庙、爬石头墙、看碧蓝大海、吃当地冷饮，在不经意间感觉到繁荣、杂乱市井气氛之下深层的精心设计。当然，后来翻看的相关历史资料也印证了我对这一古城非常重视防御的初始"意象"，这是历史上著名的抗倭城，有着深厚的军事防御城建文化。

质言之，文化生活和体验是由个体在自然与社会的实践中创造和发展出来，并在社会生活中得以运用的。

近代以来，科学代替宗教神成为人们"衡量万物的尺度"，原来所赋予事物的一切价值似乎都可以在科学的评判标准之下重新定义。但理性告诉我们，一些事物我们始终是无法理解的，因为它们超出了理性的边界，即必须承认因为人类自身认识的渺小与局限，甚至丢失了共同的价值标准。随即而来产生了新的问题——在不同价值之间每个人都有自己的道理，摆脱了宗教的蒙昧，却又陷入价值观念冲突产生的混乱迷茫的泥沼之中，甚至无法自拔。再加上现代工业和官僚体系的发展，每个个体"成为工业链条上一个可以磨损的零件"，成为特定体制和规则下的顺应者，人缺失了关怀而化身为工具，孤独感与个人主义势必趁虚而入。

当下的我们处在一个科学迅速发展的时代，唯物主义也早已深入人心，但也不必一味抗拒民间信仰文化，其与迷信并不能混为一谈，只有接纳了其优质的精神文化内涵和衍生意义，才能帮助我们更好地传承中国传统文化。

改革开放以来，中华文化的生命力被再度激活，民族文化价值认同和民族自信心拥有了坚实后盾；人民群众文化需求集中表现在文化的空间沉淀与个体的空间行为层面，这需要我们从根本上把握文化服务与管理的底层逻辑，更好地在文化形式和内容上推陈出新。稍加留意，我们会发现当代的公祭、国祭已在有意无意地依赖国家资本，试图经由国家祭圣祭祖的既有模式建构一个新型的政治认同和社会价值体系。

站在世界历史的十字路口处，个体犹如一颗滚石被时光洪流裹挟其中，思想、观念的碰撞与冲突在所难免。面对日益激烈的文化价值冲击、影响，唯有强基固本、溯本清源，守住本民族的那片自留地与家园，才能在面对多元价值的抉择时做出正确的符合自身的抉择。

感谢上海对外经贸大学的出版基金支持，再次感谢匿名评审专家的学术扶持和宝贵意见。

感谢我们的朋友提供田野调研时的各种帮助。

书稿得以最终付梓，深谢我们多年的朋友东南大学出版社杨凡编辑的细致审稿，为我们指出了书中的问题、错误，并提出了各种修改建议。

限于时间和水平，书中的不足还请尊敬的读者、同行学友们不吝批判、指正。

庞　骏

2023 年 10 月于沪上